ヘーゲル『精神哲学』の基底と前哨

ヘーゲル『精神哲学』の基底と前哨

栗原　隆著

知泉書館

凡例

一、本書における引用の出典表記は、原則として、「引用略号一覧」に掲げられている「略号」をもって典拠を表わし、ローマ数字で巻数を、アラビア数字で頁数を示している。

一、本文中で、引用直前に出典を明示している書籍の書誌情報については、「引用略号一覧」に掲げることを省略した。

一、原文にあってイタリック体で強調されている訳語には、傍点を付した。

一、括弧に関しては、『　』は書名を示し、引用文は「　」で示している。（　）は原文で用いられている括弧である。引用文の中の〔　〕は、筆者による補足説明である。また、文脈を整理するためや、筆者の判断で特定の語句を強調するため、〈　〉で括ったところがある。（……）は、原文を訳す際に、途中を省略した箇所である。

一、なお、『エンツュクロペディー』の第二版（GW. XIX）と第三版（GW. XX）とでテクストの異同がある場合、第三版にのみ見いだされる表現を《　》で示した。

一、註はそれぞれの章末にまとめて掲載した。

一、引用略号一覧は、次頁以降に掲げる。

目次

第Ⅱ部　ヘーゲル哲学の前哨

第Ⅲ部　精神哲学の基底

第Ⅳ部　精神哲学の源泉

第Ⅴ部　精神哲学の行方

まえがき

Google Books による研究リテラシーの激変

本書は、二〇〇六年三月に、知泉書館から上梓された、『ドイツ観念論の歴史意識とヘーゲル』、さらには、二〇一一年三月に刊行された『ドイツ観念論からヘーゲルへ』（未來社）に続く、筆者の三冊目のヘーゲル哲学についての研究論集である。『ドイツ観念論の歴史意識とヘーゲル』は、先哲の研究水準を踏まえつつ、研究者として、ヘーゲル研究に確かな足跡を残すことに躍起になっていた、五〇歳代の書物であった。『ドイツ観念論からヘーゲルへ』は、自分なりのヘーゲル研究の道筋と見通しとを、ヘーゲル哲学が形成される思想史のダイナミズムに照合するような形で織り成された、ヘーゲル自身の哲学的な経験を解き明かす研究であった。

前著から本書までの一三年の間に、研究環境は大きく激変した。それは、Google Books の登場である。これによって、筆者の場合、一七世紀や一八世紀のさまざまな書籍や雑誌、さらには新聞までもが、瞬時に無料でダウンロードすることができるようになった。そのため、かつてなら入手不可能だとして、確認することのできなかった文献に、いともたやすくアクセスすることができるようになったのである。ある意味、パソコンを通して、ヘーゲルの同時代人の眼を手に入れたと言うことができるかもしれない。そのため研究リテラシーは一変した。反面、本筋ではない文献に目を奪われたり、途切れた脈路にはまり込んだりすることにもなった。前著からの一三年の間に著した拙論は二八本に及ぶが、精選され、本書に組み込まれたのはその半分、一四本となった。

スピノザ論争は汎神論論争ではなかったヤコービの不思議

往時の文献に直接アクセスすることができるようになったことによって、これまで、ヘーゲル研究の常識や定見とされてきた多くのことに、疑念や懐疑を抱くようにもなった。院生の頃はもとより、研究者となってからでも、教わって来た定説を踏まえつつ、それに合わせてヘーゲルのテキストを解釈することを余儀なくされた束縛から解放され、自由に疑問や謎を語ることができるようになったのは、第一線から退いたお蔭かもしれない。大学院生の頃から筆者は、ヤコービの『スピノザ書簡』からヘーゲルが受けた影響を分析してきていた。その結果、辿り着いたのが、ヤコービによって主導されたスピノザ論争は汎神論論争ではなかった、ということである。

スピノザに対する忌避感は、汎神論という嫌疑よりもむしろ、無限な実体が想定されていたところから、個別的なものの存在や自由がなくなってしまう怖れにあった。それとともに、スピノザの実体が具現していた無限性を、人間の精神に見定めようとするストラテジーにドイツ観念論の哲学者が魅せられたことについては、第四章「ドイツ観念論におけるスピノザ主義——ヘーゲルの、失われた「フィッシュハーバー批評」、「ヘルダー批評」に照らして」で明らかにしようとした。また、第五章「一者の影——ヤコービによる「ブルーノからの抜き書き」の思想史的な意義について」では、ヤコービの『スピノザ書簡』の第二版に付せられた「ブルーノからの抜き書き」が、実は抜き書きではなかったことや、そこで語られた「精神の階梯」という発想が、ブルーノその人から、ヤコービを経て、シェリングの『ブルーノ』へと伝播したこと、そして、この発想を手掛かりに、ヘーゲルがシェリング自身の同一哲学を乗り越えるに到るという、思想史のダイナミズムを素描した。第六章「自然と生命——シェリング『自然哲学の理念』に寄せて」では、ヤコービの『信念をめぐるデヴィッド・ヒュームもしくは観念論と実在論』（一七八七年）で紹介された後期ライプニッツによる生の有機体論に触発されて、『自然哲学の理念』や『世界霊』におけるシェリングはもとより、青年ヘーゲルも、生の思想を展開したことを明らかにした。

青年ヘーゲル像の不思議

スピノザ主義という非難を浴びることがいかに破滅的なものかを、ヘーゲル自身は、学生時代から非常によく弁えていたと思われる。後年、『エンツュクロペディー（第二版）』（一八二七年）を短い期間で改訂して、『エンツュクロペディー（第三版）』（一八三〇年）を刊行した背景には、ヘーゲル哲学をスピノザ主義だと難ずる非難があったことについて、第九章「心の深処と知性の竪抗――ヘーゲル『精神哲学』の改訂を視野に入れ」で剔抉した。それだけに、ディルタイの『ヘーゲルの青年時代』（一九〇六年）が、若きヘーゲルの生の哲学を、繰り返し「神秘主義的な汎神論」だと規定したことは、ヘーゲルの本意に背く解釈であったに違いない。むしろ、自然科学の知見に基づいて、有機的な自然観をヘーゲルが展開していたことについて、第六章「自然と生命――シェリング『自然哲学の理念』に寄せて」、第七章「自然の詩情と精神の忘恩――ヘーゲルにおける『精神哲学』と『自然哲学』との関係づけ」、さらには第八章「ヘーゲル『精神哲学』の基底と前哨」で、アレクサンダー・フォン・フンボルト（Alexander von Humboldt : 1769–1859）による実証的な研究との照合を通して、裏付けることができたと信じる。

若きヘーゲルがベルンで、キリスト教に胚胎する「実定性」を批判する草稿の筆を執っていたことは、筆者が学部学生の頃から、言わば叩き込まれた「常識」であった。したがって、「実定性」や「他律性」の対極に立つ、「主体性」や「自律性」という理念に沿って、若きヘーゲルの草稿に込められた意図を解釈することを迫られてもいた。時には、若きヘーゲルが、言わば、ドイツの宗教改革を構想していたというような見立てにさえ、接することもあった。

しかしながら、翻ってみるに、一介の家庭教師が宗教改革を構想するとは、いかにも無理のある大仰な話であることに、長らく疑念を抱くことさえなかったのは、刷り込まれた「常識」の怖さを物語るものかもしれない。ヘーゲルによる「実定性」批判は、チュービンゲン神学校でのシュトールや補習教師のジュースキントが説いていた教説への反発であったことについて、第一章「少年ヘーゲルと解釈学のモチーフ」、並びに第二章「シェリングとチュービンゲン神学校での解釈学」で論究した。ある意味では、チュービンゲン神学校に対する「怨嗟の刃か蟷螂の斧」であったのかもしれないことについては、旧稿、「「生」の淵源とその脈路――青年ヘーゲルにおける「生」の弁証法の淵源」（座小田・栗原（編）『生の倫理と世界の論理』東北大学出版会、二〇一五年、二一五―二四二頁）で解明しようとしたことでもあった。

ドイツ観念論と解釈学の脈路が明かされて来なかった不思議

ヘーゲルが啓蒙主義の思潮に育まれていた脈路を重視すると、ドイツ観念論研究の新たな切り口が見えてくる。一つには往時の人間学や心理学からの影響を分析する必要性である。第三章の「「導入教育」と心理学――「精神哲学」への旅発ち」では、プラトナーやシュミットに対峙したドイツ観念論の思潮が際立たされた。そして、後期啓蒙主義に連なるマイアーやズルツァーそしてガルヴェらによって試みられた一般解釈学の機序、すなわち解釈を試みる前にある程度、対象となる著作の意図について見込みを立てておかなければならないとする「解釈学的循環」が、知の成立機序を知ろうとするドイツ観念論における「循環」へと移植されたことは、第二章

「シェリングとチュービンゲン神学校での解釈学」において検証した。また、二〇二三年一二月二日に東京大学で開催されたInternationale Schelling-Tagung in Japanにおいて、「Der Zirkel bei der Auslegung und die Grundlagen des Idealismus」として発表したところでもある。この問題については、拙論「青年シェリングと解釈学のモチーフ」(『東北哲学会年報』三八巻、二〇二二年、一—一四頁)においても展開した。

啓蒙主義がヘーゲルに与えた影響の強さは、W・イェシュケ『ヘーゲル・ハンドブック』(知泉書館)でさえ、示唆するに留まっている中、渡辺祐邦教授による一連の研究は、貴重で重要な先駆的研究であった。筆者もそれに促されるかのように、少年ヘーゲルが盛んに行っていた「抜き書き」を検証したところ、解釈学の問題意識で貫かれていたことに驚かされた。しかも、ディルタイは知っていたに違いないにもかかわらず、ヘーゲルにおける解釈学のモチーフには口を閉ざしていたことには、なおのこと奇妙な思いに誘われたのも正直なところであった。第一章「少年ヘーゲルと解釈学のモチーフ」では、少年ヘーゲルの行なった「抜き書き」を分析するとともに、「魂の根底」の理路に照合することによって、精神が自らの本性や根底を解釈するという精神の自己関係の構造を際立たせようとした。こうした発想が『精神の現象学』の構想に連なることも第一章で論及した。さらに、第一三章「「精神の現象学」と「精神の解釈学」——『精神哲学』において何故「心理学」が「精神の現象学」よりも上位に位置づけられるのか?」では、「心理学」がいわば「精神の解釈学」として捉えられたことに起因する位置づけであったことを論じた。第一章と第一三章そして第一四章が、本書の枢軸を成している。

体系哲学者という不思議

長い間、ヘーゲルは「体系哲学者」として見做されてきた。その体系とは、「論理学」、「自然哲学」、そして「精神哲学」から成る『エンツュクロペディー』である。しかしながら、ヘーゲル自身によって、「教科書（Vorlesebuch）」（GW. XX, 5）でしかないと明言されていたように、『エンツュクロペディー』は体系の書というより、もとより教科書であるのはもちろん、その序文からも窺えるように論争の書でもあった。第八章の「ヘーゲル『精神哲学』の基底と前哨」では、往時、多くの分野で、『エンツュクロペディー』と名付けられた著作が刊行された中にあって、ヘーゲルの『エンツュクロペディー』は、哲学への導入教育の役割を果たす書でさえあったことを確認するとともに、玄武岩や花崗岩の成り立ちをめぐる、水成説と火成説の対立をめぐる研究の進展に応じて、「自然哲学」での取り扱いが、学界の認識の進展に沿う形で展開されたことを明らかにしようとした。

ヘーゲルの『エンツュクロペディー』構想が、体系として完成されたり、固定されたりしたものではなかったことは、「色」の取り扱いからも見て取れる。ニュートンと対峙して書かれたゲーテの『色彩論』を踏まえつつヘーゲルは、ニュルンベルク・ギムナジウムでの「哲学的エンツュクロペディー講義」（一八一一年冬学期）以降、「自然哲学」のなかで、「色」を論じていた。ところが、一八二三年の冬学期や二五年の冬学期での「自然哲学講義」では限定的にしか取り扱われなくなる。他方でヘーゲルは、「精神哲学」の枠内において色彩論を展開するようになったことが、「主観的精神論のための断章」（一八二二―二五年）（Vgl. GW. XV, 284）や一八二五年の「精神哲学講義」の受講者による筆記ノート（Vgl. GW. XXV-1, 302f.）から確認できる。ヘーゲルが、色彩を論じる文脈は「美学講義」にも残されている。一八二〇年／二一年の「美学講義」によると、「そもそも画家を画家たらしめるのは、まずもって色彩と彩色法（Colorit）です」（Ästhetik (1820/21), 272）とされる。『エンツュクロペディー』内部において、「色」を論じる境位が変遷する詳細を、第一二章「色と心――ヘーゲルによるゲーテの『色彩論』の受容をめぐって」で分析した。

同じように、「精神哲学」の内部で論じられる境位に変遷が見られたのは、「感応（Stimmung）」である。ヘーゲルにとって「感応」は、その青年時代から十分に知悉していた精神作用であったことは、旧稿「ヘーゲルにおける哲学的人間学の射程と感応の行方（『東北哲学会年報』No. 33、六三―八四頁、二〇一七年）でも論じたことがある。それが、一八二〇／二一年、そして一八二三年の「美学講義」で語られた後、一八二六年の「美学講義」からは杳として姿を消すのである。その行方は、一八二二年頃から書き始められていたヘーゲルの「主観的精神の哲学のための断章」に痕跡を残すことになる（GW. XV, 224 u. 231）。そしてこれを準備稿として成立することになる『精神哲学』の「哲学的人間学」において、「感応」が展開されることになる。「感応」は単なる主観性を超え出るものであれ、自然と共感し合う心の働きである以上、人間の精神の自然性を色濃く残すものである。従って、『エンツュクロペディー』における『精神哲学』の「人間学」のうちへと『美学』から「感応」論が回収されることによって初めて、芸術や美学は精神の高みへと解放されたことを、第一四章の「ヘーゲル『精神哲学』の豊かさとハイデルベルク」で描出した。したがって、『エンツュクロペディー』でさえ、ダイナミックに生成していたと言えよう。

今日の実験心理学に先駆する、新生児における三次元知覚の成立を論じたヘーゲルの不思議

今日の心理学にあって、「視覚的断崖」という実験がある。私たちの網膜は曲面ではあるが二次元である。それにもかかわらず三次元を知覚することができるのはどうしてなのか、という問題を調べるための実験である。天板として強化ガラスの張られた、言わば卓球台のような台の一方に、這い這いのできる赤ちゃんを乗せて、他方には母親が待っているという構図である。赤ちゃんの乗っているガラスには、市松模様が貼られていて、母親

側のコートのガラスは、透明で、床に市松模様が施されている、という装置である。つまり赤ちゃんからしてみると、母親側のコートまで這い這いで進むと、本当は断崖ではないのだが、市松模様だけを見ると台から床への落差が見える、という訳である。これによって赤ちゃんにおける「深さ」知覚の成立を調べる実験である。這い這いできることによって赤ちゃんは三次元を、身を以って、つまり触覚によって知覚できると説明されてもきた。

二〇一〇年一月に刊行された『KAWADE 道の手帖　ヘーゲル入門』（河出書房新社）に筆者はエッセイとして、「一言で断言できないヘーゲル」を寄稿、それ以来、不思議に思い、文献の渉猟を重ねてきた謎がある。それは、今日の実験心理学の知見を、二〇〇年も前にヘーゲルが語ることができたのはなぜか、という謎である。一八二二年のベルリンでの「精神哲学講義」での論述である。「私たちは距離を、感官を通して持つのではありません。距離は視覚の感覚のうちにはないからです。むしろ私たちは距離を、推論することによって、さまざまな現象を比較することによって学ぶのです。子どもは望みうる限りのものすべてを摑もうとします。治療を経た後に、どんなものでも、自分から同じだけ離れているように見えた先天盲の話しにおいて、同じことが分かるでしょう」（GW. XXV-1, 54）。これは、モリヌー（William Molyneux：1656–1698）がJ・ロックに提起して以来、近世哲学を貫くことになった問題であるとともに、チェセルデン（William Chesselden：1688–1752）による報告によって実証された問題である。そして、シュルツェが『エーネジデムス』で論及するとともに、これによって意識内在主義の原理を示したことは、前著の「まえがき」でも明らかにした。

しかしながら、『エーネジデムス』については、十二分に知悉していたヘーゲルにして、チェセルデンによる報告にコミットしたのは、一八二二年のベルリンでの「精神哲学講義」（ホトーによる筆記録）が最初だったことには不思議さを禁じ得なかった。ヘーゲルが、何処から、どのようにして、今日の実験心理学による知見に通じる認識を得ることができたのか、なぜ、一八二二年になって初めて論究するに到ったのか、その経緯を調べるのに、実に一三年もかかってしまったのである。その結果は驚愕に満ちたものであった。ヘーゲルが、自らの「哲学史」においても参照していた浩瀚な哲学史を著したティーデマン（Dietrich Tiedemann：1748–1803）による『人間についての考察』（一七七七年）こそが、今日の実験心理学におよそ二五〇年ほど先駆する、画期的な研究だったのである。ティーデマンによる研究成果をいかにしてヘーゲルが知ることができたのかを、第一四章「ヘーゲル『精神哲学』の豊かさとハイデルベルク」において検証することができた時に、本書をまとまった形で出版して頂きたく願うことになった。

ヘーゲルはひとりでヘーゲルになったのではない不思議

ヘーゲルをめぐる豊かな人的交流と相互交渉こそが、ヘーゲルの哲学的営為を育んだことについて、本書全体を通して描くことこそ、筆者の目指すところであった。たとえば、ヘーゲル哲学を貫く「精神の展開」という発想が、一八〇三年からイェーナ大学での同僚となったシェルヴァー（Franz Joseph Schelver：1778–1832）を介して、ゲーテの『植物のメタモルフォーゼを解明する試み』（一七九〇年）を知るに及んで、醸成されたことについて、第一〇章「変容（Metamorphose）と進展（Evolution）」において、いわゆる前成説で語られた「開展（Evolution）」の意味の変容と併せて、明らかにしようとした。「私が自らの精神的な展開の来し方を眺めるならば、その道程のそこかしこで、あなたのお蔭に負うところが大きいことに気づきます。そうしたわけで、私は自分自身をあなたの子どもの一人であると名乗ってもよいくらいだと思っています」（Br. III, 83）。これは、一八二五年四月二四日付で五四歳のヘーゲルがベルリンからゲーテに宛てた手紙の中の一文である。ゲーテとの交流は、イェーナで始まり、ハイデルベルクでボアスレ（Sulpitz Boisserée：1783–1854）の仲介で再開されていた。そのきっかけは、第一二章「色と心——ゲーテの『色彩論』の受容をめぐって」でのテーマに関わる、『ハイデルベルク・エンツュクロペディー』の二二〇節以降だと推定されている（Vgl. Br. II, S. 418）光と色に関するヘーゲルによる論述を、ボアスレがゲーテに送ったことであった。

ハイデルベルクでの人的交流の中心となったのは、北方ルネサンス絵画を中心に収集して、ゲーテにも多大な影響を与えた、美術収集家のズルピッツ・ボアスレであった。ボアスレ兄弟との交流が、ヘーゲルの美学思想に多大な影響を与えたことについては、第一一章「物語の内在化と心の表出——ドレスデン探訪に寄せて、ヘーゲルにおける絵画論の成立を考える」や、第一四章「ヘーゲル『精神哲学』の豊かさとハイデルベルク」で描出した。ボアスレとの交流がなかったなら、ヘーゲルの『美学』は、あそこまで豊かな内容になり得なかったかもしれない。

アントン・フリードリヒ・ユストゥス・ティボー（Anton Friedrich Justus Thibaut：1772–1840）というカントに学んだ法学者がいた。一八〇二年にイェーナ大学へ赴任、その後ハイデルベルク大学へ転じて、学長まで務めた人物である。ヘーゲルの同僚にして友人としてイェーナ大学とハイデルベルク大学に在籍するとともに、なんと、音楽家としての業績も残していて、フェリックス・メンデルスゾーンとの交流も伝えられている。そのティボーがヘーゲルの『美学』の音楽観に強い影響を与えていたことについても、第一四章「ヘーゲル『精神哲学』の豊かさとハイデルベルク」で論究した。

シェリングとの関係の不思議

ヘーゲルとシェリングとの関係こそ、最も謎めいている問題かもしれない。チュービンゲン神学校に入る前の二人の教養地盤は、第一章と第二章とで検証したように、全く違うものであった。ヘーゲルが後期啓蒙主義の解釈学の問題意識によって導かれていたのに対して、シェリングは、父親譲りの釈義学の教養に染まっていた。それが、チュービンゲン神学校のシュトールらによって教授された聖書解釈学への反発から、二人とも、それぞれに「自然の解釈」という問題に導かれることになる。

チュービンゲン神学校卒業後のシェリングによる『自然哲学の理念』(一七九七年)が、ヤコービの『デヴィッド・ヒューム』で紹介されたライプニッツの有機的自然観に触発された点で、ヘーゲルと共通するものがあったことは、第六章「自然と生命――シェリング『自然哲学の理念』に寄せて」において詳述した。ところが、フィヒテとの軋轢が深まるにつれ、シェリングは、一八〇〇年一一月一九日付のフィヒテ宛書簡で、「超越論的哲学と自然哲学との対置(Gegensatz)こそが眼目なのです」(GA. III-4, 362)と、自らの体系構想を踏まえた上で、「知識学(つまり貴方によって呈示されているような純粋な知識学)は、まだ哲学そのものではありません」(GA. III-4, 363)と言明するに到る。ヘーゲルの『一八〇〇年体系断片』における「ありとあらゆる自然を超えて自我が漂う」というフィヒテ批判からは、こうしたシェリングの思想と符合するものを読み取ることができる。

一八〇一年の年初にヘーゲルは、シェリングの勧めもあって、当初の心づもりだったバンベルクではなく、イェーナに転居して、シェリングと協働で『哲学批判雑誌』を発行する。シェリングは、フィヒテに対抗するためには、ヘーゲルの助力が必要だと考えたのであろうか。ほどなくシェリングは、「同一哲学」を標榜するようになる。シェリングは、その著『ブルーノもしくは諸事物の神的にして自然的な原理について』(一八〇二年)において、ヤコービを介して、「精神の階梯」という発想を手に入れる。その階梯を上昇することによって、「自然を神のなかに見てとったり、そして神を自然のなかに見てとったりする」（Bruno. 124）というのである。第五章「一者の影——ヤコービによる「ブルーノからの抜き書き」の思想史的な意義について」では、「精神は自然よりも高い」（GW. IV, 464）という観点を得ることになるヘーゲルにとっては、実にシェリングの『ブルーノ』そのものからも、シェリング自身の同一哲学を乗り越える方途としての「階梯」の発想を得たことを明らかにしようとした。

巷間、『精神の現象学』の刊行をもって、一八〇七年一一月二日付のシェリングのヘーゲル宛書簡を最後に、ヘーゲルとシェリングの仲は決裂したとされている。しかしながら、『精神の現象学』の刊行に先立って、ガルヴァニズムをめぐって、リッター（Johann Wilhelm Ritter：1776–1810）に依拠して、「ダウジング」に魅せられたシェリングと、ヴォルタによる研究を踏まえながら、実証科学的な知見に基づくヘーゲルとの間に、一八〇七年の春に決定的な断絶が生じていたことについて、第七章「自然の詩情と精神の忘恩——ヘーゲルにおける「精神哲学」と「自然哲学」との関係づけ」において明らかにした。

見てきたように、ヘーゲルの哲学的な経験、というより人生を辿ってみると、ヘーゲルはひとりで、ヘーゲル哲学を構築し得たのではないことに思い到らざるを得ない。大哲学者ヘーゲルであってさえ、ヘーゲル一人の力では大成するには到らなかったのかもしれない。前著を上梓して以来、筆者に自覚されるようになったヘーゲル哲学の謎を解き明かすなかで、ヘーゲル哲学についての新たな見方と、ヘーゲルが眺めた哲学的な風景を、同時代人との人間模様や思想交渉とともに描き出すことができていることを願う次第である。

引用略号一覧

本書における引用の出典表記は，原則として，「引用略号一覧」に掲げられている「略号」をもって典拠を表わし，ローマ数字で巻数を，アラビア数字で頁数を示している。本文中で，引用直前に出典を明示している書籍の書誌情報については，「引用略号一覧」に掲げることを省略した。

Anthropologie	Ernst Platner : Neue Anthropologie für Aerzte und Weltweise. Bd.I, 1790
Aphorismen	Ernst Platner : Philosophische Aphorismen nebst einigen Anleitungen zur philosophischen Geschichte. Teil.1, 1793
Ästhetik (1820/21)	G. W. F. Hegel : Vorlesungen über Ästhetik Berlin 1820/21. herausgegeben von Helmut Schneider, (Peter Lang) 1995
Bouterwek	Friedrich Bouterwek : Anfangsgründen der speculativen Philosophie. Versuch eines Lehrbuchs. 1800
Br	Briefe von und an Hegel. hrsg.v. Johannes Hoffmeister (Felix Meiner)
Brandis	Joachim Dietrich Brandis : Versuch über Lebenskraft. 1795
Bruno	Friedrich Wilhelm Joseph Schelling：Bruno oder über das göttliche und natürliche Prinzip der Dinge.（Felix Meiner）2005
Christentum	Karl Bonnet : Philosophische Untersuchung der Beweise für das Christentum. 1769
Dok	Dokumente zu Hegels Entwicklung. Hrsg. v. Johannes Hoffmeister (Friedrich Frommanns Verlag)
Elementarlehre	Franz Joseph Schelver : Elementarlehre der organischen Natur. 1800
Empirische Psychologie	Carl Christian Erhard Schmid : Empirische Psychologie. 1791
Encyklopäie	Carl Christian Erhard Schmid：Allgemeine Encyklopädie und Methodologie der Wissenschaften. 1810

Enzyklopädie	Gottlob Ernst Schulze : Enzyklopädie der philosophischen Wissenschaften. 1814
Fischhaber	Gottlob Christian Friedrich Fischhaber : Ueber das Prinzip und die Haupt-Probleme des Fichteschen Systems, nebst einem Entwurff zu einer neuen Aufloesung desselben. 1801
Flatt	Johann Friedrich Flatt : Philosophische Vorlesungen 1790. (Frommann-Holzboog) 2018
GA	Johann Gottlieb Fichte : Gesamtausgabe. der Bayerischen Akademie der Wissenschaften. (Frommann)
Garve	Christian Garve：Versuch über Prüfung der Fähigkeiten. 1769
Gespraeche	Moses Mendelssohn : Philosophische Schriften. (Aetas Kantiana)
Glockner	Georg Wilhelm Friedrich Hegel : Sämtliche Werke. Jubiläumsausgabe in zwanzig Bänden. Herausgegeben von Hermann Glockner (Fr. Frommanns Verlag)
Goethe	J. W. von Goethe：Gedenkausgabe der Werke. Bd. 13 (Artemis)
GW.	Georg Wilhelm Friedrich Hegel : Gesammelte Werke (Felix Meiner)
H-S	Hegel-Studien. (Bouvier Verlag)
Herder	Johann Gottfried Herder : Sämtliche Werke. hrsg.v.Bernhard Suphan (Olms)
Hume	Friedrich Heinrich Jacobi : David Hume über den Glauben, oder Idealismus und Realismus. Ein Gespräch. 1787
Jacobi	Friedrich Heinrich Jacobi : Gesamtausgabe. (Felix Meiner)
Kunst oder Ästhetik (1826)	Georg Wilhelm Friedrich Hegel：Philosophie der Kunst oder Ästhetik. Nach Hegel. Im Sommer 1826. Herausgegeben von Annemarie Gethmann-Siefert, 2004, (Wilhelm Fink Verlag) 2004
Kurzer Begriff	Johann Georg Sulzer : Kurzer Begriff aller Wissenschaften. Zweyte ganz veränderte und sehr vermehrte Auflage. 1759

引用略号一覧

KW	Immanuel Kant : Werke in sechs Bänden. (Wissenschaftliche Buchgesellschaft)
Lebensgeschichte	Salomon Maimon : Lebensgeschichte. Theil 1, Berlin 1792
Lehre des Spinoza	Friedrich Heinrich Jacobi : Ueber die Lehre des Spinoza in Briefen an den Moses Mendelssohn. (Neue vermehrte Ausgabe, 1789)
Lessing	Gotthold Ephraim Lessing : Werke. (Carl Hanser Verlag)
Morgenstunden	M. Mendelssohn : Morgenstunden.（Aetas Kantiana）
Natur und Gott	Karl Heinrich Heydenreich : Natur und Gott nach Spinoza. (Aetas Kantiana)
Neue Anthropologie	Ernst Platner : Neue Anthropologie für Arzte und Weltweise. 1790
Philosophie der Kunst (1823)	Georg Wilhelm Friedrich Hegel : Vorlesungen über Philosophie der Kunst, Berlin 1823. herausgegeben von Annemarie Gethmann-Siefert 1998 (Felix Meiner) 1998
Philosophie der Kunst (Vorlesung von 1826)	Georg Wilhelm Friedrich Hegel : Philosophie der Kunst. Vorlesung von 1826. Herausgeben von Annemarie Gethmann-Siefert, Jeong-Im Kwon und Karsten Berr (Suhrkamp Verlag) 2005
Philosophische Versuche	Johann Nicolaus Tetens : Philosophische Versuche über die menschliche Natur und ihre Entwicklung. 1770
Physiologie der Pflanzen	Alexander von Humboldt : Aphorismen aus der chemischen Physiologie der Pflanzen. 1794
PJ	Friedrich Immanuel Niethammer : Von den Ansprüchen des gemeinen Verstandes an die Philosophie. In:Philosophisches Journal einer Gesellschaft Teutscher Gelehrten. Erster Band Hrsg. von F. I. Niethammer (1795)
Progress	Salomonn Maimon : Ueber die Progressen der Philosophie. (Aetas Kantiana)
Psychische Anthropologie	Gottlob Ernst Schulze : Psychische Anthropologie.（Erste Ausgabe, 1816 u. Zweite Ausgabe, 1819）

Reil	Johann Christian Reil : Ueber Nervenkraft und ihre Wirkungsart. In:Archiv für die Physiologie. Band I, Heft 2, 1796
Schelling	Friedrich Wilhelm Joseph Schelling : Historisch-Kritische Ausgabe. (Frommann)
Schellings Leben	G. L. Plitt (Hrsg.) : Aus Schellings Leben. In Briefen. Bd. I : 1775–1803, Leipzig. 1869
Schiller	Friedrich von Schiller : Sämtliche Werke. (Carl Hanser Verlag)
Schröter	F. W. J. Schelling : Schellings Werke. hrsg.v. Manfred Schröter (Beck)
Seelenkräfte	Karl Bonnet : Analytischer Versuch über die Seelenkräfte. 1770 (Google Book)
StA	Friedrich Hölderlin : Stuttgarter Hölderlin-Ausgabe. hrsg.v. F. Beißer (Kohlhammer)
SW.	G. W. F. Hegel : Werke in zwanzig Bänden. (Suhrkamp Verlag)
Tennemann	Wilhelm Gottlieb Tennemann : Geschichte der Philosophie. (Aetas Kantiana)
Tiedemann	Dieterich Tiedemann：Geist der speculativen Philosophie.（Aetas Kantiana）
Timaeus	F. W. J. Schelling : Timaeus. (1794) Schellingiana Bd. 4 (Frommann) 1994
Vorl	Georg Wilhelm Friedrich Hegel ： Vorlesungen Ausgewählte Nachschriften und Manuskripte. (Felix Meiner)
Vorlesungen zur Ästhetik (1828/29)	Georg Wilhelm Friedrich Hegel : Vorlesungen zur Ästhetik :Vorlesungsmitschrift Adolf Heimann (1828/1829). (Wilhelm Fink) 2017

ヘーゲル『精神哲学』の基底と前哨

第Ⅰ部　哲学への旅発ち

第一章　少年ヘーゲルと解釈学のモチーフ

はじめに

若きヘーゲルが、レッシングやガルヴェなど、後期啓蒙主義の影響を強く受けていたことは、これまでにも様々に論じられてきた(1)。とはいえ、その内実は、具体的に詳らかにされたとは必ずしも言えなかった。本章は、シュトゥットガルト時代の少年ヘーゲルが、盛んに行なった抜き書きを分析することを通して、後期啓蒙主義によって明示された解釈学の問題意識に促されていたことを実証する。

1　すべてを知っている教師とまだ知らない生徒

一七八五年初夏の抜き書き

今日に伝えられている「抜粋」の最初は、一七八五年四月二二日、『ロシアにおける正規の学校の教育プラン(Erziehung. Plan der Normal-Schulen in Russland)』と題された抜き書きで、「学問における教育は、教師が予めすべてを説明し、それから試問するというところになければならない」(GW. III, 5)という一四歳のヘーゲルの文章が残されている。教師は、授業内容のすべてを、予め知っているのに対して、学生はまだそれを知らない。とはいえやがて理解するに到る、という機序がヘーゲルの関心事であったことが分かる。

一七八五年五月五日以降、フェーダー（Johann Georg Heinrich Feder：1740–1821）の『新エミール（Der neue Emil oder von Erziehung nach bewährten Grundsätzen）』（一七七一年）から、長い抜粋がなされている（GW. III, 6–63）。エミールを学問へ誘うための段取りが語られているなかから、「美しい箇所を彼は暗記した。彼は、古代の人たちを頭に入れるまでは、ドイツ語や近代人の読書を始めることはなかった」（GW. III, 42）とヘーゲルが抜き書きした箇所の原文では、近代を知るためにも古典学習は重要であることが述べられていた。「古代の人たちが最初に読まれていてこそ、その途上にあって、近世の文献にあって、これまでなおざりにされてきていたものがすべて、正しくもたらされることになる。古代の人たちを頭に入れている青年なら、他の人よりも、近代の人たちをも、より良く評価して、判断することができる」（S. 212f. = GW. III, 42）。そして抜き書きの終わりには、青年ヘーゲルを思わせるような論調さえ見られる。「私たちの理性は奇跡を把握することができないにもかかわらず、私たちは、証言を通して信じたり、証言がない場合には大いなる状況に基づいて奇跡を推測したりすることが生じることもある。（……）キリスト教は、自然宗教のすべての部分を含んでいるとはいえ、理性を超える規定性と確実性とを伴っている。それゆえ、そうした理性を超える確実性をありとあらゆる哲学者の学説の内に見出すことはない」（GW. III, 62f.）。

青年ヘーゲルを思わせる論調は、ヴンシュ（Christian Ernst Wünsch：1744–1828）の『若者のための宇宙論的な会話（Kosmologische Unterhaltungen für die Jugend）』（一七七九年）の抜粋からも窺われる。「悟性の啓蒙や徳の実践には、あたかもイエスへの信仰があるように思えるし、人間にとっての至福への唯一の手段であるかのようである」（S. 44 = GW. III, 87）という原文に、「何世紀の長きに亘ってそんなことは考えられてこなかった」（GW. III, 87）とヘーゲルは書き加えていた。精神をもって神に近づくという発想もヘーゲルは抜粋していた。「万物を超える神を崇敬せよ、汝自身と同じように汝の隣人を愛するように。これこそ神性の声であって、我々の心の声である。これに従う者は、幸いである。神を崇敬するということは、我々の精神を、出来る限り有用な知識でもって満足させるということである。その結果、日常的に神に似てゆくことができるのである」（Vgl. S. 49 = GW. III, 88f.）[2]。

レフラー先生との対話を続けるかのように

一七八五年七月一四日（木曜日）に一四歳のヘーゲルは『日記』に次のように認めていた。「アーベル教授先生とホップ教授先生が僕らの仲間を訪ねて下さって、教えて下さった。僕らは先生方と一緒に散歩して、ウィーンの話しで楽しんだ」（GW. I, 10）。ここから、少年ヘーゲルが既に、F・シラーの師でもあり、一七九〇年にはチュービンゲン神学校に、哲学の教授として赴任するアーベル（Jakob Friedrich Abel : 1751–1829）の知己を得ていたことが分かる。

それにしてもなぜヘーゲルは、多岐にわたる文献から、多くの抜き書きを行ったのであろうか。一つ考えられることがある。ヘーゲルには、七歳の時から授業で、そして個人教授として教わっていた掛け替えのない敬愛する先生がいたのである。シュトゥットガルト生まれで、一七七二年からシュトゥットガルトの下級ギムナジウムの教師をしていたレフラー（Johann Jakob Löffler : 1750–1785.3）である。

一七八五年三月、ヘーゲルが親しく個人授業を通してギリシア語、ラテン語、ヘブライ語などの文献を習っていた、そしてシェイクスピアも教わったレフラー先生が逝去。[3] 一七八五年四月に始められた抜き書きは、あたかもレフラー先生との対話を続ける思いでなされたかのような、テーマの選定であったように思われる。『新エミール』からの抜粋（GW. III, S. 6–63）は、師を喪った心の空隙を埋めようとでもしたのか、長い抜き書きになっている。

一七八五年七月五日に、「故レフラー先生の蔵書から」（GW. I, 6）、一四歳の少年ヘーゲルは、ギリシア語、ラテン語の著作一二冊を購入している。翌七月六日のヘーゲルの日記には、「レフラー先生は僕の最も尊敬すべき教師の一人でした。特に下級ギムナジウムでは、小生意気な言い方だけど、最も優秀な教師だったと言ってもいいだろう」（GW. I, 7）と記されたのである。

七月七日には、次のように日記に認められた。「先生は極めて公正で心の広い方でした。生徒たちとご自身と世のためになることが先生の主要な関心事でした。（……）先生の価値を知る人は多くありませんでした。ひたすらご自分の限られた範囲の中でお仕事をされなければならなかったことは、先生のような方には大きな不幸だったでしょう。だけど僕は、先生の面影を永久に、心のうちに揺るぎなく抱いていくことだろう！／だって、僕が付け加えなければならないのは、先生が僕に、シェイクスピアの戯曲の一八巻本を、既に一七七八年にプレゼントして下さったことです」（GW. I, 8）。レフラーが少年ヘーゲルの力を見抜いて育てていたこと、そしてヘーゲルが全幅の信頼をレフラーに寄せていたことが窺える記述である。そして二人の間では、古典語を学習することの重要さや古典の解釈の方法など、解釈学の問題圏について話題にされたことも想像されるのである。

一七八六年三月、一五歳のヘーゲルが書き留めた日記である。「いわゆる翻刻すること（Exzipieren）、すなわち、あるテーマを、それが書かれたのとは違う言語で書きつけることは、多くの教師から、そして他の人たちからも熱心に弁護されたり、固執されたりしている面もある。他面、多くの教師によって、そして他の人たちによって、全面的に斥けられたり、拒まれたりもしている。そこで僕は、翻刻を弁護するために持ち出されているような諸根拠を、僕の見通しのできる限り、探求しよう。（……）若い人々（Junge Leute）が誇張の多いラテン語で書こうとするように誘う責は何処にあるのか？／多くの原因の中でも、とりわけ源泉だと注記されるべきは、これであろう。つまり、古代のとりわけ優れた著作を読むやり方である。このやり方のせいで、その著作は他ならぬ古代の人々の言語をそこから学ぶことの役に立つと、さらに彼らの言語を知ること以上の役に立つと信じられているとされる。なぜなら、言葉（Wort）やフレーズに全面的にただ顧みるだけであって、古代の人の著作の精神（Geist）や本性を省みようとは決してしないからである。テーマについてはまったく語られないのである」（GW. I, 25）。古典を近代語に翻訳する正当性、古典を「解釈」する際に、「言葉」だけに頼るのではなく、古代の「精神」に通暁することの重要性など、解釈学的な問題意識が明確に語られている。

とはいえ、少年の考えることにしては、余りに成熟しているのも事実である(4)。それに、「若い人々」なんて、一五歳のヘーゲルが書くことであろうか？　ここから想像されることは、この日記に綴られた少年ヘーゲルの「解釈学」への問題意識は、チュービンゲン神学校出身であって、解釈学の素養を積んだ上に、古典に造詣の深かったレフラー先生直伝の発想ではなかったのか、ということである。少年ヘーゲルは自ら、古典を解釈する段取り、教育における伝承や指導の存立機制、さらには精神の根底を精神が解釈する機序などの問題に触発されて、解釈学的循環の問題を探ろうとして、関連する文献から抜き書きを行ったのではないか、と推測されるのである。

2 「伝承」と「検証」

教育と押し付け

一七八六年一〇月一五日に少年ヘーゲルは、ツィマーマン（Johann Georg Zimmermann：1728–1795）の『孤独について（Über die Einsamkeit）』（一七八四年）から、学問の進歩に比し、これに逆行する学生への押しつけ教育の弊害について抜き書きされている。「アカデミックな諸概念や考え方は、準備として、決定的な価値がある。これに対して知識の進歩にとって妨げになるのは、多くの高貴な若者の精神が、教師の造った柵や枠の中に押し込められることである」（S. 18 = GW. III, 108）。

翌一〇月一六日にヘーゲルは、ケストナー（Abraham Gotthelf Kaestne：1719–1800）の著書『算術や幾何学の原理（Anfangsgründe der Arithmetik, Geometrie, ebenen und sphärischen Trigonometorie）』（一七五八年）から、最初に発見したやり方と発見されたものを確認する方法との違いについて、周知されていないものを探求する道筋と、既に見出された真理を説得的に呈示する方法との違いについて抜き出している（Vgl. GW. III, 112）。自ら考えるという啓蒙の気風の中で少年ヘーゲルは、教わったことをただ覚えることに違和感を覚えていたのであろうか？

伝承の正統性とオリジナル

一七八六年一二月二三日にヘーゲルは、マイナース（Christoph Meiners：1747–1810）の『哲学の校訂（Revision der Philosophie）』（一七七二年）から抜粋を行なっている（GW. III, 113–114）。「ピュタゴラスの理論的な部分について、（さまざまな原因から多くは不確実なのだが）私たちには、ギリシア人たちから伝わって来ていて、エジプト哲学における断片の内に痕跡は見当たらない。それゆえ、ピュタゴラスの理論的な部分を、彼自身の発案として、ピュタゴラスのものと勘定してもいい。ただし、後世においてピュタゴラスの論調について、それの主張部分に彼の弟子たちのあらゆる発見を帰すようなことにならなかったなら。同じようにピュタゴラス自身、自らの理念をエジプト人の理念だと称することがなかったのなら」（S. 98=GW. III, 114）。ここに見られるような、古代からの伝承について、その正統性を改めて問う眼差しは、一七八八年八月七日に一七歳のヘーゲルが書いた作文「古代詩人の幾つかの特徴的な相違について（Ueber einige charakteristische Unterschiede der alten Dichter）」でも明確に打ち出されている(5)。

ヘーゲルがこの作文を書く際に下敷きにしたのが、新旧論争(6)を背景とした、ガルヴェ（Christian Garve : 1742–1798）の論考、「古代と近代の著作家、とりわけ詩人の作品における幾つかの相違についての考察（Betrachtung einiger Verschiedenheiten in den Werken der ältesten und neuen Schriftsteller, besonders der Dichter）」（一七七〇年）であった。そこには、「オリジナル」と「伝承」、「全体」と「部分」という問題に定位した、次のような論述が見られる。「今や誰もが、伝承と教育とを通して、諸理念の織物全体を手に入れている。その織物を誰もが、まだ見渡すことはできないのだが、それにもかかわらず、まだ見知らぬ宝として保存していて、次第しだいに折りにふれて相互に織り成すことになる。——そしてそれから、彼が外国の思想から得たものを自分自身のものに転化することができるようになって初めて、渉猟したり、自分自身で自分独自の加工のための対象を探し始めたりすることができるようになる(7)」。

この論考には、「心の根底」という発想も語られている。「私たちの詩人たちは既にある種の形而上学者である。（……）私たちの詩人たちが私たちに語っているのは、思い浮かべられた体制にいた人が実際に有していた思想だけではない。むしろ、自らの心（Seele）の中で不分明なままに（dunkel）根底（Grund）にあったものども、すなわち悟性に気付かれないまま、情熱の赴くままに表明されていたものども、をも語っているのである。彼らは、人間の心という絵画において一つに収斂されているさまざまな特徴を相互に分離して、隠された微細な動機のそれぞれを私たちの眼前で演じさせる。本性はそれらの動機を、合一された作用においてしか私たちには示さない」(8)。近代詩人は、古代詩人が無自覚的に根ざしていた、人間の心の原初の暗闇へと垂鉛を下ろす、という趣旨である。心の根底に立ち還って心を明らかにするところから、近代詩人が形而上学者に擬えられている。実は、この「古代詩人の幾つかの特徴的な相違について」を書く一年半前、一七八七年三月一四日から一八日にかけてヘーゲルは、ガルヴェの「諸能力の検証についての試論（Versuch über Prüfung derFähigkeiten.1769）」（一七六九年）についても抜粋していた（GW. III, 126–162）(9)。この抜粋を確認すると、ヘーゲルがガルヴェに着目した、一層深い新たな脈絡と理路が明らかになる

3　心の深層と魂の根底

追思惟する精神は、解釈を通して見出すべきであるものを、予め推測させる

ガルヴェの「諸能力の検証についての試み」では、「説明」と「予感」をめぐる解釈学的循環が説明されていた。「言語の習得は概して、私たちの最初の学習である。それゆえそれは、教師にとって、自分の生徒の能力を調べる最初の機会でもある。（…／…）言葉と意味との連関についての生き生きとした感情が、追思惟する精神

に、解釈（Auslegung）を通して見出すべきであるものを、予め推測させること、しばしばなのである」[10]ヘーゲルが、原文を、ほぼ忠実に抜粋した箇所で、ガルヴェは次のように解釈学的循環の必要性を論じていた。「哲学において、説明において、証明において、美しい精神の芸術や著作におけるのと同じように、ある種の趣味が存在している。根拠が厳密に検証される前に、根拠の強さや弱さについての曖昧な感情が存在しているのである。研究する以前に、真理と彼の理念が役に立つかどうかについての差し当たりの判断がある」[11]。

意識化と意識下との往還構造

ガルヴェの論考は、解釈学だけでなく、心の本性を照射する心理学や人間学にも通じていた。ガルヴェの原文である。「本性の仕組み（Einrichtung der Natur）は、私たちの表象の、暗く不分明な部分と晴れやかで明澄な部分との間で、絶えざる均衡を保っている。ある表象が明るみへ高まるや否や、他の表象は深い暗闇（Finsterniß）へと沈んでゆく。心がある対象へと近づくことは、同時にそれ以外のものから遠ざかることである」[12]。ヘーゲルは、「ある表象が明るみへ高まるや否や、他の表象はいっそう深い暗闇（Finsterniss）へと沈んでゆく。心がある対象へと近づくことは、同時にその他のものから遠ざかることである」（GW. III, 137）と、意識下の暗闇と心の意識化との往還構造を抜き書きしている。ガルヴェはこれに続けて、「自己自身を通して活動する心の能力（Fähigkeit der Seele）は、強い構想力もしくは反省についての比較的確実な目印である。活動への衝動こそ、人間の心における第一にして根源的な衝動であって、おそらくその他のすべての活動の根拠（Grund）であろう」[13]と書いている。

この抜き書きの五日前、一七八七年三月九日に、一六歳のヘーゲルは、ズルツァー（Johann Georg Sulzer：1720–1779）の『全学問の綱要（Kurzer Begriff der aller Wissenschaften）』（二版：一七五九年）から抜粋、ズルツァーの著書でも、心理学が心の根底に立ち還って、心を説明する往還構造が描出されていた。『全学問の綱要』二〇四節からのヘーゲルによる抜き書きである。「心理学は、人間の心の本性、その本質、その諸力や能力その特性、自然な仕方で生じるであろうさまざまな変化を探求する。／a　経験的心理学は、心について経験（Erfahrung）を通して私たちに知られるものすべてを、厳密かつ判明に記述する」（GW. III, 116）。続いて、二〇八節から抜き出されている。「b　説明的な心理学（合理的心理学）が第一部〔＝経験的心理学〕において看取されたさまざまな出来事を解決することを通して、求めるのは、心の本質と根底の特性（Grundeigenschaften）を発見して、この根底から始まり、そして根底へ帰る道（Rückweg）を通して、心のあらゆるその他の特性やさまざまな変化を説明することである」（GW. III, 116）。ズルツァーは、経験的心理学と合理的心理学とを区別したヴォルフに倣って、心の根底から発する道と心の根底への帰路という、心の往還構造について語っていた。ここに、小田部胤久によって際立たされた[14]、「魂の根底」という理路が輻輳していることを見逃してはならない。『全学問の綱要』（二版：一七五九年）において展開された「心の深処（die Tiefe der Seele）」は、バウムガルテン（Alexander Gottlieb Baumgarten：1714–1762）における「fundus animae」に遡及されるべき発想なのである[15]。

心の深層と魂の根底

ヘーゲルが抜き書きを省略したズルツァーの『全学問の綱要』二〇五節と二〇六節において、「心の深処」が論究されていた。「心理学のこの第一部〔経験的心理学〕が極めて重要であるのは、それなくしては、心の正しい認識へと到ることができないからである。経験的心理学は、心の中で生じるすべてのことについて、観察して並々ならぬ注目を続けることへのおおいなる明敏さを必要とする。（……）心の不分明な働きの幾つかは、かけ離れた変化を通して、それらに起因する、それらが現存している痕跡を発見しないままなら、心の深処（die Tiefe der Seele）にあって気づくことのできないような性質のものである[16]」。不分明な領域である心の深層は、経験的心理学によって解明されるとされていた。「人間の心を知ることは、学問の最も高貴な部分なのであるからして、経験的心理学を拡張することは、哲学の愛好者に対して、衷心より奨められるべきものである。とりわけ私たちは哲学の愛好者の方々に、心の不分明な領域（die dunkeln Gegenden der Seele）に対して最も厳密な注意を向けることをお願いしたい[17]」。

もとより、これらに先立つ一七八六年一〇月一〇日に、一六歳になったばかりのヘーゲルは、カンペ（Joachim Heinrich Campe : 1746–1818）の『子どものための心理学（Kleine Seelenlehre für Kinder）』（一七八〇年）の一七八四年版からも抜粋を作っていた（GW. III, 100–107）。そこに含まれている一節、「さて、本当だと分かっていることがある。お前たちの心は既に判断力を持っている。だけど早まってはいけない。真実ではないこともあるかもしれないからだ。つまり、問うてみよう。お前たちの心（Sele）を十分にしかも全体的に判明に、根底（Grund）に到るまで洞察してみよう[18]」。カンペでも「心の根底」への論及がなされていたのである。

ズルツァーにおける「魂の根底」と解釈学

ズルツァー『全学問の概要』（二版：一七五九年）では、聖書解釈学が「解釈学（Hermeneutik）」として論述されていた[19]。少年ヘーゲルによる抜き書きは、法典解釈の箇所（二五三節）を省くとともに、聖書解釈学の直前で途絶えているので、ヘーゲルはズルツァーによる解釈学の構想を十分に認識していたと見込まれる。論理学の一部門としての「一般的な解釈術（Auslegungskunst）[20]」というズルツァーの発想は、マイアー（Georg Friedrich

Meier：1718–1777）の『一般的解釈術の試み（Versuch einer allgemeinen Auslegungskunst）』（一七五七年）に続くものではある。しかし、実のところ、『全学問の概要』（初版）は、一七四五年であるから、解釈学のモチーフについては、ズルツァーがマイアーに倣ったとは、必ずしも言いきれないのかもしれない[21]。

マイアーにおける「魂の根底」と真理を拓く美学

一七四二年にバウムガルテンが「美学」講義を行ない、マイアーは、一七四五年にバウムガルテンの講義草稿を入手、一七四八年から五〇年にかけて、『美学（Anfangsgründe aller schönen Wissenschaften）』全三巻が刊行される[22]。「記号の解釈」は第二巻（S. 247ff., 592 u.615）で論及されている。バウムガルテン自身の『美学』が公刊されたのは一七五〇年。さらにマイアーは一七五七年に、『一般的解釈学の試み（Versuch einer allgemeinen Auslegungskunst）』で「自然的な記号の解釈学」（Vgl. S. 17ff.）を展開するとともに、「解釈者は、解釈にとりかかる前に、予め、自分が解釈しようとしている記号が真の記号であることを確信していなければならない」（Auslegungskunst. S. 8）と、解釈学的循環の構造と機序を呈示していた。さらに、「解釈者は、著者の真意を、著者よりも、広範に、より大きく、より正しく、より明晰に、より確かに、より実用的に認識することもあるし、その逆もある」（Auslegungskunst. S. 70）と、著者以上に著者をよく知るという解釈学の課題を明らかにしていたのである。

マイアーからこそ、バウムガルテン直伝の「魂の根底」論がはっきり看取できる。「不分明な暗い表象が魂の根底（Grund der Seele）を成していて、これはカオスである。このカオスが魂に働きかけるとともに、魂から世界についての明晰な心像や表象を、自らのうちに、ある種の創造によって産み出す[23]」。

「不分明な暗い認識は、魂におけるカオス（Chaos）であって、魂の創造的な力が働きかけるとともに、魂がそこから次第しだいにあらゆる明晰な認識を合成するところの、粗雑な素材の塊である」[24]。

魂の根底は「カオス」だとされ、これを明らかにする役割が、「美学」に帰せられた。「芸術に関する美学（Aesthetik）は、悟性やあらゆる魂の上位の力を改良することの促しとなる。なぜなら、魂の上位の力は、下位の力と合成されているからであって、下位の力は美学によって改善されるからである」[25]。美学は、言わば、超越論的感性論であるとともに、下位認識能力を改善する学なのである。マイアーは、個別的な経験をただ集積するだけでなく、Ｆ・ベーコンに倣って、個別的なものから始めて、次第しだいに段階的に普遍的な高みへと考察を進めることを、「自然の解釈（Auslegung der Natur）」[26]と呼んだ。こうした構想は、エーベルハルトにも通じるものであった。

4　超越論的心理学と解釈学

エーベルハルトにおける「魂の根底の力」を剔抉する超越論的心理学

一七八七年八月下旬にヘーゲルは、エーベルハルト（Johann August Eberhard：1739–1809）の「今日の魔術の起源についての推測（Vermuthungen über den Sprung der heutigen Magie. Ein historischer Versuch）」（一七八七年）から抜粋していた（GW. III, 175–176）。マイアーの弟子のエーベルハルトにも、「心の根底」という発想を見つけることができる。

「考える力と感覚する力という二つの力を、相互に影響しあう中で表象することができるため、私たちは、それらと、魂の根源的な根底の力（ursprüngliche Grundkraft der Seele）との関係を確かめなければならない[27]」。「心の力の統一を認識することを求めるのは、最高度の完全な超越論的心理学（transcendentale Psychologie）である[28]」。

エーベルハルトにおける「超越論的心理学」とは、魂の根底を照射して、意識化するという点で、マイアーにおける「美学」の役割と重なり合う。「美学は、下位認識能力を改良するための根本命題を含んでいるので、こうした認識能力のより詳細な理論をも含んでいる。それゆえ、人間の魂をより完全に認識するために、直接的に役に立つ[29]」。

エーベルハルトにあって美学には、心の根底に立ち返って、下から、下位認識能力を高める役割が期待されていた。「哲学的な芸術批評家の功績に満ちた尽力のすべてが、向けられてきた完全性の程度にまで、美学をもたらすためには、これまで為されて来なかったさまざまなことが残されている。一面で私たちは、下から（von unten）始めなくてはならない。すべての芸術の媒体を完全に分析することを通して、芸術作品の美の要素を探求しなければならない[30]」。こうした「魂の根底」論や人間の心の奥底の本性を解釈しようとする試みの探究は、レフラー先生によって少年ヘーゲルに育まれた解釈学の問題意識に沿うものであったに違いない。

ヘーゲルは、レフラー先生の母校であったチュービンゲン神学校へと進学することになる。そしてそこでも、ヘーゲルは、「魂の根底」論[31]や、解釈学に接することになる。しかしながら、「シュトールが展開したのは、アレクサンダー・ゴットリープ・バウムガルテンの弟子である哲学者、ゲオルク・フリードリッヒ・マイアーが著したような、記号一般についての表象の理論としての一般解釈学ではなかった。むしろシュトールにとって重要であったのは、神学的解釈学と重なる聖書の特殊解釈学であった。（……）シュトールが神学的解釈学に求めたのは、哲学的な寓話へと逃げることなく、聖書の歴史の実定性（Positivität）に応じることであった[32]」。

実際にシュトールは、次のように語っていた。「聖書の話にあっては、歴史記述的な（historisch）真理と真理一般とを区別しなければならない。聖書の話はすべて、歴史記述的に真理である。ただし、どんな観点からみてもすべてが真理という訳ではない。真理であるのは、聖書そのものの正当性が付け加わるからである[33]」。伝承それ自体を、無批判的に真理だとみなす理解の仕方にヘーゲルは、反発を覚えるだけだったに違いない。もとより「啓蒙が問題としたのは、歴史と真理というアンビヴァレンツな関係であった[34]」という。シュトールには、啓蒙の思潮に対する寛容さは見受けられない。「疑り深さは、忍び寄る毒のように、教師や聴講者の予想を超える大部分の上に広がり、キリスト教の至福のための力を、健全な状態にあると信じている間に、衰弱させてしまう[35]」。イエスは、「神性と特殊な結びつき[36]」を持っていて、聖書の見解によれば、「イエスと使徒たちは、彼らの教えや行ないに際して、まったく並外れた神のご加護を得ていた[37]」とまで語っていた[38]。

そうであるなら、ベルン時代のヘーゲルが草稿に書き付けた次の論述は、まさしくシュトール流の解釈学への反発と後期啓蒙主義からの影響を如実に物語るものであろう。「キリスト教が、神によって実定的に与えられた宗教であることは、全面的に歴史記述的に証明されている。こんなことがこれほどまでに易々となされてしまったのは、今や、我々が自らの隷属を是認して、だからこそ、それ以外の検証の尺度を手放してしまい、実定的な宗教が理性に適ったものなのか、内奥の根拠（innere Gründe）に従って問う権利を（……）すっかり放棄してしまったからである」（GW. I, 354）。

フィヒテの『あらゆる啓示批判の試み』（第二版）に対する、補習教師ジュースキント（Friedrich Gottlieb Süßkind: 1767–1829）による批判も、ヘーゲルにとって、実定性批判への促しとなった。フィヒテは『あらゆる啓示批判の試み』で、高次の実在と人間との間の超自然的な霊感の相互伝達である啓示[39]を分析しつつ、超自然的な権威を引き合いに出さざるを得ない「啓示」を批判していた。[40]ジュースキントは、フィヒテの主張する「権威」に基づかない、内面からの信仰に対して、「実定的な教説（positive Belehrung）」[41]の必要性と正当性を説いたのである。後期啓蒙主義で構想された解釈学の思潮と教養の中で育まれたヘーゲルは、チュービンゲンでの聖書解釈学に違和感を覚えたまま、卒業後は、宗教に胚胎する実定性や他律性を批判する筆を執ることになったのである[42]。

おわりに　精神の帰郷と自然の解釈

「絶対的なものは夜であり闇である」

ブーテルヴェク（Friedrich Ludewig Bouterwek：1766–1828）が編集していた『哲学と文芸の新たな展示館（Neues Museum der Philosophie und Litteratur）』の第一巻第二分冊（一八〇三年）に発表された匿名論考、「絶対者についてのアフォリズム（Aphorismen über das Absolute）」は、ヘーゲルに衝撃として、痛いくらいに「魂の根底」論を、改めて自覚させたことだと想像される。この論考は、シェリングの同一哲学と、それに同調したと見られていたヘーゲルに対して、そうした思索の行き着くところを揶揄して描き出したものである。シェリング周辺の若手の習作ではないかという憶測もなされたということであるが、本当の筆者は、シュルツェ（Gottlob Ernst Schulze：1761–1833）であった。匿名だけでなく、アフォリズムではないにもかかわらず、アフォリズムと題されたあたりにも、シェリング周辺のロマン派の著者を装っていたとも言われている[43]。

シュルツェにしてみれば、「精神は、自らの最内奥（Innerstes）に帰郷（Einkehrung）することを介して、純然たる自己自身の根源的で完全に不変の統一を――この統一は知性の根底（Fundament der Intelligenz）を成していて、他の何ものによっても条件づけられていない――統覚する[44]」。「人は、絶対的なものを自己自身の外部に求めるのではなく、自分自身の内に求めるのでもなく、むしろその努力は、自己自身を絶対的なものにおいて見出すことであり、自らと絶対的なものとの統一を認識することである[45]」。「絶対的なものは純然たる夜（Nacht）にして闇（Finsterniß）である[46]」。

精神の帰郷と自然の解釈

こうした「絶対者についてのアフォリズム」の論述を目にしたヘーゲルは、「心の根底」と精神との往還構造、もしくは本性への「精神の帰郷」が、解釈学的循環に通じていることに、改めて気付かされたことだと想像される。『精神の現象学』の次の論述には、そうした認識の反照を看てとることができるかもしれない。「神が死んでしまってさえいるという厳しい表現は、最内奥にあって自らを単一なものとして知ることを表現したものであり、〈私は私でしかない〉という夜の深処（Tiefe der Nacht）へ、意識が発ち返る（Rückkehr）ことである。この深処は、夜闇の他には、もはや何も区別することのないまま、何も知ることがないのである」（GW. IX, 419）。「精神は、自らの内へと帰る（Insichgehen）なかで、自分自身の自己意識の夜（Nacht）のうちに沈潜している。しかし、精神の消え失せた〈そこでの存在（Dasein）〉は、その夜のうちで保存されている。そしてこの止揚された〈そこでの存在〉――これは以前の段階のものであるが、しかし知ることから新しく産まれ出てきたものである――は、新しい〈そこでの存在〉であって、新しい世界、精神の新しい形態なのである」（GW. IX, 433）。

ヘーゲルにとって、真なるものの在り処は、伝承されてきた文言を理解することでも、権威をもって押しつけられたものを受容することでもなかった。知だとされているものについて改めて自分にとっての意義を検証することを通して自覚化するところに、真なるものが見定められたに違いない。「実体は実のところ主体である」（GW. IX, 18）という論点は次のように敷衍される。「真なるものとは、主体それ自身の生成であって、主体を実現せんとする目的を自らの目的として前提するとともに、最初から持っていて、自己実現を通してこそ現実的になるような円環（Kreis）である」（GW. IX, 18）。「真なるものは全体である」（GW. IX, 19）とされる『精神の現象学』の観点と相まって、ここに解釈学的循環の発想が息づいていることが看て取れる。

イェーナ大学でのヘーゲルの同僚でもあったアスト（Friedrich Ast : 1778–1841）は、プラトン研究者であるとともに、『文法、解釈学そして批判の基本線（Grundlinien der Grammatik, Hermeneutik und Kritik. Landshut）』（一八〇八年）を著し、「解釈学的循環」の機序を明示していた[47]。著者以上に著者を理解するという解釈学の課題についても、「ある著作とか、個々の箇所とかの精神を説明するということは、著者の脳裏に浮かんでいた、あるいは無意識のままに著者を誘っていた理念を叙述することである[48]」と、表明していた。

そしてヘーゲルである。少年ヘーゲルに芽生えた、解釈学のモチーフは、解釈学的循環の機序の自覚化を経て、『精神の現象学』において、超越論的観念論の構想に、初学者の自然的意識の道程と、哲学知を究めた「私たちにとって（für uns）」の観点との循環構造を組み込むことになったと言えよう。さらに循環は、「エンツュクロペディー」をも支える構造となったのである。「哲学の諸部分のそれぞれが、哲学の一つの全体であって、一つの自己自身の内で完結している円環である」（GW. XX, 56）。

注

（1）W・イェシュケ『ヘーゲル・ハンドブック』でさえ、示唆するに留まっている中、とりわけ、渡辺祐邦教授による論考、「ヘーゲル哲学の「隠された源泉」（1）――J・H・カンペと彼の『小ロビンソン』（1780）」（『北見工業大学研究報告』5巻2号、二四九―二七〇頁、一九七四年）、並びに「ヘーゲル哲学の「隠された源泉」（2）――クリスチァン・ガルヴェと「通俗性」の哲学」（『北見工業大学研究報告』7巻2号、四四五―四六六頁、一九七六年）は、等閑にできない、貴重で重要な先駆的研究である。

（2）「本当の至福（Wahre Glückseligkeit）」というタイトルで全集版に収載されているこの抜き書きは、一七八六年六月一七日から二二日にかけてなされている。

（3）逝去された日については、これまで、クーノ・フィッシャーをはじめ、いろんな方が、『ヘーゲル事典』（弘文堂）でさえ、七月六日と考証していた。しかしながら、ヘーゲルの日記を見れば、七月五日の項に「故レフラー先生」という記述がある。そうした誤りの原因は、ローゼンクランツの『Hegels Leben』六頁、「ヘーゲルの最も愛していたレフラーが亡くなった（als = 関係副詞）一七八五年の、七月六日に、ヘーゲルは日記に……」と読むべき文章を、「ヘーゲルの最も愛していたレフラーが亡くなった時（als = 接続詞）、一七八五年の七月六日に、ヘーゲルは日記に……」と、ほとんどの人が読んでしまったからだと思われる。

（4）同じ年の一七八六年、アーベルは『心理学入門（Einleitung in die Seelenlehre）』を刊行、そのなかで、「読むこと、聞くこと、解釈すること、検証すること」という一節を設けて、文献や談話の「解釈」について触れている。ところが、一五歳のヘーゲルの「日記」に比べて、情けないくらい、極めて素朴にして大雑把であるのも事実である。

（5）「古代の人たちの著作のとりわけ目立つ特性は、私たちが単純性と呼ぶものである。これは判明に区別され得るという以上に感じられるものである。単純性とは本来、著作家たちが私たちにテーマの像を忠実に呈示するというところ、著作家たちがテーマの像を、副次的な繊細な流れを通して、難解なほのめかしを通して興味深いものにしたり、真理から少しだけ逸脱させることを通して、今日私たちが求めているように、輝かしいものや刺激的なものにすることと求めない、というところにある。合成されてさえある感覚のいずれをも、古代の著作家たちは、単純にしか表現していない。悟性なら区別することができるような、そこにある多様なものを相互に分析することなどしていないし、不分明なもの（das Dunkle）を分析することもしていない。

さらに彼らの教育や教養形成の全体系は、そうした単純な性格であったので、誰しもが、自らの理念を経験そのものから獲得していたのである。

ただ死せる文字をもって脳裏に刻ませる

冷たい書物学問を（『賢人ナータン』第五幕第六場での台詞の引用）

古代の人は知らず、彼らが知っていたすべてに亘って言うことができたのは

どこに、どこで、なぜそれを学んだのだ?

ということであった。

誰しもが、自らの精神の独自の形式と独自の思想体系をもっていなければならなかったし、それらはオリジナルでなくてはならなかった。私たちは、若い頃から、さまざまな理念についての、役に立つ多数の言葉や記号を学んでいて、それらは私たちの頭の中で活動することなく、用いられることなく安らっている。次第しだいに私たちはようやく、私たちの宝を知るに到る、言葉でもって何がしかを考えるのである」（GW. I, 46f.）。この作文を改作してヘーゲルは、一七八八年一二月、チュービンゲン神学校にレポート「ギリシア・ローマの古典作家の作品の読書によって与えられる若干の利点について」を提出している。

（6） 拙論、「歴史が物語られる時――ドイツにおける新旧論争と、シェリング及びヘーゲルにおける歴史哲学の成立」（拙著『ドイツ観念論の歴史意識とヘーゲル』知泉書館、二〇〇六年収載）を参照。

（7） Neue Bibliothek der schönen Wissenschaften und der freyen Künste. Zehnten Bandes Zweytes Stueck. (1770).Bd.X-2,S. 189f. = Garve：Sammlung einiger Abhandlungen. (1779)S. 168f.

（8） Garve：Neue Bibliothek der schönen Wissenschaften und der freyen Künste. Zehnten Bandes Zweytes Stueck. (1770). Bd. X-2, S. 190f.=Garve：Sammlung einiger Abhandlungen. (1779)S. 170.

（9） 拙訳「G・W・F・ヘーゲル：C・ガルヴェ『諸能力の検証についての試論』からの抜粋」（新潟大学大学院現代社会文化研究科『知のトポス』Nr.8、二〇一三年、一二七―一五四頁）

（10） Neue Bibliothek der schönen Wissenschaften und der freyen Künste.Bd.VIII, (1769)S. 203 = Garve：Sammlung einiger Abhandlungen aus der Neuen Bibliothek der schönen Wissenschaften und der freyen Künste. Erster Theil.(1802)S. 58 → Vgl. GW. III, S. 147

（11）　Neue Bibliothek der schönen Wissenschaften und der freyen Künste。Bd.VIII, (1769)S. 215 ＝ Garve：Sammlung einiger Abhandlungen aus der Neuen Bibliothek der schönen Wissenschaften und der freyen Künste. Erster Theil. (1802)S. 73 → Vgl. GW. III, S. 153

（12）　Garve: Neue Bibliothek der philosophischen Wissenschaften und freyen Kunste.Bd.VIII, (1769) S. 24f.　＝ Garve：Sammlung einiger Abhandlungen aus der Neuen Bibliothek der schönen Wissenschaften und der freyen Künste. Erster Theil. (1802)S. 31.

（13）　Garve: Neue Bibliothek.S. 25 ＝ Garve：Sammlung einiger Abhandlungen aus der Neuen Bibliothek der schönen Wissenschaften und der freyen Künste. Erster Theil. (1802) S. 31.

（14）　小田部胤久「魂の根底——ライプニッツからシェリングまでの美学的言説の系譜学」（『美学藝術学研究』二九号、二〇一一年）。

（15）　初期ヘルダーにとっても、fundus animae は中心問題だったとされている（Vgl. Hans Adler:Die Prägnanz des Dunklen. Hamburg (Felix Meiner) 1990, S. 64）。実際、ヘルダー（Johann Gottfried von Herder：1744–1803）による『批評論叢（Kritische Wälder）』の「第四論叢」（一七六九年）では、次のような論述を見ることができる。「人間の心は、内的で直接的な感情の混沌とした深淵（Abgrunde）である」（Herders Sämtliche Werke. Bd.4. hrsg. v. Bernhard Suphan S. 12）。「私たちの心の根底全体は、不分明な暗い観念である」（Herders Sämtliche Werke. Bd.4. hrsg. v. Bernhard Suphan S. 27）。「不分明な暗い観念が私たちの内なる不分明な根底（Grund）となっていて、この根底が、後になって彩られることになる私たちの心の像や彩りを、変えたり濃淡をつけたりすることがしばしばであり非常に大きい」（Herders Sämtliche Werke. Bd.4. hrsg. v. Bernhard Suphan S. 33）。

　さらにヘルダーの論考、「人間の心の認識作用と感覚作用について（Vom Erkennen und Empfinden der menschlichen Seele）」（一七七八年）においては、次のような論述が見られる。「私たちの心の最内奥の深処（tiefste Tiefe）は、夜（Nacht）に閉ざされている」（Herder: Vom Erkennen und Empfinden der menschlichen Seele (1778) S. 26 ＝ Sämtliche Werke. Bd.8 hrsg. v. Bernhard Suphan S. 185）という論述もある。

　さらには、ヘーゲルが読んでいたメンデルスゾーン（Moses Mendelssohn：1729–1786）の『朝の時間（Morgenstunde）』（一七八五年）には、次のような論述が見られる。「傾向や衝動そして受苦は、説得する力によって、いわば魂の根底（Grund der Seele）に押し込められていなければなりません」（S. 145）。

（16）Johann Georg Sulzer：Kurzer Begriff der aller Wissenschaften.Zweyte Auflage. Frankfurt und Leipzig. (1759)S. 157f.

（17）Sulzer: Kurzer Begriff der aller Wissenschaften.Zweyte Auflage.S. 159.

（18）Joachim Heinrich Campe: Kleine Seelenlehre für Kinder. Ohne Ort,(1784) S. 49.

（19）Sulzer: Kurzer Begriff aller Wissenschaften. Zweyte Auflage, S. 215ff

（20）「二六五節：こうした一般的な研究に従って解釈学（Hermeneutik）がとりわけ取り扱うのは、聖典の書物ならどれも著されている言語と書き方との性質と天分についてであって、そうやって解釈（Auslegung）の特殊な規則を導くのである。解釈は、本来は論理学（Logik）の一部である一般的な解釈術（Auslegungskunst）の規則に基づいている。そして神聖な書物へと特殊な規則が適用されることを明らかにする。解釈術の特殊な規則が挙げる実例は、いかにして先行判断（Vorurtheil）を通して、どのように言葉の不正な理解へと導かれているのか、二つの異なった著書のうちに、まったく違った意味での同じ言い方に出会うことしばしばなのはどうしてなのか、ある言葉が時代によって、それらの本当の根源的な意味をすっかり失くしてしまっているのに対して、他の意味を得ることになるのはどうしてなのか、ということである。要するに、解釈術の特殊な規則は、真の解釈が極めて難しいことを、多くの解釈者が打ち砕かれた岩礁を明らかにする。それゆえ、慎重さが生まれることを明らかにして、残された疑いを隠さないのである」（Sulzer: Kurzer Begriff aller Wissenschaften. Zweyte Auflage, S. 217）。

（21）電気学を研究していた二五歳のズルツァーが著した一七四五年の『全学問の概要』初版は、解釈学が明確に展開された一七五九年の増補第二版と比べると、はるかに小規模で、内容だけでなく、構成や章立ても全く違う。初版では「文献学（Philologie）」や「批判（Critik）」という用語でもって、解釈学に連なる問題意識が語られている。「四七節：人間が聴覚を通して獲得するたいていの概念は、言語に由来する。いかにして人が言語を介して認識に到るのかということを明らかにする技術は、言語芸術（*Sprachkunst*）と呼ばれる。と言ってもこれは非常に広範に亘るので、一般的な用語である文献学（*Philologie*）という呼称でもってカヴァーできるさまざまな部門をそこから作り上げた。／四八節：それゆえ文献学が把握するのは、（1）用語以前に、判明な言語のために用いられなければならないものを明らかにする修辞学（*Wörter-Kunst*）、（2）これらの言葉を目に見える記号を通してどのように暗示するかを明らかにする書法（*Schreibkunst*）、（3）それぞれの単語が、そこから理解可能な言語が生成するためには、どのように組み合わされなければならないかを教える文法（*Gramatik*）、（4）古代の風習の知識を介して、古代の言語がどのように理解され得るのかを教える古書学（*Antiquität*）、（5）文献学を改良するための一般的な規則を指示する批判（*Critik*）である（Vgl.Johann Georg Sulzer: Gesammelte Schriften. Bd.I, Basel (Schwabe Verlag) 2014, S. 19f.）。

（22）松尾大教授による、バウムガルテン『美学』（玉川大学出版部、一九八七年）の「解説」、並びに、檜垣良成・石田隆太・栗原拓也「バウムガルテン『形而上学』訳注――第一部「有論」第一章（改訳増補版）」（『哲学・思想論集』第四一号、二〇一五年）を参照。

（23）Georg Friedrich Meier: Theoretische Lehre von den Gemüthsbewegungen überhaupt.Halle. (1744) S. 56f.

（24）Meier: Vernunftlehre. Zwote Auflage, Halle.（1762）S. 195.

（25）Meier: Anfangsgründe aller schönen Wissenschaften.Bd.I, Halle, 1748, S. 20f. なお、「経験心理学や経験的人間学によって実りに到った後期啓蒙主義の美学理論のために、マイアーは、心理学を美学の基礎学として組み込んだ」（Ernst Stöckmann: Anthropologische Ästhetik. Tübingen (Max Niemeyer) 2009, S. 113f.）とも見なされている。

（26）Meier: Anfangsgründe aller schönen Wissenschaften. Bd. II, Halle, 1749, S. 247f.

（27）Johann August Eberhard：Allgemeine Theorie des Denkens und EmpfindenS. Berlin, (1776) S. 17.

（28）Eberhard: Allgemeine Theorie des Denkens und EmpfindenS. S. 19.

（29）Eberhard: Theorie der schönen Wissenschaften.Zweyte verbesserte Auflage.Halle. (1786) S. 32.

（30）Eberhard: „Versuch eines Plans zu einer praktischen Ästhetik“, In: Philosophisches Magazin. Dritter Band, Erstes Stück, Halle, (1790) S. 8.

（31）一七九〇年の冬学期に、チュービンゲン神学校で、教授のヨハン・フリードリヒ・フラット（Johann Friedrich Flatt：1759–1821）によって講じられた「心理学」講義では、しばしばテーテンス（Johann Nicolaus Tetens：1739–1807）の『人間の本性とその展開についての哲学的試論（Philosophische Versuche über die menschliche Natur und ihre Entwicklung』（二巻本・一七七七年）が引き合いに出されていた（Vgl.Flatt,S. 129, 151f, u.168）。「心の諸能力を単一の能力に戻して、根底の力（Grundkraft）におけるこの能力の最初の発端へと可能な限り接近することを試みてきた」（Philosophische Versuche. xxxi）ことを自認するテーテンスは、「心（Seele）」を、「主体（Subjekt）」（Philosophische Versuche,iv）として捉えることによって、ライプニッツやヴォルフとは違い、「魂（Seele）」を実体から解放したと言えるであろう。「私は心の三つの基本能力を、感情、悟性、心の活動力だとみる」(Philosophische Versuche, S. 625)。もとよりテーテンスは、ライプニッツ＝ヴォルフ学派とシャルル・ボネの機械論的心理学さらには経験的心理学という三方向に反する姿勢を貫く中で、「能力の高揚」論を打ち出してはいるが、逆に、心の根底を「捉え返す」という循環構造は、テーテンスにあっては展開されていない(Vgl. Philosophische Versuche, xxxi : Vgl. Ernst Stöckmann:Anthropologische Ästhetik. (Max Niemeyer Verlag (2009) S. 182f.)。

(32) Reinhold Rieger：Gottlob Christian Storrs theologische Hermeneutik, in : » ...an der Galeere der Theorogie «? Hölderlins, Hegels, und Schellings Theologiestudium an der Universität Tübingen. Herausegeben von Michael Franz Hölderlin-Gesellschaft Tübingen 2007, S. 145.

(33) G. C. Storr: Lehrbuch der christlichen Dogmatik. Ins Deutsche übersetzt von K.C.Flatt, Stuttgart 1803. S. 228.

(34) Reinhold Rieger: Gottlob Christian Storrs Hermeneutik der Einheit von Geschichte und Wahrheit auf dem Weg von der Aufklärung zum IdealismuS. In: Schelling und die Hermeneutik der Aufklärung. Hrsg. v. Christian Danz. (Mohr Siebeck) 2012. S. 51.

(35) Gottlob ChristianStorr: Lehrbuch der christlichen Dogmatik. ins Deutsche übersetzt von C. C. Flatt, Stuttgart, 1803, S. XVI.

(36) G. C. Storr: Bemerkungen über Kants philosophische Religionslehre, aus dem Lateinischen von F. G. Süskind, Tübingen, 1794, S. 70.

(37) A. a. O., S. 83.

(38) Vgl. Reinhold Rieger: Gottlob Christian Storrs Hermeneutik der Einheit von Geschichte und Wahrheit auf dem Weg von der Aufklärung zum IdealismuS. in: Schelling und die Hermeneutik der Aufklärung. hrsg. v. Christian Danz, Tübingen (Mohr Siebeck) 2012, S. 71.

(39) Vgl. Johann Gottlob Fichte: Gesamtausgabe. Bd.I-1, Stuttgart (Frommann) 1964, S. 18.

(40) Johann Gottlob Fichte: Gesamtausgabe. Bd.I-1, Stuttgart (Frommann) S. 40f.

(41) Gottlieb Christian Storr u. Friedrich Gottlieb Süßkind: Bemerkungen über Kant's philosophische Religionslehre. Aus dem Lateinischen. Tübingen, 1794, S. 175.

(42) 少年ヘーゲルとは違って、釈義学の素養の中で育まれていたシェリングにも、学位論文「創世記第三章の人間の諸悪の最初の起源に関する最古の哲学教義を解明するための、批判的ならびに哲学的な試み」(一七九二年)を執筆するに当たり、指導教授であるシュヌラーからの離反の兆しが芽生える。シェリングが、論考「最古の世界の、神話や歴史記述的言説そして哲学説について（Ueber Mythen, historische Sagen und Philosopheme der ältesten Welt）」（一七九三年）や、「ティマイオス注解」（一七九四年）を通して、チュービンゲンでの聖書解釈学から離れることになる経緯と背景、その思想的な分析については、本書第二章、ならびに拙論「青年シェリングと解釈学のモチーフ」（東北哲学会『東北哲学会年報』No.38、二〇二二年、一―一四頁）を参看賜りますれば幸甚である。

（43）拙訳：クルト・ライナー・マイスト「自己実現する懐疑論――G・E・シュルツェによる、ヘーゲル及びシェリングに対する再反論」（『論争の哲学史――カントからヘーゲルへ』理想社、二〇〇一年）を参照賜りたい。

（44）Neues Museum der Philosophie und Litteratur. Ersten Bandes zweites Heft, Leipzig, 1803, S. 132f.

（45）Neues Museum der Philosophie und Litteratur. Ersten Bandes zweites Heft, Leipzig, 1803, S. 136.

（46）Neues Museum der Philosophie und Litteratur. Ersten Bandes zweites Heft, Leipzig, 1803, S. 138.

（47）Vgl. Friedrich Ast: Grundlinien der Grammatik, Hermeneutik und Kritik. Landshut,1808, S. 180：§75.

（48）A. a. O.S. 197：§85. なお、アストについては、拙著『ドイツ観念論の歴史意識とヘーゲル』（知泉書館、二〇〇六年）の第一〇章「精神と文字――理解と解釈のよすが」（二三七―二五八頁）で詳論した。

第二章　シェリングとチュービンゲン神学校での解釈学

はじめに

第一章で明らかにしたように、シュトゥットガルト時代の少年ヘーゲルは、さまざまな著作から、膨大な抜き書きを作っていた。一五歳の一七八五年四月二二日、『ロシアにおける正規の学校の教育プラン（Erziehung. Plan der Normal-Schulen in Russland）』と題された抜粋では、「学問における教育は、教師が予めすべてを説明し、それから試問するというところになければならない」（GW. III, S. 5）と書かれたのを初めとして、抜き書きの対象となった著作は多岐にわたる。

一七八七年三月九日から一〇日にかけて、一六歳のヘーゲルは、ズルツァー（Johann Georg Sulzer：1720–1779）の『全学問の綱要（Kurzer Begriff aller Wissenschaften）』（二版：一七五九年）から抜粋（Vgl.GW. III, S. 115–125）、ズルツァーは、解釈学の使命を明らかにしていた。「二六四節：著者というものは、彼の時代の習俗や習慣そして意見について、彼の特殊な性格に厳密に照らしていないのなら、十分に理解されることはない以上、こうした学問への緒論としての解釈学にとって必要なのは、聖典の書物の本来の時点についての、聖典の書物が執筆された国民の当時の状況についての論文である。そして、それらの書物に近接する、それらの書物に結びつけられている文献についての論文である。それらの文献に、聖典の書物はそもそも多くのことを受容していたことしばしばであったし、古代の人たちから、著者の生き方や性格からも多くのことを受容していた。なぜなら、これらのことは、著作の真の意味を理解しようとするなら、避けることのできない、為になることだからである。従ってこの部門は、古代の歴史を、クロノロギーを、古代を前提する。近代に到って初めて、聖典の知識のためには、こうした導入（Einleitung）が重要であることを洞察し始めたのである」（Sulzer : Kurzer Begriff aller Wissenschaften und andern Theile der Gelehrsamkeit. S. 215–218）。

一七八七年三月一四日から一八日にかけてガルヴェ（Christian Garve : 1742–1798）の「諸能力の検証についての試論（Versuvh über Prüfung des Fähigkeiten）」（一七六九年）[1]から抜粋（Vgl. GW. III, S. 126–162）、ここでは、「説明」と「予感」をめぐる解釈学的循環の機序が説明されていた。「哲学において、説明において、証明において、美しい精神の芸術や著作におけるのと同じように、ある種の趣味が存在している。根拠が厳密に検証される前に、根拠の強さや弱さについての曖昧な感情が存在しているのである。研究する以前に、真理と彼の理念が役にたつかどうかについての差し当たりの判断がある」（Neue Bibliothek der schönen Wissenschaften und der freyen Künste. Bd.VIII, (1769), S. 215= Garve : Sammlung einiger Abhandlungen aus der Neuen Bibliothek der schönen Wissenschaften und der freyen Künste. Erster Theil. (1802), S. 73）。→Vgl. GW. III, 153）。こうしてギムナジウム時代の少年ヘーゲルが盛んに行なっていた抜き書きを一覧すると、実に後期啓蒙主義によって構想された解釈学の問題意識に促されていたことで一貫していたことに驚かされるのである。[2]

これに対して、同じチュービンゲンの学窓で学んだシェリングにあっては、事情はかなり違う。確かに、ヘーゲルと共同で『哲学批判雑誌』を編集・刊行していた時期の、シェリングの『大学での学問研究の方法についての講義（Vorlesungen über die Methode des akademischen Studium）』（一八〇三年、以下『学問論』と略記）での次の論述は、古典学習についての少年ヘーゲルの認識と共通した理解や心構えを見出すことができる。「言語の学習は、解釈（Auslegung）として、といってもとりわけ推測することによって読み方を改善するやり方として、少年時代にふさわしいやり方で、さまざまな可能性を認識する訓練となります。これはまた大人になってからも、幼かった頃のままの感官を好ましく働かせることにもなります」（Schelling. I-14, 84）。

しかしながら、チュービンゲンで学ぶようになった頃のシェリングは、ヘーゲルとは、まったく違う理路の解釈学、いわば釈義学の教養に染まっていたのであった。そうしたシェリングが、ヘーゲルと同じような心構えに、どのようにして転じることになったのか、チュービンゲン神学校での聖書解釈学から脱却する経緯といきさつを、聖書解釈学と対比的に描き出すことを本章は目的とする(3)。

1　学位論文と聖書解釈学

一七九〇年一〇月、シェリングは一五歳でチュービンゲン神学校に入学、その後五年間、在学することになる。シェリングは、「父親から植えつけられた厳密に学問的な感覚に従って、非常に熱心に、行き届いた旧約聖書研究を、チュービンゲンでも続けた」（Schellings Leben. I, 26）。シェリングは、ルター派の神学者、東洋学者であった父親の影響下で、聖書学の教養を培われていた。そして、チュービンゲンでシェリングは、「父親の教育を、少なくともこの分野では完全に補う東洋学の際立った教師に出合う」（Schellings Leben. I, 26）ことになる。シュヌラー（Christian Friedrich Schnurrer：1742–1822）である。とはいえシェリングは、「旧約聖書についての私的な勉強に際しても、厳密な学識をもって取り掛かり、他の解釈者たちの、とりわけシュヌラーの見解を常に批判したり検証したりした」（Schellings Leben,I,S. 26）という。「シュヌラーは何もはっきりと決めない」（ibid.）とシェリングは嘆いていたそうである。シュトールを除けば、アーベルやフラットらの教授陣は、「たかだか否定的な影響をシェリングに与えた」（Schellings Leben. I, 27）だけだったとされている。(4)

シェリングのこうした素養からしてみると、一七九二年に学位論文として、『『創世記』第三章の人間の諸悪の最初の起源に関する最古の哲学教義を解明するための、批判的ならびに哲学的な試み』（以下「根源悪論文」と略記）(5)を執筆するに到ったのは、自然の成り行きであったのかもしれない。「根源悪論文」では、シュトールに対する尊崇の念が明示されるとともに（Vgl. Schelling. I-1, 106, 113 u. 135）、旧約聖書学者のアイヒホルン（Johann Gottfried Eichhorn：1752–1827）（Vgl. Schelling. I-1, 105, 106, 107, 109, 112, 115, 116 u.128）や、古典学者のハイネ（Christian Gottlob Heyne：1729–1812）（Vgl. Schelling. I-1, 108, 109, 126, 127 u.140）、を引用しながら、議論を展開している。(6)シュヌラーの著書への参照指示もあるが（Vgl. Schelling. I-1, 111）、一箇所だけである。

その理由を、シェリングの伝記は次のように伝えている。「一七九二年九月二六日に弁明された学位論文のためのテーマの選定は、シェリングが東洋学の領域で非常に精通していたと思われるという状況だけに帰せられるものではない。シェリングはようやく、哲学を学び始めたのであった。シュヌラーの専門に包括される素材の仕事をしたかったということに帰せられるだけでもない。なぜなら、少なくとも、神話という概念を聖書へ適用することにシュヌラーは決して同意しなかったからである。（……）むしろテーマの選定は、シェリングのチュービンゲン滞在中の二年目の研究がとった全方向の帰結であった。この方向性は簡単に言うと、批判的-神学的な方向性、もしくは、宗教哲学的な方向性として記述されてもいい」（Schellings Leben. I, 36）。

しかしながら、言葉とは裏腹に、シェリングにも、シュトール流の聖書解釈学からの離反の兆しも見て取れる。「歴史記述的な意味にシュトールが集中したのは、ヨハン・ゴットフリード・アイヒホルンが、『創世記』第一章における創造の理念やその創作的な叙述の、真理の核心と纏った装いとの間を区別したことに対抗したものである」[7]、という見極めに鑑みるなら、シェリングにあっても、既にチュービンゲン神学校での聖書解釈学とは相容れない認識に到っていたとも言えよう。

一七九二年に刊行されたアイヒホルンの編集による『聖書文献の普遍的な叢書（Allgemeine Bibliothek der biblischen Litteratur）』第四巻第一分冊に掲載された「詩編と創世記における幾つかの箇所についての注記」での行文である。「何世紀にも亘る解釈の功績は、できる限り、真理を、時代の装いから切り離すところにある。なぜなら、ふつう根拠にされているのは、作家が自分の時代に適うように装わせたか、あるいは自分の時代の理念に倣って説明しようとした見出された真理だからである」（S. 86）。

「アイヒホルンは、哲学にとっては理解できない聖書の言説を、歴史的な物語としてではなく、哲学説（Philosophem）についての比喩的な叙述として説明しようとした[8]」。となると、「人間の悪の起源についての古代の哲学説」の「解釈（Auslegung）」（Schelling. I-1, 106）に向かったシェリングは、まさしく、アイヒホルンの徒と言うべきではないか。『創世記』第三章の堕罪の物語を、シェリングは、「人間と根源的な純朴との分離、自然そのものの至福の王国からの背反、黄金時代からの逸脱、そこからの人間の悪の最初の起源」（Schelling. I-1, 122）だと描出する。

こうしてシェリングは、人間の悪の最初の起源について『創世記』第三章が伝えるものを、「一般的な人間の本性の考察」（Schelling. I-1, 127）として捉え返すとともに、「より高次のものを目指す絶えざる努力によって駆り立てられる追放は、自然状態からの追放」（Schelling. I-1, 128）でもあったことが示される。(9) シェリングの解釈によれば、「善と悪とを知らないままで生きている幸福な子ども時代」（Schelling. I-1, 132）から追放されざるを得なかったのは、「私たちが理性の指導に従うがゆえに自然の王国（Reich der Natur）を喪失することになった」（Schelling. I-1, 132）からだというのである。悪の起源は、実に人間の発展の起源でもあったという、シニカルな二面的な認識へとシェリングは導かれる。「自然状態を私たちは、自然を範としている限り、幸福な状態として称賛する。しかし、そうした状態を私たちは、私達より遥かに高次のものを指し示す理性に聴従する限り、私たちにとっては（für uns）、価値のないものだと手放して示す」（Schelling. I-1, 142）。(10) シェリングは、人間の根源悪を自らに引き受け、「自然そのものを克服」（Schelling. I-1, 144）して、理性の国に向けて進む人間の運命と目標を引き受けたと言えよう。

2　「神話論」における歴史記述への批判的検証

学位論文に続いてシェリングは、パウルス（Heinrich Eberhard Gottlob Paulus：1761–1851）が編集していた『メモラビリエン』に、論考「最古の世界の、神話や歴史記述的言説そして哲学説について（UEber Mythen, historische Sagen und Philosopheme der ältesten Welt）」（以下「神話論」と略記）を寄稿、(11) 一七九三年九月に刊行された。ここでシェリングは、神話時代の言説に、子ども時代としての人類の精神を読み解こうとした。「子ども時代の精神は、深い純朴であって、これは、私たちには、諸国民の最古の言説からも吹き寄せてくる」（Schelling. I-1,204）。

「あらゆる国民の最古の資料は、神話をもって始まる。こうして、（あとで示されるであろうように）先の言い伝えにおいて歴史と哲学とが合流していることしばしばであるが、歴史と哲学とは、批判的な研究においては厳密に分けられなければならない」（Schelling.I-1,195）。神話を解釈する際の、「歴史と哲学との区別」とは、まさしく、聖書解釈学で重んじられた「伝承」と、哲学的な意味を探究しようとする「解釈」との二重構造に他ならない。神話は、「特定の真理の感性化」（Schelling. I-1, 212）したものでこそあれ、その意義を考察することは哲学に委ねられなくてはならないとされる。

　神話とは、出来事が文字として表記されないまま、ただ口頭で伝承されてきた時代からの言説を含むものだという。「神話的な物語は、実際に、伝承に基づいているかもしれないし、あるいはまったく創作されているものかもしれない。いずれにせよ、古くからの伝承という装いをまとってきた」（Schelling. I-1, 196）。とはいえ、「後世に生きていた人によって、決して意図されていなかった意味が持ち込まれたり、決して生じなかった〈事実（Faktum）〉が解釈されたりしたこともしばしばであった」（Schelling. I-1, 200）。従って、歴史記述的に伝えられた伝承を無批判的に受け入れることなく、批判的な検証が必要になってくる（Vgl. Schelling. I-1, 203）。

　伝承を検証しようとすることは、チュービンゲンでの聖書解釈学を逸脱するものであった。「言葉の意味（テクスト）は、「事実（Realien）」についての教理なしでも理解されたり、解釈されたりできる。それは、言葉の意味が真理問題へ遡及されなくても明晰にされ得るのと同様である。／こうしたエルネスティの立場を、シュトールははっきりと分け持っていた。そのことをシュトールは彼の解釈学講義の中ではっきりさせていた」[12]。

　シェリングは、最古の言説に表現された、人類の子ども時代の精神を読み取る解釈から、人間精神へと垂鉛を下ろす。「国民の最古の言い伝えの性格は、子ども時代（Kindheit）の性格である。そうした性格を最も際立たせているものは、素晴らしいものの精神と結びつけられていた単純素朴である。素晴らしいものは単純素朴を損なうこともなければ、単純素朴が素晴らしいものを損なうこともない。双方のいずれも、芸術によって生じたものではない。根源的で純然たる言い伝えは、創作の後世での付け加えによって変形されたり、純然たる創作によって初めて生じたりした言説からは、厳格に区別されなければならない」(Schelling. I-1, 206)。

伝承を解釈する際に、文言の解釈に限定する解釈は、「文法的解釈」とされ、これは「歴史記述的な解釈」とも重なることをシェリングは確認する。「歴史記述的な神話が歴史を語ることを目指すのに対して、哲学的な神話は真理や理念を呈示することを試みる」(Schelling. I-1, 212f.)。シェリングの伝記では、『一七九三―九四年の歴史記述的――批判的論考のための序文草稿』[13]なるテクストがあったことを伝えている(Schellings Leben, I, 39ff.)。そこでは解釈の成立機序が詳論されている。[14]「広義の歴史記述的解釈は、文法的な解釈だけでなく、言葉の狭義の歴史記述的な解釈にも携わる。文法的な解釈は、言葉の意義に向かい、言葉のさまざまな適用や形式、構造に向かう。歴史記述的な解釈はその証拠を、歴史というものから、とりわけ解釈されるべき資料が由来する時代の歴史から持ってきて、先の時代にとって特徴的な精神、概念、考え方や叙述様式から持ってくる」(Schelling. II-5, 113)。この草稿を見ると、シェリングが、聖書解釈学から脱却していたことが明らかになる。

こうしたシェリングの方向転換を歓迎したのは、ヘーゲルであった。「シェリングによる、啓蒙の流れを汲む批判的な研究は、神学校では非常によく知られていた。一七九三年秋に神学校を去ったヘーゲルがシェリングに宛てた一七九四年一二月の書簡からもそれは明らかである。(……)学位論文でなされた歴史記述的な神話と哲学的な神話との区別は、「神話論」で再び取り上げられて、より詳細に跡づけられている」(Schellings Leben. I, 37f.)。伝記で論及されている、ヘーゲルのシェリング宛書簡である。「既に長い間、僕は、僕らがかつてお互いに結びついていた友情を、君と新たに育みたいと思っていた。こうした欲求が最近になって再び新たに燃え上がったのは、この前、（初めて新たに）パウルスの『メモラビリエン』に発表された君の論文についての紹介を読んだからなんだ。君は変わらずに君の道を踏み出して、重要な神学的な概念を啓蒙して、次第しだいに、古くさい黴を片づけるのに手を貸しているようですね。僕は君に、喜ばしい関心を表明するものに他なりません」（Br. I,11：Schelling. III-1, 13）。

ヘーゲルが読んだ、「神話論」の「紹介」とされているのは、一七九四年二月三日付の『高地ドイツ一般文芸新聞（Oberdeutsche allgemeine Litteraturzeitung）』に掲載された書評である（Vgl. Schelling. III-1, 267）。「この若い学徒は、既に、『根源悪論文』で知られていて、この論考は本紙にあっては相応しい賞賛とともに告知され、好意的に際立たされた。今回の論考は、先立つ論考がきっかけとなったものである。なぜなら、シュヌラー教授がシェリング氏に、「あとがき」で、『聖なる歴史の叢書』第一巻の神話についてのへス氏の論考をもっと顧慮していたなら、良かったのではないかを、分からせようとしたからだ。（……）へス氏は、重要な論敵を持ったわけだ。あるいはむしろ、神話についての混み入った曖昧な素材における共同研究者を、シェリングとして獲得したのだ」（SP. 233–234）[15]。へス（Johann Jakob Heß：1741–1828）については、その『聖なる歴史の叢書』において、「聖書における神話」と「実際の歴史」（Heß: Bibliohek der heiligen Geschichte. Theil 2, Zürich, 1792, S. 153）とを区別していたことについて、シェリングの学位論文の「あとがき」で、シュヌラーがシェリングに注意を払うことを求めていた（Vgl. Schelling.I-1, 100）。そして、これに応えるべくシェリングが「神話論」を執筆に到った（Vgl. Schelling. I-1, 194）といういきさつが、『高地ドイツ一般文芸新聞』から明らかに伺えるのである。

とはいえ、「神話論」が『メモラビリエン』に発表されたのが一七九三年九月、ヘーゲルが読んだとされる書評の掲載された、『高地ドイツ一般文芸新聞』が発行されたのが、一七九四年二月三日、それから一〇カ月余りも経ってから、ヘーゲルは友情復活を求める手紙を認めたことになる。これは、極めて不自然なタイムラグと言わざるを得ない。この間に、シェリングは草稿「ティマイオス注解」を著している。

3　「ティマイオス注解」における似像を生み出す表象能力

シェリングが、「ティマイオス注解」を書いた背景とその意図については、幾つかの見解が出されている。たとえば、ヘンリッヒによって、プラトン哲学をカント化することの試みだとされたり[16]、クリングス（Hermann Krings）によれば、「「思弁的自然学」の自然哲学的構想[17]」だとされたりしている。背景については、「ティマイオス注解」に付せられたクリングスの解説、「生成と物質——シェリングの自然哲学のための手稿『ティマイオス』の意義について」は、次のように述べている。「シェリングの関心——若きシェリングがプラトンのテクストと向き合ったやり方の評価に際して、差し当たり顧慮しなければならないのは、チュービンゲン神学校におけるカント哲学が、新たな（といっても評価の定かでない）思索への道を切り拓いていたということである」（Timaeus, 126）。しかも、往時の補習教師の証言によれば、「シェリングは、実定的な内容の説教のテクストに、カント的なやり方で寓意化する音頭をとった人物」だと見なされてもいたという[18]。しかしながら卑見によれば、「ティマイオス注解」は、カントのプラトン化でも、プラトンのカント化でもなく、シェリングにとって、聖書解釈学とは違う形で、解釈学を展開する中で、観念論を基礎づける試みであったと思われるのである。

シェリングは次のように記している。「プラトンが到るところで、主観的なものを客観的なものへ転用しているという所見である。それゆえプラトンにあっては、（すでに長きに亘って彼の前にあった）眼に見える世界は眼に見えない世界の似像である、という命題が生成した。しかしながら、この命題がその哲学的な根拠を私たち自身のうちに持たないのなら、いかなる哲学もこの命題に辿り着かなかったであろう。つまり、私たちに現象するような全自然が、私たちの経験的な受容性の所産であるだけでなく、本来は私たちの表象能力の仕事である限り、表象能力が、自己自身において基礎づけられた純粋で根源的な（自然の）形式を包括している限り、その限りで世界は、表象において、純然たる感性よりも最初のより高次の能力に属していて、自然は、より高次の世界の典型として呈示される。この典型はこの世界の純粋な法則を表現している」（Schelling. II-5, 156f.）。表象能力が現象する世界を生み出すとされる件からは、むしろラインホルトの表象一元論の残響さえ読みとれよう。

『ティマイオス』と言えば、デミウルゴスである。シェリングは次のように記している。「ここですでに前提されているのは、デミウルゴスがイデアを目にした後で、世界を生み出した、ということである。この理想が永遠の産出されないものであったなら、すなわち、理想が一切の感性から独立した純粋な理想であったのなら、デミウルゴスが理想を模倣した仕事は、完全になったに違いない。なぜなら、完全性はすべて理想と合致しているからである。これに対して世界は感性的な像を模倣していたのなら、感性的な像は、徹底的に不完全で不規則なものになったに違いない。なぜなら、感性的なものの性格は不規則性だからである」（Schelling. II-5, 150）。

デミウルゴスは、眼には見えない理想や範型を目にして、感性的な世界を創り出した。「そこでプラトンは、世界が何らかの原型の似像だったに違いないという命題へ辿りつく。プラトンは、眼に見える限りの世界を貶め、世界には、ただ感官において現前する実在しか付与しなかったので、それゆえ、プラトンは（感性の単なる対象としての）世界をありとあらゆる形式的なものとはまったく異質なものだと見なしたので、世界の形相や世界の規則性、そして合法則性を、マテリーに内在しているもの、もしくはマテリーそのものによって産出された形式として見ることはできなかった」（Schelling.II-5,152f.）。眼に見えない理念がどうして具体化されるのかという、ここでの問題こそ、「神話論」で試みた「感性化」の問題であったに違いない。

こうして理念や範型そして原像と、現実の世界や似像とを橋渡しするデミウルゴスや魂そして理性が想定された、ということになる（Vgl. Schelling. II-5, 168f.）。現実や似像も、生成消滅する世界というよりは、循環のうちに捉え返される[19]。シェリングは、「（1）世界にとって根拠となる原像、そして（2）目に見える世界を通してこの原像を模倣すること」（Schelling. II-5, 174）を、「エレメントの絶えざる循環行程（Kreislauf）」（Schelling. II-5, 175）のうちに捉え返す[20]。

表象能力が対象を生み出すことによって感性化するとともに、概念化へと橋渡しもする、そうした循環構造に基づいて、シェリングは観念論の基礎構造の描出を試みたと考えられるのである。それはすなわち、聖書解釈学に耽っていた思索からの転換でもあった。このことは、シェリングの生活態度の変化にも繋がったようである。なんと、「シェリングは、一七九四年から一七九五年の冬学期に、授業を五二回、礼拝を一一回も欠席した[21]」というのである。

4　解釈学的循環から超越論的観念論へ

一七九四年五月にフィヒテの『知識学もしくはいわゆる哲学の概念について（Ueber den Begriff der

Wissenschatslehre oder der sogenannten Philosophie)』が出版される。この著に感銘を受けたシェリングは、『哲学一般の形式の可能性について（Ueber die Möglichkeit einer Form der Philosophie überhaupt)』を執筆して、一七九四年九月二六日にフィヒテに献呈した。『哲学一般の形式の可能性について』でシェリングは、「哲学の内容が諸学のすべての内容を基礎づける」（Schelling. I-1, 271）ことを主張する。そして次のように注記したのである。「お前は何処からそれを証明するのかと人は問うであろう。人間の知識の原型からである！　しかし私がこれに想到したのは、私の知識の絶対的な統一（すなわち原型そのもの）を前提することによってのみである。これは循環（Cirkel）である。――しかしながら、人間の知識の中に絶対的なものがまったく存在しなかったなら、回避できたかもしれないような循環である。絶対的なものは絶対的なものによってのみ与えられ得る。絶対的なもの（A＝A）があるがゆえにこそ、絶対的なものはある」（Schelling. I-1, 271 Anm.)。

　こうしたシェリングの論述の背後には、「エーネジデムス批評」（一七九四年）におけるフィヒテによる体系の基礎づけとしての「循環」がある。「我々が〔外的なものから内的なものへという〕移行を必要としないということ、我々の心情のうちに現れるものすべて、心情そのものから完全に説明され、把握され得るということ、そうしたことを示すのがまさに批判哲学の仕事なのである。批判哲学の見るところ、理性に矛盾する問いに応えることは、批判哲学の思いも及ばぬことである。批判哲学が我々に示すのは、我々が歩み出ることのできない循環（Zirkel）であるが、しかしこの循環の内部で批判哲学は、我々に、我々の認識全体における最も緊密な連関を与えるのである」（GA, I-2, 55)。ここで「循環」として表現されているのは、人間の知の内発性や自己関係性であることが分かる。「表象能力は、表象能力にとって、表象能力によって実在している。これこそ必然的な循環であって、有限なものなら誰しも、つまり考えることのできる悟性ならどれもその循環に閉じ込められているのである。この循環を超え出ようとする人は、自分のことを分かっていない」(GA. I-2, 51)。ラインホルトに対するシュルツェの駁論を斥けるフィヒテのこの行文こそ、まさしく超越論的観念論の産声だったのかもしれない。『知識学の概念について』で循環は、次のように論じられる。「人間の精神の必然的な行為様式(Handlungsart)それ自体が、意識の形式のうちに受容されるはずだというのなら、それは既に、そうしたものとして知られていなければならなかったであろう。それゆえ、そうした行為様式は、この形式のうちに既に受容されていなければならないことになる。そこで我々は、一つの循環の中に閉じ込められていたということになろう」(GA. I-2, 142)。フィヒテの見るところ、「知識学は、反省や抽象の規則を、既に知られた妥当なものとして前提する。知識学は、必ずやそうしなければならないのであって、そうしたこと〔=循環〕を、恥じたり、秘密にしたり、隠したりする必要はないのである」(GA. I-2, 148)。こうした循環こそが、知識学を成り立たせることをフィヒテは宣言していた。以上のような事情やいきさつに照らして、ヘーゲルの一七九四年一二月二四日付、シェリング宛書簡をもう一度読み返すと、シェリングが、聖書解釈学から脱して、哲学に軌道を移したことへの連帯の表明であることが見えてくる。

これに対するシェリングからヘーゲルに宛てた、一七九五年一月六日付の書簡である。「君の手紙は、君のことを思い出させてくれたけど、古い友人である君のままなのかい? すんでのところで僕は、僕も、僕たちすべても、君から忘れ去られてしまったように思っていました。(……)僕の神学的研究については、君にあまり多くを知らせていませんでした。そうした仕事は、一年来、僕にとってはほとんど枝葉末節になっていました。僕の関心を引いた唯一のことは、旧約聖書と新約聖書や初期キリスト教の精神についての歴史記述的な研究でした。だいたいは成し遂げられました。これは、しばらく途絶えています。古代の埃に埋没しても良かったような人を、その時代の流れが、あらゆる光景を描き出して、夢中にさせるからなのです。僕は今、哲学の中で活動しています」（Br. I, 13 : Schelling. III-1, 16）。シェリング自身が、研究の方向性を大きく変えたことを認めている。この後、「循環」はシェリングにとって、体系を基礎づける機序から、ヘーゲルに大きな影響を与えた後期啓蒙主義で明らかにされた発想へと意味合いを変えてゆく。すなわち、人間の本性を、心の根底を、人間の精神が照射するという、精神の自己関係の構造である。

フィヒテとニートハンマーによって編集発行されていた『哲学雑誌』第七巻（一七九七年）に発表された、シェリングの「最近の哲学的文献の概観（Allgemeine Übersicht der neuesten philosophischen Literatur）」には、次のように、精神の本性を開示する精神の働きが論じられる。「それゆえ我々は、ここで不可避の循環（Cirkel）に囚われているのを見る。この循環は、厳密かつ正しく解釈されるなら、私たちに一挙に、我々の精神の本性（Natur unsers Geistes）を開示する。そして予期せぬうちに超越論的観念論の最高点まで高まるのである。（／…）それゆえ明らかなのは、我々が（受動的に）制約されているところの先の活動と、我々が（能動的に）我々自身を制約する別の活動とは、我々が制約と対立しているがゆえに、我々の精神の一にして同一の活動だということである」（Schelling. I-4, 138）。

超越論的観念論の最高点とされた、精神の本性を開示する精神の働きというのは、バウムガルテンの高弟であり、一般解釈学[22]の試みを提起したマイアー（Georg Friedrich Meier : 1718–1777）による「自然の解釈」（Meier : Anfangsgründe aller schönen Wissenschaften. II,（1755）247f.）に連なる発想である。マイアーはF・ベーコンに倣って、個別的な経験を集積するだけでなく、個別的なものから次第しだいに段階的に普遍的な高みへと考察を進める手続きを「自然の解釈」と呼んだのであった。この自然は、「魂の本性」（S. 467, 548 u. 573）に通じ合う。ここに、バウムガルテン直伝の「魂の根底」（S. 117 u. 125）という発想が重なる。「来たるべき美学は、悟性やあらゆる魂の上位の力を改良することの促しとなる。なぜなら、魂の上位の力は下位の力と合成されているからであって、下位の力は美学によって改善されるからである」（Anfangsgründe. I, 20f.）。マイアーの美学には、「人間本性の知見を促す人間学」（Meier：Anfangsgründe aller schönen Wissenschaften. Bd. I, 550）としての役割が併せ捉えられていた。マイアーによって美学は、下位認識能力の学から解放され、下位認識能力を改善する学として捉え直されたとも言えよう。

「一般的な解釈術（Auslegungskunst）」（Kurzer Begriff, 217）を打ち出したズルツァーの『全学問の綱要（Kurzer Begriff aller Wissenschaften）』（二版：一七五九年）のうちにも、マイアーからの繋がりを看取できる。それは「心の自然」とも言うべき「魂の根底」（S. 158）を心理学が照射するという発想である。「合理的心理学が、経験的心理学の看取した様々な出来事を解決することを通して求めるのは、心の本質と根底の特性を発見して、この根底から始まり、根底へ帰る道（Rückweg）を通して、心のあらゆるその他の特性や様々な変化を説明することである」（Kurzer Begriff, 160）。

マイアーの弟子のエーベルハルト（Johann August Eberhard：1739–1809）でも、美学には、魂の根底に立ち返って下から、下位認識能力を高める役割が期待され、これが超越論的心理学として捉え直された。「魂の力の統一を認識することを求めるのは、最高に完全な超越論的心理学である」（Eberhard：Allgemeine Theorie des Denkens und Empfindens.（1776）S. 19）。超越論的心理学は、魂の根底を照射して意識化するという点で、マイアーにおける「美学」の役割と重なり合う。「すべては魂の中で結びつけられているのであるからして、魂の根底全体（der ganze Grund der Seele）は、支配的な主要な知覚と結びつけられている」（Allgemeine Theorie des Denkens und

EmpfindenS. S. 74)。
そしてシェリングである。「私の知る限り、（……）これ〔＝循環〕が、超越論的観念論の核心である。なぜなら、精神の根源的な本性が、行為と受苦との、あの絶対的な同一性において存立していて、そこから本来、哲学者が誰もこれまで説明してこなかったあの驚くべき現象、感情という現象が際立たされることが明らかにされているからである。我々自身との先の根源的な交互作用は、本来、我々の表象の内的な原理である」（Schelling. I-4, 139）。解釈学的循環は、超越論的観念論の内的な原理へと移植されたのである。

チュービンゲン神学校に在学していた当初、シェリングが、シュトールに対する尊崇の念を隠すことはなかったことを伝記は伝えている。「シェリングは、一七九三年に、チュービンゲン神学の主要な教師であったシュトールの教義学をも聴講していた。（……）こうした関係で彼は、明らかにシェリングに影響を及ぼしていた。シュトールの尊敬に値する人格性については、彼を知る万人の中で一つの声しかなかった。そしてシェリングも、シュトールへの崇敬の念をしか語っていない」（Schellings Leben. I, 50）。しかしシュトールには、啓蒙の思潮に対する寛容さは見受けられない。「疑り深さは、忍び寄る毒のように、教師や聴講者の予想を超える大部分の上に広がり、キリスト教の至福のための力を、健全な状態にあると信じている間に、衰弱させてしまう」（Gottlob Christian.Storr : *Lehrbuch der christlichen Dogmatik.* Ins Deutsche übersetzt von K. C. Flatt, Stuttgart.（1803）S. XVI）という。シュトールの論述である。「カントによって推奨されたいわゆる道徳的な著作の解釈は、（……）聖書の説明に基づいてはいるが、これは文法的解釈と歴史記述的解釈の法則を等閑にすることで、文法的解釈に従うなら、実践理性から導出され得るものを含んでいない著作に、道徳的な意味をこじつけている」（A.a.O. 228f.）。

シェリングが『哲学雑誌』第八巻（一七九八年）に発表した、「歴史の哲学は可能か？」（*Ist eine Philosophie der*

Geschichte möglich?)』の論述からは、歴史記述的な伝承を無批判に受け入れるシュトール流の解釈学への総括を、見てとることができよう。「私たちの知の境界が拡張されればされるほど、歴史の境域はますます狭くなってゆく」(Schelling. I-4, 189)(23)。

「解釈」の対象も、古典的なテクストから人間本性そして「自然」へと拡張される。『自然哲学のための理念(Ideen zu einer Philosophie der Natur)』(一七九七年)での論述である。「私の哲学はそれ自体、自然学に他ならない。私たちに、化学は構成分子を、自然学は字句を、数学は自然の読み方を教える。確かにその通りなのである。しかし、忘れてならないのは、読み取ったことを解釈する(*auslegen*)ことができるのは、哲学だということである」(Schelling. I-5, 64)。

おわりに　自然の解釈を通したヘーゲルとシェリングの邂逅

「根源悪論文」でシェリングは自問していた。「私たちはどうして、もともと根源的な幸福の状態から脱落しなければならなかったのか」(Schelling. I-1, 142)と。そして、「あらゆる人間的な事柄の来たるべき目標は何か」(Schelling. I-1, 143)という観点を打ち出していた。「そうした基礎〔＝教養形成や学問の基礎となる理性〕において結局のところ、最高にして究極の目標が予感(erahnen)されるのであるが、そうした目標は個々人にとっても、全人類にとっても課せられている」(Schelling. I-1, 146)。理性の目標を見定めたうえで現在の状態を認識するという循環構造を明らかにするとともに、論考掉尾でシェリングは、次のように、解釈学的循環の課題を突き付ける。「いかなる国民にも、いかなる人にも許されていないのは、全人類に予め割り当てられている道が許している以上に進むことなのである」（Schelling. I-1, 147）。

こうした観点は、一七九八年のシェリングの論考「啓示と国民教育について（Ueber Offenbarung und Volksunterricht.）」においても貫かれている。「宗教の歴史は、持続的な啓示、もしくはあの理念の象徴的な呈示である。それはおよそ、私たち人類の全歴史が、道徳的な世界計画の持続的な展開に他ならないのと同様である。そうした計画を私たちは、（絶対的である限りの）理性によって予定されたものとして受容しなければならない」（Schelling. I-4, 255）。「こうした歴史と理性の統一は、ヘーゲルによる歴史における理性についての定式を先取りするものであった(24)」とする見方もある。シェリングの論述である。「現実に生じることはすべて、絶対的理性の展開に他ならないのであるからして、私たちは、歴史においても、とりわけ人間精神の歴史において、到る所で、絶対的理性の痕跡を見出さなければならない」（Schelling. I-4, 255）。

一八〇〇年一一月二日付で、ヘーゲルは数年ぶりにシェリングに書簡を認め、家庭教師生活に区切りをつけ、研究に専念するために、シェリングが一時的に滞在していたバンベルクへ転居することを考え、バンベルクでの伝手を訊ねている。しかし、シェリングの勧めでヘーゲルは、一八〇一年年初には、バンベルクではなく、イェーナに転居することになる。フィヒテとの亀裂が顕在化したシェリングが、ヘーゲルと協働して、『哲学批判雑誌』を編集・発行する時代となる。

とはいえ、シェリングとヘーゲルが協働した期間は束の間で終わりを告げる。一八〇三年春にシェリングの『大学での学問研究の方法についての講義』（以下『学問論』と略記）が刊行された後、五月二一日、シェリングは、W・シュレーゲルとの離婚が成ったカロリーネとともにイェーナを去ることになる。『学問論』には、次のような論述が含まれている。「大地は、さまざまな時代の断章や叙事詩から織り成される一冊の書物なのです。（…／

大学における学問研究の特殊な部門へと立ち入って、いわば学問の構造全体をその最初の根底(Grund)から築き上げることができるには、細分化された学問そのものを辿って、同時にその有機的全体を構成(construiren)することをしなくてはなりません」(Schelling. I-14, 84)。ここで語られる「自然という書物」というメタファーは、ベルン時代のヘーゲルも用いた表現であった。「主体的宗教は、自然という生きた書物である。つまり、植物、昆虫、鳥、獣、そうしたものどもが互いに関わり合って生きていて、各々が生き、各々が楽しみながら混ざり合っている自然という書物であり、あらゆる種が集まっているところに、どこでも出合うものである。客体的宗教は、博物学者の陳列ケースである」(GW. I, 88)。奇しくも、批判的検証を欠いた聖書解釈学への反発から、「自然の解釈」に連なる理路へと、ヘーゲルも、そしてシェリングも導かれることになったのである。

イェーナを去るにあたってシェリングには、ヘーゲルに後を託す思いがあったのであろうか。「すべての学問の相互の連関と、この内面的で有機的な統一を大学という外面的な組織によって維持してきた客観性とを」(Schelling. I-14, 84) 具体化することについて、シェリングは『学問論』において、「普遍的なエンツュクロペディー」(ibid.) に課したのであった。

注

(1) 拙訳「G・W・F・ヘーゲル:C・ガルヴェ『諸能力の検証についての試論』からの抜粋」(新潟大学大学院現代社会文化研究科『知のトポス』Nr. 8、二〇一三年、一二七—一五四頁)。

(2) 第一章の「少年ヘーゲルと解釈学のモチーフ」を参照賜りたい。

(3) 浅沼光樹は論考「シェリング哲学の出発点——人間的理性と歴史の構成」(『近世哲学研究』一九九九年、九九頁)で、次のように語っていた。「周知のように『哲学一般の形式の可能性』はシェリングのフィヒテとの思想的邂逅の最初の記録でもある。

しかしこの邂逅の本質は必ずしも十分に明らかにされていない。だとすると一度、次のように反省してみてもよいのではないか。即ち、その原因の一端は、我々研究者たちの視野が予め狭められていることにありはしないかと。つまり『哲学一般の形式の可能性』が「悪の起源」の視圏の内で、同時に「神話論」や「ティマイオス注解」との連関において考察されていない、ということが、彼らの邂逅の実相を見えにくくさせているのではないか、と」。本稿は、浅沼によって謎だとされた、シェリングのフィヒテとの思想的邂逅の実相を明らかにすることにも繋がる。

（4）一七八六年、アーベル（Jakob Friedrich Abel : 1751–1829）は『心理学入門（Einleitung in die Seelenlehre）』を刊行、そのなかで、文献や談話の「解釈」について触れている。確かに、一般解釈学の試みとも受け取ることも出来るが、しかし、極めて素朴にして大雑把であるのも事実である。

「読むこと、聞くこと、解釈すること、検証すること／五三六節・最初に必要なのは、語る人の記号と、語る人が結びつけようとしていた概念とを、他人が結びつけることである。そのためには、単語の歴史記述的な知識だけでなく、言語や語族、時代、場所、あるいは個々の著作者に際して慣用となっている語法についての歴史記述的な知識だけでもなく、著者や対象の内面的な状況や外面的な状況の知識も必要とされる。出来ることならば、著者の行程を辿ることができるためには、こうした感情や精神について、十分に持ち合わせていなければならない。／五三七節・こうしたやり方で、人の精神や心は把握されたり、捉えられたりする。ただその人の言葉だけに頼るのではない。完全で正しい適用の能力がなかったなら、著者の根拠なり行程なりへの洞察がなかったなら、著者の精神や心の方向への洞察がなかったなら、かけ離れた類似のものは考えられないし、別の結びつきで中途半端に考えられたりすることになる」（Einleitung in die Seelenlehre, 188f.）。

（5）シェリングの「根源悪論文」については、拙論「初期シェリングにおける歴史意識の出発――物語の解釈から歴史の再構成へ」（拙著『ドイツ観念論の歴史意識とヘーゲル』知泉書館、二〇〇六年、一五七―一七二頁）でも主題的に取り上げた。

（6）「神話の内容へ唯一の遡及するやり方をハイネは、既に言及された哲学的なミュートスと歴史記述的なミュートスとの対置によって行なう。しかしながら、それとともに、神話というテーマ設定にガサツな分割が生じた。一面では、神話的な言説は、世界の生成（自然学）や世界における人間関係の生成（倫理学）という問題を考察するために用いられる半面、特定の人間の仕組みの由来を問う問題を語り得るために用いられる。その限りでは、「哲学的な」（結局は、自然学か倫理学に関係する）神話と、「歴史記述的な」神話とがあることになる。／ハイネの神話理論は、プロテスタント神学において、学派を形成するまでに影響を与えた。ハイネのゲッチンゲンでの学生、アイヒホルン（Johann Gottfried Eichhorn：：1752–1827）によってハイネの神話理論は、旧約聖書の聖書釈義へと導入されたし、その弟子ガープラー（Johann Philipp Gabler：1753–1826）によって体系的に構築された。（……）シェリングの最初の論文は、「神話的学派」と呼ばれてもいい解釈学の動きの研究の脈絡に属していた。（……）アイヒホルンは一七七九年に初めて、彼の画期的な著作『Urgeshichte』において、モーゼの『創世記』の最初の三章を、ハイネ流の神話理論に従って説明した」（Michael Franz：Schellings Tübinger Platon-Studien. (1996, Vandenhoeck & Ruprecht in Göttingen) S. 173f.)。

（7）Reinhold Rieger：Gottlob Christian Storrs theologische Hermeneutik. In：» ... an der Galeereder Theologie «? Hölderlins, Hegels, und Schellings Theologiestudium an der Universtät Tübingen. (Hrsg.) Michael Franz. (Hölderlin-Gesellschaft. Tübingen) 2007, S. 147.

（8）A.a.O.,S. 150.

（9）このくだりでシェリングは、プラトンに言及する。「とりわけ、直接的にプラトンは、人間の本性から神話を汲みとる。すなわち人間の精神は、精神的な世界からいわば、追放（Exil）へと追いやられた。そして感性的世界によって繋ぎとめられてしまったのである。感性的世界においては、人間の精神的な本性と感性的な本性との間の絶えざる争闘が支配的であって、感性的な世界で人間は、精神的世界のあの立場からは、昏い想起と、人間が精神的世界にいた際に知覚していた永遠にして不可解な理念との他には何も手元に残すことのないまま、理念はいかにしても、感性的な世界には関連づけられ得ないのである」（Schelling. I-1, 128 Anm.)。人類の精神史と、人間における精神的能力の展開とを重ね捉える発想に、学位論文から、「神話論」（一七九三年）や「ティマイオス注解」（一七九四年）へと連なる連続的な問題意識を読み取ることができよう。

（10）「私たちにとっては（für uns）」という観点そのものが、解釈学の問題意識において成り立つことについては、第一章、「少年ヘーゲルと解釈学のモチーフ」で明らかにした。

（11）「シェリングの初期の、解釈学的-批判的著作を顧慮すると、確証されることがある。それは、それらに含まれていた伝統的な解釈学の要素が、すなわち哲学的で歴史記述的な解釈が、その独自の意味合いで、極めて簡単に、神学の領域においても有効にされている、ということである。哲学的な立場から純粋に考察されるなら、はっきりしているのは、歴史記述的に偶然的なデータや、そうしたデータを確証する歴史記述的な解釈の方法は、哲学的な解釈から厳密に切り離されているということである」（Georg Neugebauer:Schellings Philosophie in ihrem Verhältnis zur Hermeneutik. In：Schelling und die Hermeneutik der

Aufklärung. Hrsg.v.Christian Danz. (Mohr Siebeck)2012, S. 237)。

(12)　Michael Franz : Schellings Tübinger Platon-Studien. (Vandenhoeck & Ruprecht in Göttingen) 1996, S. 162.

「こうした〔意味と真理との〕区別の（前）史は解釈学の歴史である。こうした原則の理論をシェリングは、おそらく、最初はシュトールの下で、彼の講義、『故エルネスティの手引書に従った新約聖書の解釈学』で学ぶことになったのだと思う。シュトールは、その講義を一七九二年の夏学期に講じた。シェリングがこの時期、まだ公式的には神学の学生ではなかったという事実は、シェリングがシュトールの受講者であったという推定を排除するものではない。結局のところ、シュトールは、彼の解釈学の学位論文『歴史について』で有名になった。シェリングは、すでに解釈学の問いに携わっていた。シュトールが彼の講義で基づいていた教科書は、エルネスティ（Johann August Ernesti : 1707–1781）の『新約聖書解釈概説』であって、この書は、一八世紀後半においては、「古典的著作の様相」を呈していた。エルネスティの新約聖書についての特殊解釈学においては、なるほど、テクストの意味と真理の間の区別ははっきりと詳述されているわけではない。むしろ暗黙の裡に前提されていた。しかし、解釈学一般の基礎について、エルネスティは、折に触れて正しく語っていた」（Michael Franz : Schellings Tübinger Platon-Studien. (Vandenhoeck & Ruprecht in Göttingen) 1996, S. 160f.）。

(13)　「どんな時代も、その概念が現象する独自の形式を持っている。哲学がまだその固有の純粋性にまで高まっていないどんな時代も、概念を感性化させるための、その固有の形式を持っている。そうした感性化は、歴史的なもしくは歴史に似た叙述によって、いとも簡単に最も確実に生じる。さて、そうした場合においては、文法的な解釈者がする仕事は、そうした叙述の意味を、語順によって規定する仕事に他ならない。そうした叙述を歴史として考察して、こうした形式において自己自身と他人とを分からせることに他ならないのである。さてしかし、解釈者がただそうしたところに留まるなら、そうした叙述を、その唯一の目的が事実を純然と語ることであるはずの歴史として考察するのなら、どのようにしてなのか？　――さらに、歴史そのものが現象するのは、さまざまな形式において、全く異なった形式のもとで、であって、そうした異なった形式によって、物語られる事実そのものは、感性に近づけられて、構想力に受け入れられるように叙述されたり、いずれにせよどんな歴史記述者にとっても不可避なことではあるのだが、確実な同時代人にとって固有な哲学的な概念しか結びつけられなかったり、するのである。さて、どのようにして、いつ、文法的な解釈者が、事実の叙述様式に、歴史の形式に属するものを、歴史が構想力の様式によって規定されたり、確実な哲学的な概念によって規定されたりするように、事実そのものに算入するのであろうか？　文法的解釈者は、こうやって真理を発見して、実際に生じた事実（Factum）を、自らの認識やほかの解釈者の認識として際立たせることができるのか？　しかしながら、これが歴史記述的解釈者の仕事に他ならないということは確かではない。しかし、歴史記述的解釈者は、確実な主張の形式を主張そのものから区別するための、歴史の形式を歴史そのものから区別するための、そうした判断基準をどこから持ってくるべきなのか？」（Schelling. II-5, 113f.）。ここで「序文草稿」は途切れている。

（14）「シェリング初期の、解釈学的-批判的論考は、哲学よりも神学に、歴史記述的な解釈の仕事を任せている。そうしたことを奨めたのは、「一七九三—九四年の歴史記述的-批判的論考のための序文草稿」である。「聖書の歴史記述的な解釈」（Schellings Leben, 39）は、神学の仕事である。こういう形でシェリングは、文法的解釈と歴史記述的な解釈との交差を理解した。この文法的解釈と歴史記述的な解釈とが交差するという理解は、文法的な解釈に向けられたエルネスティの解釈学に対抗するものであった（Vgl. Schellings Leben, I. S. 45）。文法的解釈は「言葉の意味」だけに向かうのに対して、歴史記述的な解釈は、「その証拠を、歴史一般から、とりわけ解釈されるべき資料が由来する時代の歴史から、先の時代にとって特徴的な精神、概念、表象や叙述の様式から持ってくる」（Vgl. Schellings Leben. I, 45）。こうした手続きでもって神学は、哲学に対して、自らの独自性を喪失する危険を防いでいた（Schellings Leben, 41）。こうした神学の規定は、神学が歴史記述的な解釈の仕事に汲み尽くされるかのように想定するきっかけを与える。しかしながらそれは、決してシェリングの考えではなかった。彼の序文のうちの、断片的に伝えられている結論部分は、解釈されるべき箇所に立ち入って、それが「事実の純然たる語り」（Schellings Leben, 45）であったかのように誤解することを防いでいる。むしろ、神学といえど、歴史的な叙述のうちに含まれている真理や理念を、探し出して、それでもって、神学のうちには、歴史記述的な探求と、哲学的な解釈という二つの水準が重なっていることを示すことを疎かにすることは許されない。そうしたところに私たちは、一八〇二—〇三年のイェーナでのシェリングの『方法講義』との関連に立ち還るであろう」（Georg Neugebauer: Schellings Philosophie in ihrem Verhältnis zur Hermeneutik. In : Schelling und die Hermeneutik der Aufklärung. Hrsg.v.Christian Danz. (Mohr Siebeck) 2012, S. 236f.)。

（15）評者が言うような、『聖なる歴史の叢書』第一巻ではなく、『聖なる歴史の叢書』第二部（一七九二年）である。以下、次のように論評が続く。「シェリングの著作は二つの部門に分かれている。最初は神話の歴史、二つ目は神話の哲学である。神話的な歴史については、以下の概念が与えられている。「言葉の特定の意味での神話的とは、いかなる出来事も著作として記録されていないまま、口頭で伝えられてきた時代の言説を含んでいる歴史のことである。こうしたやり方で人は、この時代に実際に属しているか、この時代に起きたと考えられる出来事の物語を、神話的物語だと呼ぶことができる。さてそれは実際に、伝統に根ざしているものか、あるいはまったくの虚構であるかもしれない。そして常に（いわば証拠として）古き伝統の装いをまとっている。しかし狭義においては、実際に伝統に基づいている歴史だけが、神話的なのである」。神話的な歴史の価値と性格とを普遍的に規定するために、シェリング氏は、（1）言い伝えがどのような影響を及ぼしうるのか、（2）最古の世界の時代の精神が、その世界にどのような影響を及ぼし得たのかを研究する。この第二の研究こそ、普遍化されるなら、根本的なものである」（Sp 234）。

（16）「この解釈は、全面的にカントの理論によって主導されている。（……）シェリングの意図は次のことをしめすことである。すなわち、プラトンは、世界の起源と永遠のイデアを語ることを装いながら、世界におけるありとあらゆる現存在を包摂するとともに、自らの場所と起源とを、悟性ないしは表象能力の統一に有するようなさまざまな概念についてのカント的な構想を展開する、ということである」（Dieter Henrich：Der Weg des spekulativen IdealismuS.：in. Dieter Henrich u. Christoph Jamme (Hrsg.)：Jakob Zwillings Nachlaß. (Meiner) 2016, S. 86f.)。

（17）Timaeus, S. 150. マイケル・フランツは、次のようにクリングスの把握を批判している。「コンテクストを自然哲学に限局することは、一面的でそれゆえ結局のところ、シェリングのティマイオス注解についての不適切な解釈に到る」（Michael Franz：Schellings Tübinger Platon-Studien.（Vandenhoeck & Ruprecht in Göttingen) 1996, S. 241）。

（18）Wilhelm G. Jacobs：Zwischen Revolution und Orthodoxie ? Schelling und seine Freund im Stift und an der Universität Tübingen Texte und Untersuchungen. (Frommann) 1989, S. 50.

（19）「神の理念に適用された実在の概念は、人間の理性にとっては、深淵（Abgrund）である。（……）純粋理性の前に現前しているものの外部の実在など、どんなものであれ、理念に適用されても無駄である、と、はっきりとプラトンは語っている。理性の形式としての理念についてだけではない。理想についても（理性の外部の理念の対象についても）、プラトンはそう語っている。そこで、例えば、ヌーメノンとしての人間の魂は、その実在に関しては、理念に似ている、と。したがってプラトンは、純粋な思惟のうちにしかないような実在の概念など、知っていなかった。知っていたのは、超感性的な世界の実在的な諸対象に適用される概念、そして超感性的な世界の理想的な諸対象に適用される概念であった」（Schelling. II-5, 168f.）。

（20）本文テクストにシェリングは次のように注記している。「絶えざる循環行程を強調することを通してプラトンは、次のことを理解させる。すなわち、目に見える様々なエレメントにとって、それらが相互に流れているように、不連続の、実際は相互に異なっていて、さまざまな形式を受け入れている常に経験的な素材が根拠となっている、ということを。というのも、それらの素材が現前していなかったなら、プラトンは、さまざまなエレメントが一つの絶えざる循環行程（Kreislauf）にあるなどと言うことはできなかっただろうからである。さもなければあらゆるものがただ一つのエレメントだということになろう」（Schelling. II-5, 175 Anm.）。

（21）Wilhelm G. Jacobs：Zwischen Revolution und Orthodoxie ? Schelling und seine Freund im Stift und an der Universität Tübingen Texte und Untersuchungen. (Frommann) 1989, S. 48.

（22）マイアーは、『一般的解釈術の試み（Versuch einer allgemeinen Auslegungskunst）』（一七五七年）で、「一般的な解釈術は、すべての種類もしくは大概の種類の記号を解釈するにあたって、考察されなければならない諸規則の学である」（S. 1f.）と捉えた上で、解釈学的循環に通じる発想を明らかにするとともに（Vgl. S. 120f.）、著者以上に著者を理解するという解釈学の課題についても、表明していた（Vgl. S. 70：§129）。

（23）拙訳：F・W・J・シェリング「歴史の哲学は可能か?」（科学研究費補助金（基盤B）研究成果報告書「「新旧論争」に顧みる進歩史観の意義と限界、並びにそれに代わり得る歴史モデルの研究」二〇〇八年三月）一八三頁。

（24）Reinhold Rieger：Gottlob Christian Storrs Hermeneutik der Einheit von Geschichte und Wahrheit auf dem Weg von der Aufklärung zum IdealismuS. In：Schelling und die Hermeneutik der Aufklärung. Hrsg.v.Christian Danz. (Mohr Siebeck)2012, S. 83.

第三章　「導入教育」と心理学――「精神哲学」への旅発ち

はじめに

一七〇〇年代後半、ドイツでは多くの思想家によって、「心理学」あるいは「人間学」の膨大なまでの試みが、追求されていた。それは、ドイツ観念論前夜での大きな思潮のうねりであったにもかかわらず、やがて勃興するドイツ観念論の大河に呑み込まれ、思想史の伏流へと消えてしまった。しかし、フィヒテやシェリング、そしてヘーゲルらの思索を掘り下げるなら、実のところ、超越論的観念論の試みが、一八世紀後半の「心理学」や「人間学」の試みを超克する形で発想されたことを看て取ることができる。

もとより、ギムナジウム時代からヘーゲルが、後期啓蒙主義の解釈学に関心を寄せていたことは、数々の抜き書きなどから明らかである[1]。その内容には、心理学や人間学に通じる発想が含まれていた。一七八七年三月九日、一〇日に、ズルツァー（Johann Georg Sulzer：1720–1779）の、『全学問の綱要（Kurzer Begriff aller Wissenschaften und andern Theile der Gelehrsamkeit）』（一七五九年）から、ヘーゲルは抜粋を作っている。抜粋の冒頭は、「第六章・哲学」（一三九―一八八頁）の一八六節の一三九頁と一九〇節の一四四頁から引かれている。「哲学ということで、私たちはここで、世界と人間の人倫的な知識と密接に関連している学問だと理解している。／哲学的な真理の探究の際に、理性がどのように手はずを整えるべきかを示す学問は、論理学もしくは理性論と呼ばれる」（Dok. 109 f.：GW. III, 115）。論理学をズルツァーが理性論と称したのは、マイアー（Georg Friedrich Meier：1718–1777）と軌を一にしていた。

マイアーは『一般的解釈術の試み（Versuch einer allgemeinen Auslegungskunst. Halle）』（一七五七年）において、「解釈者は、解釈にとりかかる前に、予め、自分が解釈しようとしている記号が真の記号であることを確信していなければならない」（Auslegungskunst. S. 8）と、解釈学的循環の構造と機序を呈示していた。さらに、「解釈者は、著者の真意を、著者よりも、広範に、より大きく、より正しく、より明晰に、より確かに、より実用的に認識することもあるし、その逆もある」（Auslegungskunst. S. 70）と、著者以上に著者をよく知るという解釈学の課題を明らかにしていたのである。

一七八七年三月一四日から一八日にかけて、ヘーゲルは、クリスチアン・ガルヴェ（Christian Garve：1742–1798）の『諸能力を検証する試み（Versuch über Prüfung der Fähigkeiten）』（一七六九年）から抜粋をしている。ガルヴェによるこの論考も、解釈学的循環の機序を明確に論じていて、その箇所を、ヘーゲルはほぼ忠実に抜粋していた（Vgl. GW. III, 153）。「根拠が厳密に検証される前に、根拠それ自体の強さや弱さについての曖昧な感情が存在している。研究する以前に、彼の理念が真なのか、役にたつかどうかについての差し当たりの判断がある」（Neue Bibliothek der schönen Wissenschaften und der freyen Künste. Achten Bandes Zweytes Stück. Leipzig, 1769, S. 215）。

ガルヴェによれば、「教育の主たる目的が、心の諸能力に仕事を与えて、傾向性にそのまっとうな対象を与えるところにあるとすると、その最初の仕事は、これらの諸能力を知ることであるに違いないことになろう」（Neue Bibliothek der schönen Wissenschaften und der freyen Künste. Achten Bandes Erstes Stück. S. 1）という。ホフマイスターの言を借りれば、教育学の論考であるにもかかわらず、ヘーゲが「心理学」という標題を付した（Vgl. Dok. 115 Anm.）という理由も垣間見ることが出来る。

解釈学に通じていた少年ヘーゲルが進学したチュービンゲン神学校では、後期啓蒙主義の解釈学とは全く違った聖書解釈学が、シュトール（Gottlob Christian Storr：1746–1805）によって講じられていて、ヘーゲルはこれに反発を覚えるだけだったに違いない。(2) そして一七九四年、チュービンゲン神学校を卒業した後、ベルンに赴いていたヘーゲルは、やはりベルンで家庭教師生活を送っていた同級生の、F・H・W・メークリンク（Friedrich Heinrich Mögling：1771–1813）から、神学校で一七九〇年の冬学期に開講されたJ・F・フラット（Johann Friedrich Flatt：1759–1821）の「心理学」講義を筆記したノートを借りてまでして、その要旨をまとめる形で「心理学と超越論哲学のための草稿」を執筆した。(3) 本章は、心理学に対する強い関心が、ヘーゲルの哲学的な思索にどのような形で影響を与えていたのかを瞥見することを目的とする。

1　フラットによる「心理学」講義とヘーゲルの『精神哲学』

フラットは、ヘーゲル自身が自らの「略歴」において、「三年間、その下で神学を学んだ」（Br. IV-1, 88f.）と書いているチュービンゲン神学校の教授の一人である。ヘーゲル自身の哲学的経験を考える場合、フラットによる講義に対しては、ヘーゲル自身、草稿の中には異議を差し挟む箇所も見受けられはするものの、教師によるこの講義内容を「受容」した事実を受け止めなくてはならない。というのも、明らかにヘーゲル哲学の「古層」となった思索がここにあるからなのである。事実、フラットの講義を受講したノートに基づいて認められた、「心理学と超越論哲学のための草稿」で、「心の感応（Stimmung）に関連づけられる表象は、もっとも生き生きと再現される」（GW. I, 176）と記載された「感応（Stimmung）」の理路は、『精神哲学』の「人間学」や、『美学講義』において展開されることになった[4]。

「私たちが今まで心の展開を推し進めてきた立場にあっては、外面的な感覚そのものが感応（Stimmung）を惹起します。しかしながら、こうした感応の働きが外的な感覚によってもたらされるのは、その際に意識的な知性が一緒に作用する必要のないまま、この外的な感覚に直接的に、すなわちその際に意識的な知性が一緒に働かないまでも、内面的な意義が結びつけられる限りのことなのです」（GW. XXV-2, 996）。「主観的精神論」で語られたこうした「感応」は、知性を必要としないどころか、知性の働きが遮断されてこそ生じる気持ちである。「意気に感じる（Stimmung des Mutes）ことは、他の生理的な調子（Disposition）に、例えば地方、雰囲気（Atmosphäre）季節、気候などの気分（Disposition）に関連しています。心ある生命が持っている共感的な感応（sympathetische Stimmung）は、人間の場合よりも動物の場合に、眼に見えてはっきりと現われています。というのも、動物のほうが自然と一体になって生きているからなのです」（GW. XXV-2, 955）。

すなわち、人間の「気分（Stimmung）」とは、確かに個別的で主観的な面もあるものの、しかし、雰囲気に左右されたり、天気に感化されたりもしようし、見知らぬ人と気持ちを通わせることもある。その意味では単なる主観性を超えもする。「私たちがこの〔感覚を論じている〕箇所で考察しなければならないことは、外的な感覚が精神的な内面に、唯一ひとえに意識されないままに関係づけられているということです。外的な感覚が精神的な内面に関連づけられることによって私たちのうちに、感応（Stimmung）と呼ばれるものが生成します。感応とは精神の一つの現象であって、動物にあっても（快や不快の感覚について、情動による衝動の目覚めについてなど）似たものが見出されます」（GW. XXV-2, 996）。そしてヘーゲルは感応の働きを「人間学的なもの（etwas Anthropologisches）」（GW. XXV-2, 996）だと見定めたのである。

　こうした「感応」の脈路の発端を私たちは、フラットによる講義に見出すことができる。「現在の気分・感応（Stimmung）のうちのある表象もしくは心の状態が相応しいものであればあるほど、一層簡単に表象は呼び起こされることができます」（Flatt, 161：GW. I, 590Anm.）。フラットは続けている。「脳の動きによって心は、一定の感応・気分（Stimmung）へと移されることができます。酩酊状態では、朗らかになる人もいますが、悲しみにくれる人もいます。心に表象される観念の系列は、同時に感応・気分、すなわち心を規定する脳の動きによってもたらされます。／ですから、心だけが観念を再現する力を持っていて、少なくともこうした〔再喚起するのは心だけという〕仮説にはそんなに多くの難点は結びつけられていない、と言ってよいでしょう。アーベル（Abel）は、人間の認識の起源においての独自の仮説を引き合いに出していますが、それは、ありそうなというより、機知に富んだものです」（Flatt,168f.：GW. I, 592Anm.）。「感応」についてフラットが講じる際に引き合いに出したアーベルも、チュービンゲン神学校の教授であった[5]。

　フラットは、幻影肢についても論及するなど（Vgl. Flatt. 137）、その心理学の内容は生理学の様相も帯びていた。感覚を伝達する仕組みについてもフラットは、「知覚の明断さは、心の状態や性質に依拠しますし、同時に、身体とりわけ脳に依存しています」（Flatt. 153）という。フラットは、ヴォルフ派の心理学の伝統に根差しながらも、エルンスト・プラトナーによる新たな人間学の試みをも紹介していた。

　ヘーゲルによる「心理学と超越論哲学のための草稿」の前半部で踏まえられている文献には、フラットによる講義のほかにもう一つあった。それは、『一般文芸新聞』一七九二年四月二日の八六号に掲載された、C・C・

E・シュミット（Carl Christian Erhard Schmid：1761–1812）著の『経験的心理学（Empirische Psychologie）』（一七九一年）についての書評である。この書評が向けられたシュミット、そしてフラットの講義からヘーゲルが知っていたであろうプラトナー（Ernst Platner：1744–1818）、この二人こそ、その時代に盛んに試みられた「経験的心理学」や「人間学」を代表する思想家であった。

2　プラトナーとシュミット

エルンスト・プラトナーは、版を重ねた『哲学的断章（Philosophische Aphorismen）』（一七七六・八二・八四・九三・一八〇〇年）のほか、『論理学と形而上学の教科書（Lehrbuch der Logik und Metaphysik）』（一七九五年）などの著作を残しているが、最も重要なのが、この時代の経験的心理学や人間学を代表する『医師と哲学者のための新たな人間学（Neue Anthropologie für Arzte und Weltweise）』（一七九〇年）である。

「表象に対する感官の関与、心の座などは、心理学、本来的には人間学で報告されている研究である。ふつう、それについての状況はよくない。この問いが哲学的に論じられるべきだというのなら、たかで一面的な経験が寄せ集められることがあってはならない。むしろ示されなくてはならないのは、どのような根拠から、私たちは、そのようなことについて経験するために、ア・プリオリに何かを受け容れるようになるのか、ということである」（GA. II-4, 71）。これは「肉体と心の連関について」という標題のもとで書かれた文章で、書いたのはフィヒテである。フィヒテが、知識学へ易しく入門できるためにという学生の要求に応じて、一七九四年から一七九九年にかけて開講した彼自身の「論理学と形而上学」講義のために、プラトナーの『哲学的断章』[6]に論評を加える形で書いた草稿の中に出てくる所見である。一七九四年の講義にはヘルダーリンが出席していて、その感動をヘーゲルに伝えてもいる（Vgl. Br. I, 19）。その後フィヒテは、ベルリンへ移ってからも読み返して、極めて大部の、「プラトナーの『哲学的断章』のために」という草稿を残した。この草稿を瞥見するなら、一八世紀後半の経験的心理学や人間学を超克する形で、超越論的観念論が成立してゆく経緯を看て取ることができる。

端的に総括するならば、フィヒテとプラトナー、二人の考え方は両極である。プラトナーは表象論として意識を考えるのに対して、フィヒテは自我論に立脚していた[7]。プラトナーは、心の能力や客体を前提しているのに対して、フィヒテは、哲学が、そして世界が、どうして成立するのかを問うところに、超越論的観念論の本義を捉える。そして結局のところ、プラトナーは、感性的な人間の生を分析しようとするが、理性に立脚するフィヒテは、そこに潜む矛盾を突き付ける。

この時代における心理学の意義について、パウル・ツィヒェ（Paul Ziche）は、次のように総括している。「一八〇〇年頃、大学の教育内容における心理学の取り扱いは、「諸学一般」への導入教育（Propädeutik）という課題に結びつけられていた。カントと結びついて学問性への新たな要求を出して、これを自ら果たそうとした観念論哲学の立場からは、こうした心理学の役割は批判された」（Georg Eckardt, Matthias John, Temilo van Zantwijk, Paul Ziche : Anthlopologie und empirische Psychologie um 1800. (Böhlau), S. 73）。もとより、フィヒテの知識学を初めとして、おしなべて超越論的観念論が目指したのは、純粋な学への導入教育であったと見てよい。「フィヒテやシェリングのそうした〔超越論的観念論の〕構想において、一般的な導入教育（Propädeutik）は経験的心理学に委ねられるわけにはいかなかった」（a.a. O. S. 15）。彼らにとっては、哲学知への「導入教育（Propädeutik）」という役割は、「経験的心理学」ではなく、「超越論的観念論」こそが果たし得るものであった。

確かに『経験的心理学』において、シュミット自身、「広い意味での学問を、体系的なものだと、すなわち、原理に従って秩序づけられた認識の全体だと解するなら、心理学の理念を学問として詳述することが可能であるのは勿論である」(Empiriche Psychologie, 15)と捉えてもいた。そのために必要だとされたのは、「自己観察を、他人の自己観察を呈示する素材」(ibid.)だという。なるほど、こうした素材を結びつける仕方、もしくは「一定の形式も必要とされる。そこにこそ学問の本質がある。素材の単なる寄せ集めや集積では準備でしかない」(Empiriche Psychologie. 15f.)とはされるものの、しかし、その知覚されたものを結びつける仕方は「歴史記述的でしかない」(Empiriche Psychologie. 16)とされる。しかしながら、観察の結果である多様なものを、比較したり、類似性や共通性に基づいたりして規則や法則を導き出すとされているからには、およそ、学問の名にふさわしいものではなかった。

一七九二年四月二日の『一般文芸新聞』八六号の一面以下に、次のような、シュミットの『経験的心理学』への書評が掲載され、経験的心理学の使命の終焉を告げた。「批評者はむしろ超越論的心理学ということで、表象能力、認識能力、そして欲求能力の純粋な学問を理解するであろう。(そしてそこから、経験的心理学は、その指導的な原理が少なからず汲み尽くされる…)」(Allgemeine Literatur-Zeitung. Vom Jahre 1792. Numero 86. Sp. 3 : Vgl. GW. I, 167)。ところが、「シュミット氏は、経験的心理学に鑑みて、合理的心理学が不可欠なことを認めるだけではない。経験的心理学は(二二頁)「合理的な心理学がなかったなら、一切の指導的な原理を欠いたまま、最高の統一を欠いた多様なものとなったであろう」という」(Sp. 3)[8]。実際、経験的心理学は、偶然的な経験談の雑多な寄せ集めの趣きを呈していた。

シュミットは、カント哲学の普及に貢献することになった『純粋理性批判講義綱要、ならびにカントの著作をより簡便に使用するための事典（Critik der reinen Vernunft im Grundrisse zu Vorlesungen nebst einem Wörterbuche zum leichtern Gebrauch der kantischen Schriften）』（一七八六年）の著者でもあり、イェーナ大学教授として、フィヒテの同僚だった人物である。ところが、フィヒテとの論争のなかで、苛烈な批判を受けることになる。ニートハンマーの編集する『哲学雑誌』第一二号（一七九六年）にフィヒテは、シュミットへの「無効宣言」を叩き付ける「シュミット教授によって樹立された体系と知識学との比較」を発表した。そこで表明された「シュミットの体系は、プラトナーの懐疑論と非常によく似ている」（GA. I-3, 250）という論述からは、フィヒテが、プラトナーの「人間学」とシュミットの「経験的心理学」に共通した要素を見出していたことが伺えるのである。

シュミットは、一七九八年に『哲学的に考察された生理学（Physiologie, philosophisch bearbeitet）』を刊行、そこで次のようにフィヒテを揶揄している。「フィヒテこそは、彼のいわゆる超越論的哲学の精神において、人間の有機体（Organisation）を、そして生（Leben）にとって必要なものすべてを、自己意識（自我＝自我）の条件として、純粋にア・プリオリに論証することを試みた」（Physiologie. 351）。ここで注目すべきは、シュミットやプラトナーはもちろん、「経験的心理学」の論者たちの多くが、「理性」や「哲学」ではなく、「生」や「生命力」を原理として、自らの思索を語っていたことである。

3　「導入教育」の役割をめぐる心理学の超克

一八〇一年、家庭教師生活に区切りをつけて、超越論的観念論の潮流の中心であったイェーナに赴いたヘーゲルの、いち早く活字化された論考が、九月一五日と一六日に、『エアランゲン文芸新聞』に発表された「ブーテルヴェク批評」であったという事実は、ヘーゲルが心理学への素養を培っていたことを踏まえると、極めて暗示的である。「フリードリヒ・ブーテルヴェク（Friedrich Bouterwek：1766–1828）は、ゲッチンゲンでカント主義の立場を代表していて、心理学の導入教育としての（propädeutisch）機能にこだわろうとした。彼の『思弁哲学の基礎（Anfangsgründe der speculativen Philosophie. Versuch eines LehrbuchS）』（一八〇〇年）は、教科書として、彼の論理学と形而上学の講義の基礎となっている」（Georg Eckardt, Matthias John, Temilo van Zantwjk, Paul Ziche：Anthlopologie und empirische Psychologie um 1800. S. 74 (Böhlau)）。ブーテルヴェクはその著で、「諸論」に続いて、「導入教育（Propädeutik）としての心理学」、「論理学」「根元哲学の思弁的な原理」という構成を呈示している。「諸論」において次のように述べられている。

「四三節：どのような有名な哲学的営為を理解するためにも、通俗的な表象様式から哲学的な表象様式へ移行するためにも、必要なのは、心の諸力（Seelekräften）の何らかの体系を、端緒として、といっても他ならぬ仮定的にではあるが想定して、どの程度それでやれるのかを試みることである。哲学的営為のこうした方法に際しては心情（*Gemüth*）なり心（*Seele*）なりを前提する向きもあろうが、そうしたもののなかには、いわば互いに対応したり、互いに争ったりする力の集合が、それらのなかの女王たる理性によって支配され秩序づけられている。私たちはこうした哲学的営為の方法を心理学的な方法と呼ぼう」（Bouterwek. 20f.）。

同様な把握は繰り返される。「五八節：根元哲学（Elementarphilosophie）の何らかの体系をただ仮定的に（*hypothetisch*）理解するためにも、私たちは、多くの概念を、予め持ちあわせていなければならない。これらの概念を私たちは、他ならぬ通俗的（*populär*）な思索から哲学的な思索へと段階的に高揚することを通してこそ、創り出し、明らかにすることができる。というのも、本性そのものよりも弱い力をもってしては、私たちの意識と悟性が感性を捨象することによって、次第しだいにのみ啓蒙される、というように秩序づけることはできなかったからである」（Bouterwek. 28）。このように本性から高揚することを、ブーテルヴェクは、意識を超える「飛躍（Sprung）」（ibid.）とも「跳躍（Ueberspringen）」（Bouterwek. 213f.）とも呼んで、本性とは「対立的に」、超越的なものとして捉える（Vgl. Bouterwek. 28 u.40）。

「導入教育としての心理学」章では、次のように述べられている。「六九節：私たちにとって差し当たり問題になるのは、自己省察の概念を見出すことである。自己省察の根本条件は、主観、客体、そして表象という三つの概念である。認識主観をすべての客体から根源的に区別したあとで、私たちは、私たち自身の謎めいた自己省察を、表象における主観をそれ独自の客体にする活動として、暫定的な把握において理解することができる」（Bouterwek. 36）。

ヘーゲルはここに、哲学からの背反を見て取る。「導入教育としての（*propädeutisch*）心理学において、自己省察の概念の基本条件として、心なるもの（Seelending）を主張することが斥けられた後で、主観、客観そして表象というありふれた三つの概念が言及される。自己省察に従って、暫定的に感性と理性は対立させられて、心理学的に取り扱われる。そして、上位や下位の心の力というありふれたことがもたらされる。あらゆるものがただ暫定的に（provisorisch）そして観察されるままに呈示されるということによって、著者は、こうした多様な能力を構成しなければならないとする要求すべてから免れたのである」（GW. IV, 98）。心理学に見込まれた「導入教育」としての役割を、ブーテルヴェクは次のように述べていた。「七三節：意識は、私たち自身について何かを知る能力であるので、あらゆる自己省察の原理である。それゆえ私たちは、私たちの意識が対立的な力によって抑圧されるのではなく、啓蒙される（*aufklären*）のに応じて、自己認識を獲得するに違いない。」（Bouterwek.

37f.)。

こうしたブーテルヴェクによる「導入教育としての心理学」の試みは、ラインホルトの焼き直しにフィヒテやカントの発想を織り込んだものであることが分かるであろう。ヘーゲルの総括を見よう。「さまざまに受け容れられた素材が全体を、経験的心理学、普通の論理学、懐疑論、カントの批判主義、超越論的観念論という異質的な要素から成るごちゃ混ぜにしている」(GW. IV, 104)。そして、『差異論文』にも通じる把握で、この書評は締め括られている。「理性と哲学とに対する恐れは、認識の実在性が、哲学する前に予め正しく基礎づけられていなければならないということで正当化される。そうした恐れは、ラインホルトにおけるように、真理への純粋な愛や信仰と呼ばれたり、独断論の忌避、批判的な哲学営為、懐疑的方法などと呼ばれたりするのである。哲学はなされていない、が、何か哲学的なことがなされているはずだ、という理由で、私たちの時代では暫定的な哲学的営為が虚構されて、こうした新しい現象とともに哲学の歴史が豊かにされるのだという」(GW. IV, 104)。

もとより、心や意識を、高次の知と対立的に捉えて説明したところで、「導入教育」としての役割を果たすことができないのは言うまでもない。仮に、読者を学に向けて啓蒙しようとしたところで、それは外在的な導き、いわば「あんよ紐 (Leitband)」でしかないことになろう。イェーナ時代のヘーゲルの思想的格闘の課題は、導入教育の過程を、知に向かう意識それ自身に内在化させるとともに、それを叙述する方法と論理を構築することであったと言えよう。

4　経験的心理学から超越論的観念論へ

　ここに、経験的心理学を超克してドイツ観念論が成立した時代の証言がある。それは、シェリングの『大学での学問研究の方法についての講義（Vorlesungen über die Methode (Lehrart) des akademischen Studiums）』（一八〇三年）と、それに対する匿名批評である。シェリングによれば「心理学は、心と身体という対立を想定するところに成り立っている。全く存在しないものについて、つまり、身体に対立する心というものについて探究したところで、何が出てくるか、すぐに判断できる。人間についての真の学問はすべて、心と身体の本質的で絶対的な統一、すなわち人間の理念のうちにしか求められない。したがって、人間の理念についての単なる相対的な現象でしかない現実的で経験的な人間のうちには求められるべくもないのである」（Schelling. I-14, 104f.）。

　これに対して、「心理学は独自の自立的な学問として許されるのか（Kann Psycholigie als eine eigne selbstständige Wissenschaft noch ferner geduldet warden ?）」という匿名論文はシェリングに反論する。「心情（Gemüth）の純然たる経験的な知識でも既に、それだけで、有用でかつ不可欠である」（Anthropologisches Journal. Dritter Band. Zweites Stück. S. 111）。そして評者は「経験（Erfahrung）をその原理から導出できること」（a.a.O.S. 111）の意義に言い及ぶ。「要するに、経験一般への知識、つまり人間についての経験への知識（……）は、欠かすことができない」（a.a.O. S. 112）。この批評では、「経験的心理学」の目指す人間についての理解は、学への「導入教育」としての機能を果たすとともに、「経験（Erfahrung）」の成り立ちを解明するものであることが強調されていた。

　この匿名論考が発表されたのは、『人間学雑誌（Anthropologisches Journal. Dritter Band. Zweites Stück）』（一八〇三

年）であって、これを編集していたのは、実にＣ・Ｃ・Ｅ・シュミットであったところから、匿名の論者もシュミットだと推定されている。(9) シュミットについては、ヘーゲルがクルークを批判した「常識は哲学をどのように理解しているのか」（一八〇二年）において、フィヒテによる「シュミット批評」からの引用を交えながら、クルークの思想の先行形態として非難していた（Vgl. GW. IV, 184f.）ことを考え併せるなら、ここに到って本章でのすべてのトピックが一つの脈路に並んだような思いに駆られる。

シュミットは、超越論的観念論もラインホルトと同じように、事実上、「心理学」の成果を横取りしていることを実証しようとしたのかもしれない。(10) 確かに、「表象」や「意識」そして「感官」など、道具立ては共通している。が、しかし、雑多な寄せ集めを呈示している趣きの「経験的心理学」とは違って、ラインホルトの「根元哲学」は、体系的な説明を目指すことを通して、「心の座」を前提した「経験的心理学」に対して、「意識の構造」を明らかにしようとした。しかしそれが「意識の事実」でしかなかったことを承けて、超越論的観念論は、知の成立の過程を明らかにしようとした。経験的心理学も超越論的観念論も、学への「導入教育」であることを目指すものであったかもしれない。しかし両者の違いは、経験知に基づくか、理性から経験を捉え返そうとするかの違い、そして心に根差して感覚する身体を捉え直すか、知を目指すのかの違いにあったと見てよい。

しかしながら、結局のところヘーゲルは、超越論的観念論が知の成立や世界の創出を目指すところには同調できたであろうが、根本命題に基づいて体系を構築しようとするやり方は肯んじ難かったに違いない。「知といっても、学としてしか、体系としてしか現実的ではないし、叙述され得ない。さらに言うなら、哲学のいわゆる根本命題とか原理とかいうものは、たとえ真であっても、根本命題とか原理だということだけで間違ってもいる」（GW. IX, 21）。経験的心理学やラインホルトそしてフィヒテやシェリングから、ヘーゲルを分けたものは、意識が内発的に精神の学へ導かれることを通して、精神の根底を明らかにする方法と論理であった。それは、ヘーゲルが解釈学から示唆を得た、精神が自らの本性や根底を明らかにする自己関係の機序でもあった。

おわりに　ヘーゲルの Propädeutik

かつて、「哲学入門（philosophische Propädeutik）」と名付けられた、ヘーゲルのテクストが公開されていた。『ヘーゲルの生涯』を著したローゼンクランツ（Karl Rosenkranz：1805–1879）によって、一八四〇年に、『ヘーゲル全集』の内の第一八巻として刊行され、ズールカンプ版選集でも第四巻に、philosophische Propädeutik として収載されていた。その内容は、一八〇八年から一六年にかけて、ニュルンベルクのギムナジウムで行われた講義から成っていた。

一八〇〇年代には様々な分野の、Propädeutik が刊行されていたが、哲学の分野に限れば、さほど多くはない。その中で目立っているのは、次の二著である。

Joseph Hillebrand：Lehrbuch der theoretischen Philosophie und philosophischen Propaedeutik. (1826)
Georg Andreas Gabler：Lehrbuch der philosophischen Propädeutik. Erste Abtheilung. (1827)

そして驚くべきは、Joseph Hillebrand（1788–1871）はハイデルベルク大学でのヘーゲルの後任、Georg Andreas Gabler（1786–1853）は、ベルリン大学でのヘーゲルの後任を務めた人物であった。

ギムナジウムでの諸講義を「哲学入門」として編集したローゼンクランツの意図はともかく、「哲学入門」というタイトルには、脈絡がないわけでもない。それは、ヘーゲル自身による一八一二年一〇月二三日の「ギムナジウムにおける哲学の講義について、バイエルン王国中央視学官イマヌエル・ニートハンマー宛私的意見」から観て取ることができる。「哲学への入門の発端」（GW. X-2, 824）としてヘーゲルは、論理学と心理学とを挙げたうえで（Vgl. GW. X-2, 825）、心理学をさらに、「α現象する精神の心理学と、β即且つ対自的に存在している精神の心理学」（GW. X-2, 825）と二分して、前者を「精神の現象学」（GW. X-2, 825）と言い換えていたのである。

実際、一八一一年から一二年にかけて、ニュルンベルクのギムナジウムの中級クラスで講じられた、「哲学的な準備学（Philosophische Vorbereitungswissenschaften）」において、「意識論は精神の現象学である」（GW. X-2, 524）としたうえで、「精神が、精神の内部で、精神の自己関係において、精神の活動性に従って考察される」（GW. X-2, 525）ことになると、「本来の精神論一般」（GW. X-2, 525）だと論じられた。別の年次の中級クラスの講義「哲学的な準備学」では「本来の精神論」（GW. X-1, 422）は「心理学」（GW. X-1, 422）だと明言され、その機能として「精神自身の内部で、自己関係において、他のものとの関係から独立的に、精神の自己活動に従って精神が考察される」（GW. X-1, 422）ところに見定められた。これはまさしく、精神が、自らの本性や根底を、自らが照射して解釈する働きに他ならない。こうして、精神が、自らを解釈する「心理学」は、「精神の現象学」の上位に位置づけられるともに[11]、まさしく、ヘーゲル哲学にとって、「精神哲学」への旅発ちともなったのである。

注

（1）この件については、本書第一章「少年ヘーゲルと解釈学のモチーフ」を参観賜りたい。

一七八五年五月五日の日付のある、J・G・H・フェーダー（Johann Georg Heinrich Feder : 1740–1821）の『新エミール』からの長い抜き書きが、少年ヘーゲルの関心のありかを物語っている。この書は、そのタイトルから明らかなように、ルソーの『エミール』の影響下で書かれたものである。その『エミール』の独訳は、一七八五年から一七九二年まで発行されていた『教育総点検（Allgemeine Revision des gesamten Schul- und ErziehungswesenS. Von einer Gesellschaft praktischer Erzieher (Hamburg, Wolfenbüttel, Wien, Braunschweig. 1785 bis 1792)）』において、その全訳が発表されることになる。このシリーズを編集・発行していたのは、汎愛派の教育思想家であり児童文学者でもあったJ・H・カンペ（Joachim Heinrich Campe：1746–1818）であった。そしてそのカンペの著『子どものための心理学（kleine Seelenlehre für Kinder）』（一七八〇年）を、一七八六年一〇月一〇日に、ヘーゲルが抜き書きしていた。

（2）この件については、本書第二章「シェリングとチュービンゲン神学校での解釈学」を参看賜りたい。

（3）「心理学と超越論哲学のための草稿」については、本書第九章「心の深処と知性の竪坑」ならびに第一三章「『精神の現象学』と『精神の解釈学』」でも論じている。なお、フラットによる「心理学」講義と、ヘーゲルの「心理学と超越論哲学のための草稿」との関係については、双方の邦訳を掲載した『知のトポス』（Nr. 8、二〇一三年）の、栗原隆による「解題」（一二一―一二六頁）を参照賜りたい。

（4）そうした「感応」が呼び起こされる現場として、たとえば美しいものに感興を抱く場合が挙げられよう。「美しい庭園芸術に関しては、精神的な目的が問われなければなりません。この目的は、他でもない、自然と人間との共鳴（Zusammenstimmung）をもたらすことなのです。こうした自然のなかにあって人間は自分としかいないわけで、自分の感応（Stimmung）に耽るはずであって、自然は、こうした感応に対応する基盤であるべきです。自然は対自的に自立的に実在しているわけではありません」（G. W. F. Hegel: Vorlesung über Ästhetik/ Berlin 1820/21. (Peter Lang) S. 62）。

（5）一七九〇年に、チュービンゲン神学校に教授として迎え入れられた、J・F・アーベル（Jakob Friedrich Abel：1751–1829）には、『人間の生に基づく注目すべき現象の集成と説明（Sammlung und Erklärung merkwürdiger Erscheinungen aus dem menschlichen Leben）』（一七八四年）なる著書があった。「この著作の著者はすでにしばらくの間、実用的な人間知（Menschenkenntnis）への、言い換えれば、理論的な心理学（Seelenlehre）の正しい応用への手引きに携わっている。そうした手引きには、この論稿が、与えられる規則の事例として、解説として、そして照明として添えられるはずであった」（Sammlung, Vorrede）が、大部になり過ぎることを避けるために、独立で刊行されたものだという。そして「人間の生の諸現象へ応用することこそ、あらゆる心理学の目的であって、このことが、どうして私たちは、私たちの心の本性を探究する労苦を払うのかという唯一の根拠である」（Sammlung. S. i）。

全体の構成は、かなり雑駁なもので、必ずしも連関があるとは言えない標題が並べられている。些かまとまりに欠ける著作のなかで注目すべきことは、ヘーゲルの後年の『精神哲学』においても見られるような、「感応」の脈路を、アーベルの著作の中にも見て取ることができるということである。「黄昏の美しさについて」(Sammlung. 144) から、アーベルの叙述を引く。「上述のことから明らかになるのは、感じやすいことは練習によって、どのように強化されるのか、ということ、ですから、こうした感じやすさの増進がすでに、どのようにして心が喜びに感応する (stimmen) ことに寄与するか、ということです」(Sammlung. 74)。「外部から私たちに呈示される諸対象は、私たちの感性的な印象を規定するだけではなく、むしろ主として、私たちの一連の想像を規定する。これらの双方によって、統体的な感応 (Stimmung) もしくはどの瞬間にあっても支配的な表象に依存している私たちの心の音調 (Ton) を規定する。逆にまた、心の音調が支配的な表象を規定しもするのである」(Sammlung. 145)。

(6) フィヒテが用いたのは一七九三年版で、タイトルが他の年次の版と違っている。Ernst Platners Philosophische Aphorismen nebst einigen Anleitungen zur philosophischen Geschichte. Ganz neue Ausarbeitung. Erster Theil. Leipzig, im Schwickertschen Verlag. 1793. 現在は、Google Book で入手できる。

(7) プラトナーは『哲学的断章』の二七節から二八節にかけて、次のように、「心 (Seele)」の働きを「表象」に見定めている。「一般的で哲学的な語用に従うなら、心の働き (Seelenwirkung) ということで理解されるものは、説明をする必要はない。心という言葉も今では、説明をしなくてもいい。しかしながら差し当たりは、一般的な語用において意識の主体 (Subjekt des Bewußtseyns) として理解されていい。哲学的な語用においては、この概念そのものの真理性が証明されるまでは (形而上学的な実体として) 理解されてはいけない。/……/ 心の働きの素材は表象である。心の素材ということで理解されるべきは、一つには、心にとって表象されたり掲げられたり (vorhalten) するものであって、たいていは、受苦的な仕方である。一つには心が自ら自己活動的に表象するものであって、自己自身および対象と関わっている (Beziehung auf sich selbst und auf einen Gegenstand)。前者は没意識的な表象であって、後者は意識的で完全な表象である。つまり本来の意味での表象である」(Aphorismen.31f.)。

これに対するフィヒテの論評はこうである。「二七節はプラトナーの行程一般。行為の歴史 (Geschichte)。それは表象でもって始まり、それをもとに心がこれやあれやを作り出す。/心が働きかえる素材は、いったいどうやって最初は表象にやってくるのか? 受苦的に掲げられる (vorhalten) だって?·?·表象が。/それは果たして正しいのかどうかが問われなければならない。／より良いのは、自我そのものにおける感覚、すなわち有機体（Organisation）における感覚。／表象とは何か。私たちの外部のものを後から作ること（Nachmachen）。／それゆえ、自己活動性がなければ表象もない。／ただしかし、自我（das Ich）は無媒介的に自らの活動性を自覚しているわけではない。といっても、自我が自らの活動性を、とりわけ、表象する活動性を自覚することがないなら、そうした表象の理念はどこから来るのか？　私は自我を意識している。私にとって。没意識的な表象というものは、意識することができない。いったいどこから、そのあとで、没意識的な表象の意識はやってくるというのか？／没意識的な表象に対する根本的な問いである。／答え。没意識的な表象は、説明根拠のために用いられている。したがって、それが現実的だなどということはできない」（GA. II-4, 56）。なお、ここで「没意識的」と訳されているのは、bewußtlos であって、Unbewußtsein ではない。

（8）『一般文芸新聞』における批評者による引用の頁付けは誤っている。実際は一三頁からの引用である。

（9）Vgl. Georg Eckardt, Matthias John, Temilo van Zantwijk, Paul Ziche : Anthropologie und empirische Psychologie um 1800. S. 17 u.170 (Böhlau)

（10）Vgl. Georg Eckardt, Matthias John, Temilo van Zantwijk, Paul Ziche : Anthlopologie und empirische Psychologie um 1800. S. 18 (Böhlau).

（11）本書第一三章「「精神の現象学」と「精神の解釈学」――『精神哲学』において何故「心理学」が「精神の現象学」よりも上位に位置づけられるのか?」に通じる問題でもある。

第Ⅱ部　ヘーゲル哲学の前哨

第四章　ドイツ観念論におけるスピノザ主義

――ヘーゲルの失われた「フィッシュハーバー批評」「ヘルダー批評」に照らして

はじめに

一八〇二年三月二六日にヘーゲルは、「エアランゲン文芸新聞」の編集者であったメーメル（Gottlob Ernst August Mehmel : 1761–1840）に宛てて、「ヴェルネブルク批評(1)」、「ゲルシュテッカー批評(2)」、「クルークの『新機関』の批評(3)」、そして「フィッシュハーバーのフィヒテに関する論述の批評」を送った。そして、「ここ数日のうちに私はやっと、ヘルダーの『神』の初版も入手いたします。そうなれば、この寄稿一覧もただちに訂正することになりましょう」（Br. I, 66）と書き添えたのである。ヘルダー批評については、以前から構想されていたようで、一八〇一年八月二六日付のメーメル宛書簡で、「ブーテルヴェク批評」を送付するとともに、次のように書いていた。「近々、クルークとヴェルネブルクに関してやりたいと思っています。ヘルダーにつきましては、予め、以前の『神』を手に入れておかなければなりません。と申しますのも、『神』の新版について報告するための自分の本がここにはないからです。――ヤコービの『スピノザ書簡』で取り上げられた箇所を、ヘルダーが削除してしまったのを私は知っておりますので。ヘルダーがこうしたことをもともと弁えておりましたら、彼はすべてを削除しなければならなかったでしょうに」(Br. I, 63f.)。

一八〇二年七月には、『神』(第二版)への論及を含む「信と知」の掲載された『哲学批判雑誌』第二号第一分冊が刊行されているところから、「ヘルダー批評」は、一八〇二年の春から初夏にかけて成立したと考えられている。ところが、『エアランゲン文芸新聞』は、一八〇二年の途中で発行が停止されたため、「フィッシュハーバーのフィヒテに関する論述の批評」と「ヘルダー批評」は日の目を見ないまま、散逸してしまったのである。

フィッシュハーバー(Gottlob Christian Friedrich Fischhaber：1779–1829)のフィヒテに関する著作とは、『フィヒテの体系の原理と主要な問題について』(一八〇一年)のことである。興味深いのは、この書も、ヘルダーの『神』も、スピノザが論点の根幹を成していることである。もとより『神――幾つかの対話』(以下『神』と略記。一七八七年四月二三日序文脱稿)は、一七八五年に明らかになった、モーゼス・メンデルスゾーンとヤコービとの間の「無神論論争」によって、スピノザが新たに注目されるに到った時局に出版された。ところが、一七八九年に刊行されたヤコービの『スピノザ書簡』(第二版)の付論で、ヘルダーの『神』までも批判されることになった。以来一二年余り、一七九九年一一月になって『神――スピノザの体系並びにシャフツベリの自然賛歌についての幾つかの対話(削除され増補された第二版)』(以下、『神』(第二版)と略記)が出版された。この年は、前年来、フィヒテが巻き込まれた「無神論論争」[4]について論壇が沸騰した時期でもあって、三月にヤコービがフィヒテを「ニヒリズム」と断罪する[5]『フィヒテ宛公開書簡』を刊行、三月二九日にフィヒテの辞職が決定、七月一日にフィヒテは単身ベルリンに旅立っていた。そうしたいわば第二次無神論論争とも言うべき時局に際して、第一次無神論論争を担ったヤコービとヘルダーが相次いで、著作を世に問うたのであった。

そしてフィッシュハーバーは、ヤコービの『フィヒテ宛公開書簡』の論旨に沿って、フィヒテの自我を、スピノザの実体に比肩すべきものとして難詰していたのである。しかしながら、ドイツ観念論期におけるスピノザ理解を振り返ると、スピノザについて、実像にそぐわない把握や論点が見出されるのも事実である。本章では、それらの論点を洗い出すことを通して、ヘーゲル哲学が成立する思想的な基盤を明らかにすることを目指す。

1　予定調和の帰趨

スピノザ論争を振り返るような書がある。K・H・ハイデンライヒ（Karl Heinrich Heydenreich：1764–1801）の『スピノザによる自然と神』（一七八九年）である。そこではレッシングについて、親友メンデルスゾーンにさえ本心を隠していたスピノザ主義者であったとの認識に基づいて、スピノザ主義についてのメンデルスゾーンによる把握の中心は、「スピノザの体系が、ライプニッツ＝ヴォルフの体系と完全に一致する」という点と、「ライプニッツが彼の予定調和の根拠を、スピノザから借りてきた」（Natur und Gott. 90）というところにあるとされている。

確かに、メンデルスゾーン（Moses Mendelssohn：1729–1786）は、一七五五年に出版した『哲学的対話』で既に、スピノザを、ライプニッツの予定調和説の先駆者として描出していた。そこでは、「ライプニッツの前にライプニッツ主義者であった人」（Gespräche. 174）の言葉として、「身体が精神を思惟するように決定することはできないし、また精神が身体を運動ないし静止に、あるいは他のあること（もしそうしたものがあるならば）をするように決定することもできない」（『エチカ（上）』岩波文庫、一六九―一七〇頁）という、『エチカ』第三部定理二が示されている。つまり、スピノザのいわゆる並行論に、ライプニッツの予定調和の先行形態を見たのであった。「ライプニッツが、自分は、調和の本質的なところを、スピノザから借りてきたと正直に告白していたなら、人々はスピノザという名前に、調和の反駁を見出すなんて考えなかった（……）」（Gespräche. 182f.）と、ライプニッツが予定調和をスピノザの並行論から借りてきたという立場を出す。

その上でメンデルスゾーンは、スピノザが創造以前の神の叙述を行っていたことを明かす。「スピノザの意見は非常に不合理だと、世の人はすべて認めています。しかし、スピノザの意見は本来、彼がこの私たちの外部の可視的世界に適用しようとする限りでのみ不合理なだけです。これに対してライプニッツの言い方で語るなら、神のおぼしめし以前に、さまざまな事物のあり得る連関として、神の知性の中に実在していた世界を考察する際に、スピノザの意見の多くは、真なる世界知や宗教と両立し得るのです」（Gespräche. 179）。スピノザこそ、哲学の改良に大きな役割を果たした哲学者だと（Vgl. Gespräche, 186）高く評価するのである。

レッシングにも、「スピノザによってライプニッツは予定調和の手掛かりだけを得た」という、一七六三年頃に書かれた論考がある。この論文でレッシングは、スピノザが予定調和そのものを主張していた、とする説を批判する。「スピノザは明確に、〈身体と魂が一にして同一の個物であり、これが時には思惟の属性のもとで考えられたり、延長の属性のもとで考えられたりする〉と主張している」（Lessing. VIII, 517）以上、そこに、どのような調和の入り込む余地があるのかというように、レッシングは、観念と物とを、心と身体とを、調和されるべき二つの実在としては捉えていない。スピノザは、「観念の秩序および連結は物の秩序および連結と同一である」（『エチカ（上）』岩波文庫、九九頁）と、『エチカ』第二部定理七で説いていた。これは並行論でこそあれ、観念と物との予定調和ではない。

「ライプニッツは、彼の〈調和〉によって、身体と魂というように、二つの異なる実在の合一という謎を解決しようとする」（Lessing. VIII, 517）。調和というからには、調和する二つのものが必要である。確かに、『エチカ』第五部定理一では、「思想および物の観念が精神の中で秩序づけられ・連結されるのにまったく相応して、身体の変状あるいは物の表象像は身体の中で秩序付けられ・連結される」（『エチカ（下）』岩波文庫、一〇二頁）と、思想や観念が秩序付けられる精神の系列や、身体の変状や表象像が秩序付けられる身体の系列へと論及されている。しかし、こうしたスピノザの考え方は、レッシングによると、「心は自らを考える身体に他ならず、身体は延長している心に他ならない」（Lessing. VIII, 518）ということであって、そうであるなら、ここに〈調和〉を見るわけにはいかない。したがって、「身体のあらゆる変化はただひとえに、身体自身の機械的な諸力から帰結し得た」（Lessing. VIII, 517）可能性を示したスピノザから、ライプニッツは、予定調和の手掛かりだけを得こそすれ、身体と心とを異なる二つの実在だと見たライプニッツと、身体と心とを違ったものだとしないスピノザとは、異なっていることをレッシングは指摘したのである。

こうしたレッシングの把握は、一七六三年四月一七日付のメンデルスゾーン宛書簡にて伝えられる。これに応えてメンデルスゾーンは、一七六三年五月に、レッシングに書簡を送るが、そこでは、「予定調和の本質的な諸命題を、スピノザはライプニッツに先駆けて主張していました」（Lessing. VIII, 721）と自説が繰り返される。メンデルスゾーンによれば、〈観念の秩序および連結は物の秩序および連結と同一である〉という命題は、「おそらくライプニッツの体系では、スピノザによる場合と異なる仕方で論証されています。だからといって、その命題は、スピノザにおける場合とライプニッツにおける場合とで、絶対的に違う意義を持つというのでしょうか？そんなことはありません。命題の意味は完全にライプニッツ的です」（Lessing. VIII, 721）。調和というからには、二つのものが想定されていなければならない。メンデルスゾーンは、思惟と延長とが相互に調和することを、スピノザが「どこかで」（Lessing. VIII, 720）主張していた、と述べるだけであった。

レッシングは、スピノザをライプニッツの先行者として解釈することを批判する一方で、ヴォルフ的な二元論的世界観をも論駁した「神の外なる事物の実在について」という小論も著している。そこでレッシングは、「神の外部に実在しているとされるすべてのものが、神の内に実在している」（Lessing. VIII, 515）ことを主張する。とはいえ、「諸事物の実在性」を想定しているレッシングの世界観は、個物を神の属性の様態とみるスピノザとは異なっている。相互に高く評価し合い、友情を結んでいたレッシングとメンデルスゾーンは、互いに独特の解釈をもってスピノザへの関心を抱いていた。

ハイデンライヒによれば、スピノザは実体という概念に潜む矛盾を忘れたまま、「被造物の独立存在（Fürsichbestehen）を根拠なしに否定している」（Natur und Gott. 124）がゆえに、非難されたという。「スピノザは、実体の外部に何らかのものが独立的に存立している（für sich bestehen）ということを否定した」（Natur und Gott. 125）がゆえに、憤激を招いたというわけである。ハイデンライヒは、メンデルスゾーンの実体把握の難点にも論及する。「メンデルスゾーンは、私たちが見てきたように、実体についての二つの概念を想定した。一方では、それは、自立的なもの（das *Selbstständige*）で、もう一方の把握によるなら、それは独立的に存立している本質（das für sich bestehende Wesen）である。前者は、彼が言うには、独立的で、自らが現存在するのに他の本質を必要としない。それゆえ、無限で必然的である。これに対して、独立的に存立しているものは、自らが現存在するためには依存的であって、それにもかかわらず、無限な本質から切り離された本質として現前しているという」（Natur und Gott. 125）。ここで総括されるような、メンデルスゾーンによる実体把握は、スピノザにデカルトの徹底を見たがゆえの理解だとも言えよう。

2　実体に自由を見るために

ハイデンライヒは、スピノザの実体形而上学の中心的な観点を、「すべてが一つで、一が全体である（alles ist Eins und Eins ist alles）」（Natur und Gott. 170）という把握に見た(6)。そのうえで、全体とは多くの諸部分の総括である以上、スピノザ主義者たちは、首尾一貫しようとするなら、諸部分を認めるわけにはいかないから、「一つのものについて語ることはできるが、全体については語るわけにはいかない」（Natur und Gott. 137）とする。さらにハイデンライヒは、「スピノザが、〈力の上での無限なもの（das Unendliche der Kraft nach）〉と、〈延長からみた無限なもの（das Unendliche der Ausbreitung nach）〉とを、区別しなかった」（Natur und Gott. 203：Vgl. Morgenstuneden. 216）というメンデルスゾーンの論点に反駁する。なぜなら、無際限にまで延長を伸展させることによって、集合や量は増大することになったからといって、力が増大することはないからだというのである。

こうして、メンデルスゾーン流のスピノザ把握をハイデンライヒは斥ける。もとよりメンデルスゾーンの実体把握は、必ずしもスピノザに即したものではなかった。以下は『朝の時間』での論述である。「実体という言葉の説明には、スピノザを共通の道から脇へ逸脱させた恣意性が潜んでいるということは、すでに多くの人によって、そして彼のすべての敵対者からさえ叱正されています。スピノザが前提するような実体性は、依存することなく、自らの現実性のためには、いかなる他の実在を必要とすることのない〈独立的に存立している現存在（ein für sich bestehendes Daseyn）〉ですが、これを私たちが、いかなる有限で偶然的な実在にも付与することはありません。私たちが認めるのは、そうした自足的な実体性は単に、無限で必然的な実在にしか帰属しないということ、そして、そうした実在それ自身は、このものから有限な実在に、分かち与えられたりはしないということです」〈Morgenstunden. 217〉。このようにスピノザの実体観を紹介したうえで、続く論述でメンデルスゾーンは、唯一の実体という把握を踏み越えるとともに、実体の意味を入れ替える。

「しかし私たちは、〈自立的なもの（das Selbstständige）〉を〈独立的に存立しているもの（das Fürsichbestehende）〉から区別します。〈自立的なもの〉は、依存することなく、自らの現存在のためにはいかなるほかの実在をも必要としません。ですからこれは、無限で必然的なのです。しかしながら、〈独立的に存立しているもの（das Fürsichbestehende）〉は、それが現存在するにあたっては依存的であって、したがって、無限な実在からは区別された実在として、現存在することができるのです」〈Morgenstunden. 217〉。つまり、スピノザの実体は、〈自立的なもの（das Selbstständige）〉と呼び直されるとともに、〈独立的に存立しているもの（das Fürsichbestehende）〉が、いわばデカルトに見られるような、被造実体の意味へ入れ替えられることになるのである。

ハイデンライヒが、スピノザ理解という点で高く評価したのはヘルダー（Johann Gottfried Herder：1744–1803）であった。ハイデンライヒは、ヘルダーの『神』（初版）を引きながら、実体理解を呈示する。「【実体とは、自分で存立して、自らの現存在の原因を自己自身のうちに持っている事物に他ならないのでは？――ハイデンライヒの引用では欠落している】こうした純粋な言葉の意味が哲学へ導入され得ていたならいいのにと、私は願っていました。非常に厳密な意味では、世界のいかなる事物も、実体ではありません。だってすべてのものは、相互に依存していますし、最終的には、こうやって最高で唯一の実体である神に依存しているからです」〈Natur und Gott. 211: Vgl. Herder. XVI, 440f.〉。そしてハイデンライヒは続ける。「さらにヘルダーは、思惟が最高の力であることや、スピノザ主義が無神論であることなどを、彼の有名な本〔『神』〕の一三七頁（Herder. XVI, 501）や一四八頁（Herder. XVI, 508）で否定しています」（Natur und Gott. 211）。
しかしながらヘルダーにしても、スピノザの実体理解の上で、混乱を免れるものではなかった。「スピノザにとっては、師であるデカルトが物質と精神を際立たせて区別したことに満足しませんでした。しかしスピノザには二つを結びつける媒概念がなかったのですから、彼には何ができたでしょう。したがって、残念なことにスピノザは、『エチカ』においては、物質を延長、すなわち空間だと見なして、全く違う種類の事物である思想に対立させたのです」（Herder. XVI, 448）。こうした叙述からは、スピノザに、デカルト哲学の徹底化を捉えようとする意図を見て取ることができよう。それだけでなく、ヘルダーも、神にあってはもちろん、物質にあっても精神にあっても共通に働いているとされる「能力」を、実体に適用することを通して、スピノザとライプニッツの混同を引きこんでしまう（Vgl. Herder. XVI, 102f.）。

以下は、ヘルダーのそうした理解に沿ったハイデンライヒの論述である。「正真正銘のスピノザは、力という言葉で何ができるのか？　一定の現象もしくは現象の集合の原因を意味することに他ならない。どんな事物であろうと自分の十分な理由を持っているということを、スピノザは決して否定しなかった。たとえ彼がこうした表現を用いていなくても、そうした諸力によって彼の世界も満たされている」（Natur und Gott. 223）。スピノザは、力という表現を用いてはいないが、力によってスピノザの世界は満たされている、事物はいずれも充足理由によって存在しているというのでは、スピノザにライプニッツを重ねて解釈するようなものだと言えよう。

逆に、ライプニッツをスピノザの発展形だとする把握もある。「ライプニッツの体系は、完全な形で考えるなら、スピノザ主義に他ならないということは、ザロモン・マイモンが一読の価値ある論考『哲学の進歩について』のなかで示している」（GA. I-2, 264）。哲学体系を徹底するなら、「自我がある」という限界内に留まる批判的体系と、その限界を超え出るスピノザの体系しかないと論じた、フィヒテの『全知識学の基礎』に見られる所見である。ここで言われているザロモン・マイモン（Salomon Maimon：1753–1800）の論考は、一七九二年にベルリンの王立科学アカデミーが募集した懸賞論文、「ライプニッツやヴォルフの時代以来、形而上学は何を獲得してきたか」への応募論文で、一七九三年に公刊された。「私が知っている限りでは、ライプニッツの体系とスピノザの体系との比較を、思索の深いメンデルスゾーンほど完全な仕方で行った人はいなかった」（Progress. 37）としたうえで、スピノザとライプニッツとの比較、そしてメンデルスゾーンによって指摘されたスピノザの難点が検証される。

マイモンは、ライプニッツ主義者を、デカルトの残滓を引きずるスピノザ主義者から分かつ岐路の論述を、メンデルスゾーンの『朝の時間』から引用する。「有限な実在はなるほど独立的に存立していますが、無限なものに依存していて、無限なものがなかったなら考えることはできません。しかしながら、実体に従うなら、無限なものと合一されてはいません。私たちは生きていて、活動して、神の作用としてあるにしても、神の内にあるのではありません。これに対してスピノザ主義者はこう主張します。ただ唯一の無限な実体しか存在しない、なぜなら、実体とは独立的に存在していて、自らの現存在のために他の実在を必要とせず、独立的であるに違いないからだ、と。とはいえ、有限な実在は独立的であり得ない以上、有限な実在は実体ではありません。これに対して、万有（Weltall）こそ真の実体です、というのも、万有は、限定されないままに、ありとあらゆるものを自らのうちに含んでいて、であるからして自らの現存在のためには、ほかの実在を必要とせず、独立的だからです。スピノザ主義者ならこう続けるでしょう。この万有は物体と精神とから成り立っていて、それはすなわち、スピノザ主義者が想定しているデカルトの学説に従うなら、延長と思想とが存在している、ということだと」(Morgenstunden. 214f.：Progress, 38)[7]。

メンデルスゾーンは、スピノザの実体をデカルトに沿って理解しようとしていた。「スピノザは、彼の論敵たちによれば、無限な実体に延長と思想とを認めているといいます。デカルトの理論によれば、考えられるすべてのものが、こうした基本把握に連れ戻されるからです。デカルトによれば、延長において物体の本質があり、思惟において精神の本質があるわけです。しかしながら、私たちが不可浸透性の概念を延長にも付け加えますと、これは物質の本質を汲みつくします」(Morgenstunden. 219f.)。スピノザをデカルトの延長線上に捉えようとするこの箇所を再掲したうえで、マイモンはこう述べる。「デカルトにもスピノザにも、世人が彼らに反論するために、彼らが物体の本質を単なる数学的な延長に措定したという罪を背負わせた不合理さの責任はない。彼らはむしろ物体の本質を、諸部分を引きつけたり斥けたりするところに根拠があるダイナミックな延長に、措定している」(Progress. 40)。マイモンはむしろ、スピノザをライプニッツに沿う形で理解する。「スピノザが明確に語るところでは、彼は、諸事物を、知性によって把握されるがままに考察するのであって、感官によって、錯雑したやり方で表象されるがままに考察するのではない」(Progress. 40)。そしてここに、物体の動きを、「私たちによって混乱したやり方で表象される諸モナド相互の交互作用の結果である仮象」(Progress. 40) だと捉えたライプニッツとスピノザとの「類似性」が見定められたのである (Vgl. Progress. 55)。

ドイツ観念論に先立つ時代に試みられたスピノザ研究を概観するなら、必ずしも、スピノザに、いわゆる無神論や汎神論を看取して、これを非難することが主眼とされているのではないことが分かる。むしろ個体的な被造物の存在、あるいは身体的な存在でもある人間の自由、主体的な動きが確証されないところに、スピノザ哲学の難点が捉えられた結果、メンデルスゾーンは実体を、〈自立的であること〉と〈独立的であること〉の二種類に区分した。ヘルダーは「能力」という概念を、物質にも精神にも認めることになった。マイモンも、混乱したやり方による表象のもとで、身体の動きを認めることになった。個別的なものが私たちの外界に在る、自立的な身体が在るという「明晰で反駁できない経験の表明」（Natur und Gott. 125）に照らして、スピノザの思弁的世界を、経験的世界に適合できるようにする工夫こそが、メンデルスゾーンやヘルダー、そしてハイデンライヒやマイモンを突き動かしていたのである。

3　すべてを蔵する自我

フィヒテは、自らの知識学の対極に、スピノザ哲学を見据えていた。しかしながら、当初から、フィヒテの自我を、スピノザの実体に比肩すべきものだと捉えていた証言がある。それは、ヘーゲルに宛てた一七九五年一月二六日付のヘルダーリンの書簡である。ヘルダーリンは当時教え子とともにイェーナに逗留していて、フィヒテの家の隣に住まい、「論理学と形而上学」の講義を聴講していたのである。

「フィヒテの思弁的な論稿である『全知識学の基礎』、それから公刊された『学者の使命についての講義』は、君にとっても興味深いと思うよ。最初僕は、彼を独断論じゃないのかと疑っていた。僕の推察なんだけど、実際に彼は岐路に立ってもいたし、今でも立っていると思う。彼は、〔ラインホルトの『人間の表象能力についての新』理論〔の試み〕』における意識の事実を超えようとする。（……）フィヒテの絶対的な自我は、スピノザの実体と同じものだけど、これは一切の実在性を包括している。絶対的な自我がすべてであって、それ以外は無ってわけさ。だからこの絶対的な自我にとって客体なんか存在しない。そうでなかったら、いっさいの実在性が絶対的な自我の内にあるってわけにはいかなくなるからだ。だけど、客体なしの意識は考えられないし、僕自身がこの客体でもあるわけで、そうなると客体としての僕は、必然的に制限されていて、時間の内でしか存在できないことになる、だから絶対的ではない。したがって、絶対的な自我においては意識など考えられるべくもなく、絶対的な自我としての僕は、意識を持たないことになる。僕が意識を持っていないことになったら、僕は（僕に対して）無になってしまう。だから、絶対的な自我は（僕に対して）あるのではない」（StA. VI-1, 155 : Br. I, 19f.）。

　フィヒテは、『全知識学の基礎』で、「自我は自らを措定したがゆえに、存在している」（GA. I-2, 259）という知識の絶対的な原則を呈示しようとした試みとして、デカルトの「われ思う、ゆえにわれ在り」を挙げるとともに、ラインホルトにも言及する。それに対して、スピノザは、「自我はある」という限界を超えていったと見なしていた。「スピノザは純粋な意識と経験的な意識とを区別する。純粋な意識をスピノザは、神の内に措定する。純粋な意識は決して意識されないがゆえに、神は自己自身を決して意識しない。そして経験的意識を、神性の特殊な様態へと措定するのである」（GA. I-2, 263）[8]。

　これを見ると、自我の自己措定と、フィヒテの捉えたスピノザの世界とは、必ずしも一致するようには思われない。ところが、ヘルダーリンは、絶対的自我に、スピノザの実体に通底するものを読み取ったのである。フィヒテにあって絶対的自我とは、「非我があらゆる表象の究極的根拠とされる限りでの非我の原因」（GA. I-2, 388）とされる。それはまた、次のようにも述べられている。「自我と非我とは、相互的な制限可能性の概念によって同等だとされ、かつ対置される限り、両者はそれ自身、可分的実体としての自我における或るもの（偶有性）である。何ものも同等でなければ対置されてもいない絶対的で無制約な主観としての自我によって措定されている」（GA. I-2, 279）。フィヒテが敢えて、スピノザを思わせる「実体」という言葉を用いて説明したのは、絶対的自我が、非我を含めて、すべてを含んでいるものとして想定されていたからに他ならない。

「しかしながら、非我が一般に、自我の中に或るものを措定することができるはずなら、こうしたフレムトな影響の可能性の条件は自我そのもののなかに、絶対的自我のなかに、いかなる現実的でフレムトな影響を受けるのに先立って、基礎づけられていなければならない」（GA. I-2, 405）。条件だけではなく、フレムト（異種的）なものそれ自体が、自我の中で現れるべきだとフィヒテは見る。「この異種的なもの（dieses fremdartige）に、自我の中で遭遇するべきであるし、自我のうちで、遭遇しなければならない。もしそれが、自我の外部にあったならば、自我にとって何もないことになる」（GA. I-2, 405）。こうした箇所から、ヘルダーリンは、「絶対的な自我がすべてであって、それ以外は無ってわけさ」と受け取ったと考えられる。そしてそれは、ハイデンライヒによって、純正なスピノザ主義者の考え方として明記された把握に通じ合うものであった。すなわちハイデンライヒは、そうした把握をこう述べていた。「考える者の外部に客体が実在していることを確実とすることに基づいている真理性の概念によって、純正なスピノザ主義者が証明するのは、考える者の外部には、いかなる客体も存在しない、ということである」（Natur und Gott. 209）。

もとより、フィヒテは、『知識学の概念』で、知識学に体系的形式が備わっていることを、次のように述べていた。「自我が最高の概念であって、自我には非我が対置されるとなれば、明らかに、非我は、措定されることなしには、しかも、最高度に包含されたもの、すなわち自我の中に措定されることなしには、措定され得ない。そこで自我は二つの顧慮において考察されるであろう。つまり、その中に非我が措定されるところのものとして、そして、非我に対置されるとともに、したがってそれ自身、絶対的な自我の内に措定されるところのものとして、である」（GA. I-2, 150）。自我を、〈絶対的な自我〉と〈非我に対置されるとともに絶対的な自我に包括される自我〉という二種に類別するところに、スピノザ的な実体と、デカルトの被造実体のような実体との二重構造に類したものを捉えることによって、いわば被造実体を、〈対自的に存立しているもの（das Fürsichbestehende）〉と呼んだメンデルスゾーンに通底する発想を見て取ることができるとすれば、フィヒテの自我論は、実体把握においてブレを持ち込んだメンデルスゾーンによる、いわば「怪我の功名」と言うべきかもしれない。

さて、ヘルダーリンの書簡がヘーゲルに届いて間もなく、フィヒテの自我論についての解釈が書かれてある、一七九五年二月四日付のシェリングの書簡がヘーゲルに届けられた。そして、そこに、「僕はスピノザ主義者になりました！」（Br. I, 22）とあったのである。「僕にとっては、〈自我〉がすべてです。（……）僕にとってあらゆる哲学の最高の原理は、純粋な〈絶対的自我〉です。（……）人格性は意識の統一によって生じますが、意識は客体がなかったなら可能ではありません。ところが、神にとって、つまり〈絶対的自我〉にとってなんら客体は存在しません。客体によって絶対的であることをやめるからね。――だから人格神は存在しないのです。そこで僕らの努力は、自分たちの人格性の破壊、存在の絶対的な領域への移行なのです」（Br. I, 22）。

ここでシェリングは、絶対的自我の外部には何も存在しないとする論点も踏襲したうえで、さらに踏み込んで、〈絶対的自我〉を神として捉えている。絶対的自我をなおのことスピノザに近づけたと言えるかもしれない。こうした発想は、当時、シェリングが執筆中であった『哲学の原理としての〈自我〉について』（『自我論』）の基本構想とも言えるものであって、この著作は三月二九日に序文が脱稿され、五月には印刷に付されている。

その『自我論』の「序論」でシェリングは、スピノザの体系を、その体系自身の原理で転倒させる（Stürzen）ことを目指すことを明言するとともに、スピノザへの尊敬を表明している。こうしたところからも、実体の概念規定を自我に援用することによって、スピノザ哲学の克服を図ろうとしたことが推測される。その核心は、被造物の自由、自我の自由である。第八節では、自我の概念規定がなされている。「自我の本質は自由である」(Schellig. I-2, 103) としたうえで、「自由とは、自我にとっては、絶対的な自力によって自己自身の内に、いっさいの実在性を無制約的に措定することに他ならない」(Schellig. I-2, 104) とする。これに対して、自己意識は、意識される対象を必要とするため、自我ではないことになる。そこでシェリングによれば、「自我は、自己自身にとっては、純然たる自我として、知的直観において規定されている」(Schellig. I-2, 106) という。こうして、自我はすべてを内包するというところに、スピノザの実体を自我に援用した証しを見て取ることができる。第一二節でも、「存在するものはすべて、自我の内にあり、自我の外部には何もない」(Schellig. I-2, 119) と、同じような認識が明言される。これをシェリングは敷衍して、「自我は唯一の実体であるので、存在するものはすべて、自我の単なる偶有性(*Accidens*) である」(Schellig. I-2, 119) ともする。シェリングはフィヒテに倣って、「偶有性」と書いた。「実体の中には偶有性しか含まれていない」(GA. I-2, 350) とフィヒテは論じていたからである。

この箇所の論述には、ヘーゲルが、八月三〇日付のシェリング宛書簡で、コメントを付している。「君は唯一の実体としての自我に、属性(Attribut)を付与するよね。実体と偶有性(Akzidenz)とが、交替可能な概念であるなら、実体の概念は絶対的自我に適用されなかったはずだ。自己意識において現れるような経験的自我に適用されるのならともかくね」(Br. I, 32)。ここでヘーゲルは、『エチカ』第一部の定義四「属性とは、知性が実体についてその本質を構成していると知覚するもの、と解する」(『エチカ(上)』岩波文庫、三七頁)、さらには、定理二五の系「個物は神の属性の変状、あるいは神の属性を一定の仕方で表現する様態、にほかならぬ」(『エチカ(上)』岩波文庫、七〇頁)に鑑みて、「偶有性」というフィヒテ的な表現を用いたシェリングに確認を求めている。

シェリングはフィヒテに倣って、知識の限界を自我に見定めている。「すべては、自我の内にのみ存在し、かつ自我にとって存在している。自我において哲学は、その「ヘン・カイ・パン」を見出したのである」（Schellig. I-2, 119）。とはいえ、スピノザ的な考え方に忌避感を持つ人たちには、その〈全なる一〉の外部には、無しかない、と受け止められる余地のある論述であった。

『自我論』に続きシェリングは、『独断論と批判主義についての哲学的書簡』の第四書簡までを、一七九五年八月一三日に、そして残る後半部を翌年一月二二日までに分けて書く。前半部の執筆を終えた一七九五年七月下旬から八月末の間に、チュービンゲン神学校を卒業して後、初めてシェリングとヘルダーリンが会うことになった。そしてこの年の一二月中旬にも、『哲学的書簡』後半部執筆中のシェリングは、フランクフルトに向かう途中のヘルダーリンと会うことになる。この邂逅に際してヘルダーリンはシェリングの転回を感じ取り、ニートハンマーに宛てて、「シェリングは、もっと悪い道を通って目標に到達してしまう前に、貴方もご存知の新しい議論を持ってより良き道を進んできています」（StA, VI-1, 203）と伝えたのである。ヘルダーリンは、何をもって、無限な自我への接近を要請していたシェリングに、より良き転回を見て取ったのであろうか。

スピノザが内在的な原因を持ち出したのは、実は、絶対的なものがどうして自らの外に出て有限な世界になるのか「謎」のままだったからだ、とシェリングは見るようになっていた。「スピノザを苦しめたのは、もう一つの謎、世界の謎でした。これはすなわち、絶対的なものは、どのようにして、自分自身の外に出て、一つの世界を自分に対置することができるのか、という問題です」（Schellig. I-3, 77f.）。つまり、スピノザの言うように、内在的な自己原因というだけでは、世界の端緒についての説明になっていないというわけである。これに対してシェリングは、「第七書簡」において、有限なものそれ自身のうちに、有限なものから無限なものへ移行するという自己否定の契機が内在していることを明らかにする。

スピノザは、現実に存在するものはすべて、無限なものの様態だと考えた。そうなると、有限なものについては、絶対に客観的な無限なものの内で没落するよう努力（streben）せよという要求（Foderung）しか生じないとシェリングは見た。なぜなら、スピノザの真意は、「無限なものから有限なものへのいかなる移行をも斥け、（……）世界の内在的で永遠に自らにおいて変ることのない原因を措定する」（Schelling. I-3, 82 ＝ Vgl. Jacobi. I-1, 18）ところにあったからだと、ヤコービの『スピノザ書簡』から引用して説明する。自ら自己否定する主体をスピノザは知らなかったというのである。「なぜなら、自分を無化（vernichten）できるためには、それは自己自身の無化を生き抜かなければならない（ueberleben）。ところがスピノザは、こうしたものとしての主体を知らなかった」（Schelling. I-3, 84）。こうした見極めから、スピノザ超克を図るなかで、自己否定を生き延びる「主体」という構想が、シェリングにあって生み出されたと見ることができる。

4　ヤコービとフィッシュハーバーにとって自我の外には何もない

見てきたように、スピノザの実体の構造を引きずった自我論であるがゆえに、フィヒテが無神論論争に巻き込まれた際に、ヤコービが難詰したのは当然のことだったのかもしれない。一七九九年三月にヤコービはフィヒテに宛てて、後に出版される『フィヒテ宛公開書簡』を執筆する。そこでは、これまで見てきたような、スピノザ主義の構造だと見なされた論点が、自我論に即して展開されることになった。

ヤコービは、唯物論を観念論へと変容させようとした点では、スピノザとフィヒテを同列に捉える。いや、フィヒテ哲学を「顚倒したスピノザ主義」（GA. III-3, 227）だと呼ぶ。スピノザの実体が、フィヒテにあっては自我にされたと見たからである。というのも、ヤコービは、「明らかに、すべては理性のうちで理性によって、自我としての自我において、自我性においてこそ与えられていて、その中に既に包括されているに違いない」（GA. III-3, 233）と見たからである。また、スピノザに対してと同様、「本当の理性体系はフィヒテのやり方でのみ可能」（GA. III-3, 233）だともヤコービは見ていた。

さらには、スピノザの実体がそうであったように、フィヒテの自我の外部には何もないことをヤコービは確認する。「自我は、一つの学自体であって唯一のものである。それは自己自身を知る。自我が自己自身の外部で、何かを知ったり、あるいは聴解したりなどをするのは自我の概念に矛盾する」（GA. III-3, 234）。逆に言うならば、「ありとあらゆる学は、自我のうちへと解消され、気化される」（GA. III-3, 234）と見たヤコービは、これを、「知におけるあらゆる本質の解消」、「絶えず普遍的になってゆく概念による進歩的な無化」（GA. III-3, 235）だと呼ぶ。「真なるものの認識に些かなりとも接近できないまま、人間の精神は、ただ自らの無知を組織化するだけ」（GA. III-3, 238）の学にあっては、「人間の精神はそれによってむしろ、真なるものから疎外（entfernen）されている」（GA. III-3, 238）とヤコービは断ずる。

もとよりヤコービ自身も、自らが「無を意志する意志にそむいて嘘をつこうとする無神論者であり、神を喪失した者」（GA. III-3, 241f.）だと、レトリックを駆使する。つまり、「安息日に穂を摘むのは、ひとえに飢えを満たすためである。掟は人間のために作られているのであって、決して人間が掟のために作られているのではない」（GA. III-3, 242）という見方をしているがゆえに無神論者だと言うのである。従って、ヤコービ自身、「神なき時代」（GA. III-3, 241）に生きる苦痛を感じている。それだけにヤコービは、わざわざ神の喪失を呼びかけるような超越論哲学に対して、胸から心を引き裂かれ、代わりに「自我性だけの純粋な衝動」（GA. III-3, 243）があてがわれるようなことになると非難する。こうしてヤコービは、フィヒテの自我論を「ニヒリズム」（GA. III-3, 245）だと叱責したのである。

ヤコービによれば、「自らを精神でもって自然を超えて高めようとか、自らが自然である限りの自分自身を超えて高めよう」（GA. III-3, 249）という気持ちに誘う哲学は、無神論との非難を逃れられないという。なぜなら、自らの外部や内部に広がる自然を超えて自らを高めることが出来るためには、自分の理性を超えて自らを高めなければならないからである。「精神をもって自然を超えて自らを高めるすべを知っている（……）人は、神を眼前に見る」（GA. III-3, 246）ことになり、人間の神格化に繋がるとヤコービは見ていた。「理性を超えて自由の概念を高めようという意図」（GA. III-3, 249）に、ヤコービは懸念を隠さない。『公衆に訴う』でヤコービに連帯の挨拶を贈っていたフィヒテ（Vgl. GA. I-5, 447）に対して、ヤコービは、「人格的には決して無神論者だとか、神なき人だとは思わない」（GA. III-3, 246）と述べてはいた。しかし、思想的には無神論に通じるという見極めを明確に持っていた。そして改めてヤコービはフィヒテに問う。フィヒテにあって拒否されたのは、神という「名前」なのか、神の「本質」なのか、拠って立つのは「無か神か」（GA. III-3, 251）と。

ヤコービは言う。「私が主張するのは、人間は、自己自身を神のうちにのみ見出すことが出来るからこそ、神を見出すということである」（GA. III-3, 250）。この対極に立つ発想は、「人間が自らを自らのうちでのみ基礎づけようとする」（GA. III-3, 251）フィヒテ哲学である。自我が自我の事行に立脚するとなると、ヤコービにしてみれば、自我の営み以外のすべては無へと解消されることになり、それは、人間のうちに神を超えた能力を捉えること、人間自身が神になることに他ならなかった。「私は繰り返す。神は存在する。私の外に存在する。生き生きとした対自的に存立している本質である。さもなければ私が神である。第三のものは存在しない」（GA. III-3,

251）。

ヤコービと同じように、フィヒテを「顚倒したスピノザ主義」（Fischhaber. 14）だと捉えて難じたのが、フィッシュハーバーである。スピノザにあっては、自我は無限なものに帰属するのに対して、フィヒテにあっては、無限なものが自我に帰属する、と見たからである。「無限なものは、ヘン・カイ・パンであって、ヘン・カイ・パンとして自らを直観する」（Fischhaber. 27）。確かに、フィヒテとスピノザとでは、フィヒテが純粋な理論的観念論を目指しているのに対して、スピノザは純粋な理論的な独断論へと高まっている、と方向性の違いは認める。

しかしながら、そもそも汎神論的な体系にあっては、「無限なものから有限なものへの移行」（Fischhaber. 76）が探求されることになるとしたうえで、フィッシュハーバーは、スピノザとフィヒテを対極的に同一線上に捉える。「スピノザは、自らの絶対的な実体の内に置いた二つの基本的な様態的変状（Modifikation）によって、こうした問題を解決しようとした。（……）フィヒテは、自我を自己自身に作用させることによって、すなわち、繰り返し自我を措定することによって解決を試みている」（Fischhaber. 76f.）。スピノザにあって、創造は、絶対的な非我を限界において呈示することであり、フィヒテによれば、絶対的な自我の自己制限だという。スピノザにあっては、哲学する自我が自らを反省して見出すのは、客体であるが、フィヒテにあって哲学する自我が自らを反省して見出されるのは、「到る所、自我でしかない」（Fischhaber. 103）。こうして、スピノザの魂とフィヒテの精神は宥和する、とされる。「なるほど文字だけは二人を切り離す。それにもかかわらず、精神に従うなら、二人の体系は一つの心と一つの調和なのである」（Fischhaber. 105）。

確かに、フィッシュハーバーは、シェリングの『自我論』に、フィヒテとは違う方向性を見て取ってもいた。『自我論』の論述、「無限なものが、自らの実在性を現実性の中で呈示するためには、有限な実在が実在しなければならなかった。なぜなら、あらゆる有限な活動性が、このように無限な実在性を現実性の中で呈示することを目指しているからである」（Schellig. I-2, 172 Anm.）を引用したうえで、「シェリングは彼の優れた論文で、自我から体系を詳述するためのヒントだけを手にしている」（Fischhaber. 46）と語っていた。

といったところで、取り立てて目新しい論点はない。むしろ、スピノザ哲学を、フィッシュハーバーが「自我」や「非我」という用語で説明しているのは、恣意的に過ぎよう。「スピノザにあって世界は、自我に客体として対立している絶対的な実体から、開展（evolvieren）される。――フィヒテにあっては、客体の体系が絶対的な知性から展開される。その絶対的な知性は、それ自身だけで客体であって、自分の外部にはいかなる客体をも持たない」（Fischhaber. 107）。

こうした乱暴で粗雑な議論に接した時、ヘーゲルにはいかなる思いが過ったであろうか。少なくとも、〈哲学する主体もしくは知の外部には何もない〉という発想で体系構想を進めたら、非難もしくは誤解を招きかねないという教訓は得たに違いない。それを裏返すなら、個別的で有限なものの存在を、端から否定するわけにはいかないことも確認できたであろう。それはとりもなおさず、〈無限なもの〉から始めて有限なものへ移行しようとするのではなく、〈有限なものから無限なものへの移行〉という構造を持った哲学体系でなくてはならない、という見極めに繋がったと想像できるのである。

おわりに　失われたヘーゲルの「ヘルダー批評」

有限なものの自己否定に、無限なものへの自己超出の契機を見据えたシェリング、そしてヘルダーリン(9)に呼応する議論をヘーゲルが展開するには、『キリスト教の精神とその運命』まで俟たなければならなかった。[10] だがその間にも、シェリングはさらに進んでいた。一七九七年の『自然哲学の理念』の「序文」において、「従来の理論哲学において形而上学的であったものが、これからは唯一ひとえに実践哲学に委ねられる」ことで、理論哲学は「自然学の後ろに続く学（形而上学）である代わりに、今後は自然学に先行する学になる」（Schellig. I-5, 61）と論じた。ここに私たちは、ヘルダーの『神』への揶揄を見て取ることができる。ヘルダーは『神』（初版）において、「物理学と博物学とは、〔哲学が休んでいる〕その間にも、力強い歩みで前進する。そして思弁哲学は形而上学、すなわち後物理学（*Nachphysik*）でしかない」（Herder. XVI, 463f.）と述べていたからである。

シェリングはヘルダーとは違い、スピノザとライプニッツを峻別する。「私たちの本性の内では、観念と実在（思想と対象）は、このうえなく密接に合一されている」（Schellig. I-5, 90）ことをスピノザは見抜いたものの、「自らの自己意識の深みにまで下りてゆき、その深みから、私たちの内で二つの世界が、つまり観念的世界と実在的世界とが成立するのを眺める代わりに、自己自身を跳び越えてしまった。スピノザは、有限なものと無限なものとが私たちの内ではもともと一つであって、相互に互いを生み出していることを、私たちの本性から説明しないまま、直ちに私たちの外部にある無限なものという理念に向かい、その中で自らを見失った」（Schellig. I-5,90）。

こうしてシェリングは、『自然哲学の理念』でも、スピノザの体系にあっては、「無限なものから有限なものへのいかなる移行もあり得ない」（Schellig. I-5, 90）ことを確認する。スピノザは、観念と実在との必然的な合一を、「私の外部の無限な実体に置いた」（Schellig. I-5, 91）のに対して、そうした必然的合一は私の内に在り、そうした合一の内にこそ私の本性がある、と捉えたのがライプニッツだったという。すなわち、スピノザは無限なもののうちに、さまざまな規定性があると捉えたのに対し、ライプニッツは「個体性の概念の内」（Schellig. I-5, 91）

に捉えたと、シェリングは二人の思想構造を対比的に捉えたのである。

『神』（第二版）でヘルダーは、初版ではスピノザの体系に統一を与えるものとして、「実体的諸力」（Herder. XVI, 451 u. 459）を挙げていたが、第二版では「有機的な諸力」（Herder. XVI, 451 Anm.）に書き換えられる。「あらゆる世界において神性はさまざまな力によって啓示される」（Herder. XVI, 451）という論述は、「あらゆる世界において、神性は有機的に、すなわち作用するさまざまな力によって啓示される」（Herder. XVI, 451 Anm.）となる。そして、「どのようにして、到る所で自然が有機化されるのか」（Herder. XVI, 463 Anm.）を物理学が考察する以上、「後物理学」（ibid.）たる形而上学が、物理学を放っておくわけにはいかないと、シェリングに応えることになる。

『神』（初版）が出版されて一〇余年、かつて、「恐怖と嫌悪の念をもってその名を呼ばれた」（Herder. XVI, 405）スピノザも、高く評価されるようになり、「ドイツの哲学的地平では、多くのことが変わってしまっていた」（Herder. XVI, 405）という。この論述が書かれた『神』（第二版）の「序文」では、「スピノザ主義が正しくも承認していた人間的認識のあらゆる制限を忘れて、構想された偏狭な自我から、規則を逆立ちさせて、万有の全内容を大胆にも紡ぎだそうとした」（Herder. XVI, 405）として、今度は、フィヒテの「超越論的なスピノザ主義」に批判が向けられるようになったのである。

『神』（第二版）では、ヤコービによって批判された箇所が全面的に書き換えられ、有機的な自然観が展開された。また、ヤコービから突き付けられた「宿命論」という非難からスピノザを救済するために、「スピノザの体系においても、盲目的で外的な強制を意味する限りでの物理的な必然性は全く問題になっていません」（Herder. XVI, 485）としていた箇所に、スピノザ自身の書簡七五を注記する（Vgl. Herder. XVI, 485 Anm.）。すなわち、「私は神を決して運命に従属させているのでなく、かえっていっさいが神の本性から不可避的必然性によって成起すると考えているのです。これは、神が自己自身を認識することが神そのものの本性から生ずるとすべての人々が考えているのと同じわけです」（スピノザ『往復書簡集』岩波文庫、三二九頁）とスピノザは述べていたからである。

こうして、無神論だとする非難から、スピノザを守ろうとする『神』を批評する中で、ヘーゲルが自らの思索を彫琢し、形成していったと見ることはなんら不自然なことではない。考えられる一つは、ライプニッツを援用して、実体を力だと捉え直すヘルダーの実体把握への論及である。「思惟が能力、それも最も完全で端的に無限な能力であるのは、まさしく思惟が自らにおいて全てであり、そして〈自己内で基礎づけられた自己自身を表現する無限な能力〉に必要なものを持っているからである」（Herder. XVI, 480Anm.）というようなヘルダーの行文に接するにあたり、ヘーゲルなら、誤解を招きかねない「実体」ではなく、また、そこから哲学を始めてしまうと、個別的で有限なものを導出することが難しい「実体」ではなく、シェリングと同じように、「主体」から哲学を始めることに想到したのではないだろうか。そのためには、定義づけや論証ではなく、有限なものから無限なものに向けて、「展開」を通して体系を構築しなければならないとの認識に到ったことが想像される。事実、一八〇一年の冬学期に、イェーナ大学でヘーゲルが初めて講じた「哲学入門講義」では、「これまで私たちは、絶対的な実在の直観を表象していましたが、これからは認識するためにこの理念を展開することになりましょう」（GW. V, 262）と学生たちに語っていた。

また同時期に開講された「論理学・形而上学講義」では、「哲学が人間に、その内面的な世界を開示する」（GW. V, 269）ことによって、内面的世界と外面的世界との分離が生じはするものの、「世界はただ、哲学者の精神の内でのみ、調和的なものなのです」（GW. V, 269）と、あたかもスピノザの実体を哲学者の精神に置き換えたかのように講述した。そして、「哲学的営為においては、有限なものから出発して、そこから、言うなれば、予め有限なものが無化される限りで、無限なものに移行します」（GW. V, 271）というプログラムが明かされたのである。

本章で見てきたように、スピノザをめぐる無神論論争は、必ずしもスピノザを無神論だと告発することを狙ったものではなく、むしろ、個別的な物が存在している、あるいはまた有限な人間が自立して実在している、ということが否定されたことへの憤激が中心にあったことが分かる。それは、〈無限なものから有限なものへの移行〉がスピノザにあっては斥けられたまま、必然の支配する世界観が示されたことへの反発でもあった。〈実体の外部には何もない〉という考え方こそ忌まわしいものだと見なされた。しかしながら、思弁的な世界観を、日常的で経験的な観点から批判する方にも、弁護する方にも、スピノザの誤読が生じた。こうしたスピノザ誤読の総括としてヘーゲル哲学の端緒が形成されたと見るなら、ヘーゲルが『精神の現象学』で、「真なるものは体系としてのみ現実的なのであって、言い換えるなら実体は本質的に主体なのである」（GW. IX, 22）と書いた背景の奥深さの一端を垣間見た思いに誘われるのである。(11)

注

（1）　ここでヘーゲルは、ヴェルネブルクの語る無限なものの自己認識という「根本理念には、そこで哲学の理念が表現され得ていると、認められないことはない。とはいえ、これが真実であるかどうかということは（……）その理念が学問的に作られている時にのみ、認識できる」（GW. IV, 106）と、批評している。

（2）　ここでヘーゲルは、常識が理念については全く意識しないまま、「法関係の統体性の連関についても全く没意識的であって、（……）正や不正について常識の下す判断は、現実の出来事のいろいろな先例に則ってしか呈示され得ない」（GW. IV, 108）と批判する。つまり常識は理念を欠いているので、先例に倣うしかないのである。さらに、ゲルシュテッカーの言う「自由な自我と外的な諸力という二つの無限なもの」（GW. IV, 110）を連関づける知の最高の根拠というものを、「最もありふれた、そして最も形式的な二元論」（GW. IV, 11）だとして批判する。ヘーゲルはここで、理性認識を、「自体的にあるがままの事物の認識」（GW. IV, 110）と捉えている。

（3）ここでヘーゲルは、クルークの新著『哲学の新機関の構想もしくは哲学的認識の原理についての試論』に対して、「ラインホルト哲学やフィヒテの観念論などなどの言葉から寄せ集めて作られた非有機的な折衷主義」（GW. IV, 112）であって、「思弁という意識の事実を超える高揚」（ibid.）が全く欠けている、と非難している。

（4）無神論論争をめぐる、レッシングとヤコービさらにはヘルダーの思想的な交渉については、拙著『ドイツ観念論の歴史意識とヘーゲル』（知泉書館、二〇〇六年）の第二章「哲学の歴史が作られる現場」を参看賜りたい。

（5）この経緯については、拙著『ドイツ観念論からヘーゲルへ』（未來社、二〇一一年）の第五章「虚無への供物としての知――フィヒテのニヒリズムに対するヤコービの批判」を参看賜りたい。

（6）メンデルスゾーン自身は「一にして全であり、全にして一である（Eins ist Alles und Alles ist Eins）」（Morgenstunden, 211）と、スピノザの神について表現している。

（7）ただし、メンデルスゾーンによる無限なものについての把握、すなわち「スピノザは力の上での無限なものと、延長や集合に鑑みた無限なものとを、すなわち内包的な大きさと外延的な大きさとを混同しているように思われる」（Morgenstunden, 216 : Progress, 38）という論点について、マイモンは留保する。

さらにハイデンライヒからも退けられた論点であったが、メンデルスゾーンは、自足している実体性について、有限な実在にも適用するために、「〈自立的であること〉と〈独立的であること〉を区別する」（Morgenstunden, 217）ことを提唱していた。これに対してマイモンは、「〈自立的であること〉と〈独立的であること〉の区別は、ただ表現に関わりこそすれ問題の核心にはならない」（Progress, 39）とする。

（8）ここでフィヒテは、『エチカ』第二部定理一一「人間精神を構成する観念の対象の中に起こるすべてのことは、人間精神によって知覚されなければならぬ。あるいはその物について精神の中に必然的に観念があるであろう」（『エチカ（上）』岩波文庫、一〇七頁）、『エチカ』第二部定理一〇系「人間の本質は神の属性のある様態的変状から構成されていることになる。（……）ゆえに人間は（第一部定理一五により）神の中に在りかつ神なしには在ることも考えられることもできないあるものである」（『エチカ（上）』岩波文庫、一〇四頁）、『エチカ』第二部定理一「思惟は神の属性である、あるいは神は思惟する物である」（『エチカ（上）』岩波文庫、九五頁）、さらには、『エチカ』第一部定理一七備考「神の知性は、神の本質を構成すると考えられる限り、我々の知性とは本質に関しても存在に関しても異なり、我々が主張したごとく、それは人間の知性と名前において一致しうるだけで他のいかなる点においても一致しないのである」（『エチカ（上）』岩波文庫、六四頁）などの箇所を踏まえて、総括していると考えられている。

（9）ヘルダーリンがシェリングの転回を歓迎したのは、ヘルダーリンも、私たちがその中で生きている分離」（StA. VI-1, 203）、つまり「客体と主体との根源的分離」（StA. IV-1, 216）を前提したうえで、この普遍的な対立・矛盾を合一することに向けて思索を進めていたからだと考えられる（Vgl. StA. VI-1, 208）。

（10）『キリスト教の精神とその運命』では次のように、「神に近づくこと」（Br. I, 29）の理路が語られている。「信仰の完成は、人間がそこから生まれてきた神性への還帰であって、人間の発達という円環の完結である。あらゆるものが神性の内に生きている。生きとし生けるものは、神性の子なのである。しかし子は、全一性、連関、全体の調和への同調を破壊してはいないとはいえ、未展開のまま内に蔵している。子は自らの外なる神々への信仰から始め、畏れを抱き、ついにはさまざまに行為して分離を深めてしまうが、しかし、もろもろの合一において、根源的な、とはいえ、今や展開され、自らが産出して感得した全一性に還帰して、神性を認識するのである」（SW. I, 389 : GW. II, 277）。

（11）スピノザ哲学がヘーゲルに与えた影響に関しては、拙論「スピノザにおける無限性とヘーゲルにおける自己関係」（日本ヘーゲル学会『ヘーゲル哲学研究』第一八号、二〇一二年）を参看賜りたい。

第五章　一者の影——ヤコービによる「ブルーノからの抜き書き」の思想史的な意義について

はじめに

ヘーゲルの思索の展開を振り返ると、後年まで展開されることになる思想の萌芽を、私たちは、「生」の思想に見定めることができる。『キリスト教の精神とその運命』にあっては、『ヨハネの福音書』に即しながら、生の思想が語られていた。イエスに仮託してヘーゲルが目指しているのは、「律法のプレーローマ」（SW. I, 326 u. 329 : GW. II, 158 u.163）であった。そのためにヘーゲルは、「愛と生命の充実（Lebens-fülle）における宥和」（SW. I, 354 : GW. II, 215）、「愛のプレーローマ」（SW. I, 370 : GW. II, 246）を実現する道徳をイエスのうちに読みとろうとする。

『ヨハネの福音書』の冒頭、「初めに言があった。言は神と共にあった。言は神であった」（一・一）（SW. I, 373 : GW. II, 254）、そして「言（Logos）の内に命（Leben）があった」（一・四）（SW. I, 373 : GW. II, 254）という章句に基づいてヘーゲルは生命の樹のメタファーを描き出す。「個々のものや制限されたものが、対立するもの、死せるものとしてあったとしても、同時に無限の生の樹の小枝である。いかなる部分も全体の外にあるとともに、同時に一つの全体であり、一つの生である」（SW. I, 374 : GW. II, 255）。このようにして語られた「生命の樹」

の思想については、『ヨハネの福音書』以外にも、その淵源を明示することができる。それは、ヤコービの『スピノザ書簡（増補第二版）』（一七八九年）の巻末に、新たに付せられた「付論Ⅰ」の「ジョルダーノ・ブルーノの『原因・原理・一者について』からの抜き書き」である。

「エンペドクレスはプロティノスにとって、父であり、産み出した者であった。というのも、エンペドクレスは、自然の耕地の上に種を播いて、彼の手から結局のところ、いっさいの形相が生じている。私には畑地は、内面的な芸術家のように思われる。なぜなら畑地は、内面から質料を形成し、形態化するからである。根もしくは穀物の種子の内面から畑地は、新芽を芽生えさせる。新芽から枝を伸ばさせて、枝から分枝を伸ばさせる。分枝の内面からつぼみをつけさせる。葉や花そして果実という柔らかな組織のすべてが、内面にあって賦与されていて、準備されていて、完成されている。そして内面から、畑地は再び、樹液を果実や葉から分枝へと呼び戻す。分枝から枝へと呼び戻す。枝から幹へと呼び戻す。幹から根へと呼び戻す。――植物においてこうであるように、動物においても、万物においてもこうなのである」（Jacobi. I-1, 186f.：Lehre des Spinoza, 264f.）。

もとより、ヤコービの『信念をめぐるデヴィッド・ヒュームもしくは観念論と実在論』（一七八七年、以下『デヴィッド・ヒューム』と略記）からも、「生」の思想を展開するにあたってヘーゲルが影響を受けた痕跡は明確に見て取れる。[1]『デヴィッド・ヒューム』に触発されたのはヘーゲルだけではなかった。シェリングの『世界霊』（一七九八年）にも、ヤコービから影響を受けた叙述が歴然として認められる。本章は、ヘーゲル哲学の最初のモチーフである「生」の思想の淵源を、ヤコービの『スピノザ書簡（第二版）』に付された「ブルーノからの抜き書き」に求め、この「抜き書き」がドイツ観念論の思想展開に与えた影響を検証することを課題とする。

1　「抜き書き」は抜粋ではなかった

ヤコービによる「抜き書き」は、抜粋というより、ジョルダーノ・ブルーノの『原因・原理・一者について』の概要のようなものであって、ブルーノのテクストとの対応づけが難しい。とはいえ、先に挙げた生命の樹を思い起こさせる叙述は、ブルーノの著作の次の箇所を踏まえていることは明らかであろう。「プロティノスは、それを「父にして始祖」と言っていますが、その理由は、それが自然の領域に種子を分配する、形相の間近な配給者だからです。われわれは、それを「内なる職人」と呼んでいます。なぜならば、それは、質料に内から形や姿を与えるのですから。この「内なる職人」の働きは、植物や動物を見れば明らかです。実際、種子や根の内部から幹が発達して、幹の内部から枝が伸び、枝の内部から小枝が形成され小枝の内部から芽が現われ、芽の内部から葉や花や果実が形成され、神経のように編まれるのです。そして特定の時期になると、樹液は、芽や果実から小枝へと、小枝から枝へと、枝から幹へと、幹から根へと呼び戻されるのです」（ジョルダーノ・ブルーノ『原因・原理・一者について』加藤守通訳、東信堂、七二―七三頁）。

宇宙全体の構造を有機的な生命体の類比で捉えるような自然観は、『原因・原理・一者について』にあっては色濃く展開されている。「宇宙は、偉大な似像、偉大な像、そして自然という一人息子なのです。宇宙はまた、――宇宙の諸形質、主要な諸部分が同じものであり、宇宙がすべての質料を含み、それには形相のどれ一つとして加えられたり欠けたりすることがないかぎりにおいて――ありうるものすべてであるのです。（……）宇宙は、第一の現実態と第一の可能態・能力の影以外の何ものでもなく、その結果、宇宙においては可能態・能力と現実態は絶対的な意味で同一なものではありません」(『原因・原理・一者について』一二八頁)。

この箇所をヤコービは、次のように紹介している。「宇宙、すなわち産み出されたものではない自然は、同じように、実際、一挙に存在し得るすべてのものである。というのも、産み出されたものではない〔産み出す〕自然は、すべての質料を、それらの変転する形態の永遠に変わることのない形相と並んで、自らのうちに包含しているからである。しかしながら、産み出す自然は、瞬間から瞬間へと、その特殊な諸部分や性状において、個々の本質において、およそそれらの外面性において展開する中で、既にもはや、〈その生み出す自然であるもの〉や〈その産み出す自然たり得るもの〉ではない。むしろ、能動的な力とポテンツとが、可能性と現実性とが一にして同一になっているところの、第一の原理の像についての影(Schatten)でしかないのである」(Jacobi. I-1, 195f.: Lehre des Spinoza, 285f.)。ちなみにこの箇所をシェリングは、その著『ブルーノもしくは諸事物の神的にして自然的な原理について(Bruno oder über das göttliche und natürliche Prinzip der Dinge)』(一八〇二年)の末尾に付された「原注(Anmerkungen)」のうちに、再掲することになる(Vgl. Bruno, 129)。

ヤコービは、ブルーノの自然観を、スピノザの用語である「能産的自然」を思わせる言い方で、ブルーノにあっては「能産的自然」が自然を産出することによって、第一の原理の像についての影でしかなくなることを描出する。いや、ヤコービの事である。ブルーノをスピノザ主義者に仕立て上げる意図が込められていたのかもしれない。

ヤコービによれば、「測ることも比較することもできない端的に唯一のもの」(Jacobi, I-1, 196: Lehre des Spinoza, 286)に私たちの悟性を適用することはできないという。そしてそのことを、「私たちの持っている目は、こうした光の高みにも、こうした深淵の深処(Tiefe dieses Abgrundes)にも向けることができない」(Jacobi, I-1,

S. 196 : Lehre des Spinoza, 286f.）と表現した。ここで踏まえられているのは、『詩編』一三九の一二「闇もあなたに比べれば闇とは言えない。／夜も昼も共に光を放ち／闇も、光も、変わるところがない」であって、これも、シェリングが『ブルーノ』の原注で引用した章句であった（Vgl. Bruno. 129）。

既にシェリングは、その著『世界霊』においても、有機体としての自然に満ち溢れる「生」の概念をめぐって、ヤコービの『デヴィッド・ヒューム』に多くを負っていた。「世界霊」という発想は、『ブルーノ』においても展開されている。「世界霊」という発想そのものも、「ブルーノからの抜き書き」にある。ヤコービの「抜き書き」ではこうなっている。「作用因に関しては、世界霊の第一にして最高の力であるあの普遍的な知性の他に、自然的に活動的な本質である普遍的で現実的に活動的な本質など私は知らない。世界霊は万有の普遍的な形相を認識させるのである」（Jacobi. I-1, 186 : Lehre des Spinoza, 263f.）。これに対応するするブルーノ自身の叙述では、プラトンやプロティノスが踏まえられていた。

2　「抜き書き」とシェリングの『ブルーノ』

シェリングの『ブルーノ』は、そのタイトルから明らかなように、ヤコービの「ブルーノからの抜き書き」の影響を全面的、かつ根本的に受けて、有機体としての自然観を展開する対話篇である。「この宇宙は、いつでも全体的で完全であり、そのなかの現実性は可能性に適合していて、欠如や欠陥など、どこにもないものですから、この宇宙が自らの不死の静けさから引き裂かれることになるようなものは何もありません。それは、変わることのない、つねにおのれに等しい存在を生きているのです。活動や運動というものはすべて、個別的なものを考察する際の一つのやり方でしかなく、そういうものとしては、あの絶対的な存在の続きであって、絶対的な存在の最も奥底の静けさから、直接的に迸り出るものに他なりません（unmittelbar hervorquellend aus seiner [= das absolute Sein] tiefsten Ruhe）」（Bruno, 108）。シェリングの叙述では「直接的に迸り出る」となっていることから、流出論とスピノザの実体形而上学を重ねているような印象を受けるが、本来のブルーノの叙述には、流出論を思わせる表現はない。むしろ、宇宙においては形相と質料とが一つになるといった同一哲学のような印象さえ、ブルーノ自身の叙述からは窺える。

その箇所をヤコービは次のように紹介する。「プロティノスも、『質料について』という本で、もしも可知的な世界のなかに多数で多様な本質が存在するのなら、それらの固有性と相違性を規定するものと並んで、それらすべてにとって共通なものが存在しなければならない、と言っている。（……）／非物体的な事物にも物体的な事物にも根拠となっているこの質料は、形相の集合を自らのうちに包み込んでいるところの一つの多様な本質である」（Jacobi. I-1, 197：Lehre des Spinoza, 289f.）。ブルーノが、慎重な言い回しで極端を排しているのに対して、ヤコービはブルーノの自然哲学を、質料が中心の世界観であるかのように描出する。

シェリングは『ブルーノ』において、自然と精神との合一点を、芸術作品の創造行為に求めようとする。それは、同一哲学の構想のなかに芸術哲学を位置づけるためにも、シェリングにとっては必要なことであったのかもしれない。「自然のいちばん深いもろもろの秘密をつきとめるためには、倦まず弛まず、もろもろの事物の互いに対置されて抗争しあっている一番極端な端末を探し求めなければなりません。合一点を見出すことは、最大のものを見つけることではありません。最大のものから、それに対置されたものをも展開することです。これこそが本来的で最も深遠な芸術の秘密なのです」（Bruno, 123）。

ヤコービではこう叙述されていた。「自然の最も深淵な秘密に透徹するためには、事物の対立し合い矛盾し合う極端な両極を、すなわち最大と最小とを探求することに倦んではいけない。合一点を見出すことは、最大のものを見つけることではなく、むしろ最大のものからその対置されたものをも展開することである。これこそが本来的で最も深遠な芸術の秘密である」（Jacobi. I-1, 205 : Lehre des Spinoza, 305）。ブルーノ自身の叙述はこうである。「結論を言うと、自然の最大の秘密を知ろうとする者は、正反対で対立するもののなかの最小のものと最大のものとについて考慮し、じっくりと考察すればよいのです。統一の点を見出した後で対立を引き出すことを知ることは、深遠な魔術です」（『原因・原理・一者について』一九三頁）。

シェリングにとって、「ブルーノからの抜き書き」は、『ブルーノ』という著作のみならず、同一哲学の成否を握る鍵が秘められたテクストであったに違いない。しかも、そこには、『ブルーノ』の出版とほぼ同時期の一八〇二年の七月に、『哲学批判雑誌』第二巻第一分冊で発表されたヘーゲルの「信と知」にあっても見られる、〈有限なもの〉と〈それに対立する限りでの無限なもの〉そして〈無限なもの〉という構造に通じるような、〈統一〉と〈差異〉そして〈より高次の統一〉という統一の三重性が語られていたのである（Vgl. Bruno, 26ff.）。ヤコービの『スピノザ書簡（第二版）』は、若き学窓時代にヘルダーリンを交えて読み合った本であるだけに、共有し合う教養地盤であったに違いない。ヘーゲルにあっては、ラインホルトによって指摘されたシェリングの剽窃疑惑に対して、シェリングの同一哲学を擁護することに腐心することから、一時解き放たれたような安堵感も得たことであったに違いない。見方を変えるなら、『ブルーノ』は、シェリングがヘーゲルに身を寄せた書であったと言えるかもしれない。そしてヤコービによる「抜き書き」の影響圏は、この二人に留まるものではなかった。

3　一者の影へと瓦解する経験的世界

「スピノザ主義は無神論である」（Jacobi. I-1, 120 : Lehre des Spinoza, 223）という周知のテーゼが貫徹されているヤコービの『スピノザ書簡』は、シェリング、ヘルダーリン、ヘーゲルらに、スピノザへの関心を引き起こしただけではなかった。ディートリッヒ・ティーデマン（Dietrich Tiedemann）さらには、テンネマン（Wilhelm Gottlieb Tennemann）らの哲学史記述にも大きな影響を与えていた。

一七九一年から刊行が始まったティーデマンの『思弁哲学の精神（Geist der speculativen Philosophie）』の第三巻（一七九三年）では、「プロティノスの体系は汎神論であり、スピノザ主義である」（Tiedemann. III, XV）というテーゼが掲げられたうえで、ヤコービによってブルーノに適用されたような、唯物論であるかのような説明がなされる（Vgl. Tiedemann. III, 429）。「こうしたプロティノスのスピノザ主義と非常によく合致するのは、最上の本質が世界を創造したのは、意図や計画そして始動因に従ってではなく、自然の必然性や抑えようのない活動性に従って自分のうちから産み出したという考え方である」（Tiedemann. III, 430）。いかにも流出論を思わせる記述である。こうした把握が、決定論と重ねあわされることによって、プロティノスは汎神論であり、スピノザ主義である（Vgl. Tiedemann. III, XV）と明言されたのであった。

テンネマンに到っては、自らの『哲学史』でスピノザについて説明するにあたって、ヤコービに依拠してさえいた。彼も、プロティノスとスピノザとを同列に捉えていた。そしてシェリングの自然哲学のうちにも、彼らからの影響を捉える。「スピノザの汎神論、ライプニッツのモナドロジーと弁神論、そして最近の超越論的な自然哲学は多くの接触点をプロティノスの哲学のうちに有している」（Tennemann. VI, 174f.）。

テンネマンによれば「神の属性の様態的変状は生成した世界（所産的自然）を成し、神の無限な属性は、根源的な自然を、生成した世界の根底（Urgrund）（能産的自然）として構成する」（Tennemann. X, 449）という。他方で、「有限な諸事物が、神の属性の有限な様態的変状であるなら、直接的にも間接的にも神から生起することはあり得ない」（Tennemann. X, 450）。ここからテンネマンは、恐るべき結論に到ることを指摘する。「生成した自然、すなわち有限なものは一挙に消え去るのである」（Tennemann. X, 452）。残るのは、経験的世界とは名ばかりの巨大な無ということになる。

テンネマンの論じた理路は、後年の『哲学史講義』でヘーゲルがスピノザ哲学を講じた際の把握に通じると見ることもできるかもしれない。ヘーゲルによれば、「あらゆる規定されたもの、あらゆる特殊なものを無化することができるとともに、一者に関係するだけで、これだけを尊敬することができるというのが、スピノザの考え方の凄いところです」（SW. XX, 167）という。「それは、凄い思想ではありますが、あらゆる本当の観点の基礎でしかないに違いありません。なぜならそれは凝固したまま運動を失った状態で、その唯一の活動性は、一切を、そこではすべてのものが消え去ってしまって、すべての生が自己自身の内で朽ち果てるところの、実体という深淵（Abgrund）へと投げ込むことであるからです」（SW. XX, 167）。こうしてヘーゲルは、経験的世界を瓦解させかねないスピノザ哲学を、スピノザ自身の宿痾に擬えた。肺に生じた翳のように、経験的な世界が一者の影へと瓦解する、という訳である。

『講義録選集』でも同様な論述は確認できる。「スピノザ主義は無神論だと世間では言われます。このことは、ある観点において正しいのはもちろんです。だってスピノザは、神を、世界や自然から区別しませんでしたから。

神はいっさいの現実であると言っておきながら、その現実は、神の理念が特殊な様態で顕現する限り、例えば人間の精神の実存という形で顕現する限りなのですから」（Vorl. IX, 111）。無神論論争における憤激の中心を剔抉するることを通して、ヘーゲルはそうした把握が間違っていることを明かす。「もしスピノザ主義を無神論と呼ぼうとすると、彼は神を世界から区別していないために、具合悪いことになります。むしろスピノザ主義は無世界論（Akosmismus）と呼ぶことができるでしょう。というのも、あらゆる自然的な事物が様態（Modifikation）でしかなくなっているからです」（Vorl. IX, 111）。だからといってヘーゲルは、スピノザに対抗するあまり、「個々の諸事物が有限性においてある場合に、本当の現実性であるかのように、誤って表象する」（Vorl. IX, 111）ことを危惧する。「ですから、スピノザが神を有限なものから区別しなかったという先の非難は、無効です。むしろすべての有限なものが、スピノザによって一つの同一性の深淵（Abgrund）に投げ込まれてしまったのです。有限な現実性（コスモス）は、スピノザによればなんの真理性をも持ちません。ありてあるものは神だけなのです。ですからスピノザ主義は、通常の意味での無神論からかけ離れています。ですが、神が精神として捉えられていないという意味でなら、彼の体系は無神論だと呼ばれてもいいかもしれません」（Vorl. IX, 111）。

さて、ヘーゲルが、スピノザを「無世界論」だと表明した真意を私たちはどのように捉えるべきであろうか。実のところヘーゲルは、「無世界論」という把握を、マイモンを通して知るに到ったとも言われている。もとよりマイモンも、「物質（*Materie*）も精神（*Geist*）も一にして同一の実体である」（Lebensgeschichte. Theil 1, 153）と捉えていた。宿命論だと見なされもしたスピノザの体系を、マイモンは無神論とされる非難から救おうとする。「世人がスピノザの体系を無神論の体系にすることができるなどということは、全く訳が分からない。双方の体系は全く対立し合っている。無神論の体系にあっては神の現存在が否定されているが、スピノザの体系では世界の現存在が否定されている。従ってむしろ、無世界論的な体系（das *akosmische* System）と呼ばれて然るべきであったに違いない」（Lebensgeschichte. Theil I, 154）。こうした文脈で語り出された「無世界論」をヘーゲルが持ち出したからには、やはりスピノザを無神論とみなす非難に対抗する意図を読み解くことができよう。

　ヤコービ自身は後年、自らの著作集に収めた『スピノザ書簡（第三版）』（一八一九年）において、「スピノザ主義は無神論である」（Jacobi. I-1, 120）と書いた箇所に長い注記を新たに付し、ティーデマンやテンネマンを引用して自説の補強とした。踏まえられているティーデマンの論述である。「プロティノスは自らの理論にあって、彼が最終的に盲目的な宿命論（Fatalismus）に陥らざるを得ないことに気づいていない。というのも、世界の仕組みは、その第一の根拠は絶対的で闇雲の必然性であって、盲目的な必然性へと向かっているからである。それゆえ、プロティノスの敬虔とも思われる体系、純然たる敬虔やまっとうな敬虔へ向けられている体系は、本当のところ、厳密な必然性や、その他の純然たる必然性のいずれからも違っていない。なんのために私たちは、神を崇拝し、祈りを捧げるべきなのであろうか」（Tiedemann. III, 327：Vgl. Jacobi. I-1, 121）。

　そのうえでヤコービが本心を明かす。「私自身繰り返し認めてきていることではありますが、私の良心（Gewissen）ならびに最も深い内的な意識によって、普遍的で唯一の自然メカニズムしか現存在していないということについては、否定するように余儀なくされていまして、神の現存在を否定することだけはしません。ですから、たとえ生き生きとしたものであっても、盲目的な宿命そのものを最高の本質にしている人が、神だと信じたり、説いたりすることを認めるわけにはいきません。宿命は必ずや神を滅ぼします。神が滅ぼすのは宿命だけです。ですから私は、スピノザ主義は無神論だという判断にこだわるのです」（Jacobi. I-1, 121f.）。

　ここからも、ヤコービ自身でさえ、スピノザ哲学を必ずしも無神論との咎の故に無神論だと非難していたわけではないことが見て取れる。一者による絶対的な必然性の体系にあっては、神の意図や目的が存立できる余地がなくなるとともに、有限で経験的な世界が消失してしまう、という理由からの、スピノザ駁論なのであった。

4　精神の階梯

『スピノザ書簡』の第二版には、さらなる「付論」が収められていた。「付論4」と「付論5」において、ヘルダー（Johann Gottfried Herder：1744–1803）の著書『神――幾つかの対話』（一七八七年四月二三日序文脱稿）から詳細な引用を行ないながら、ヤコービはこの書を論難したのである。この『神』はそれ自体、『スピノザ書簡（初版）』（一七八五年）から、レッシングの言葉である「ヘン・カイ・パン。一にして全。私は他のことを知りません」（Jacobi. I-1, 16：Lehre des Spinoza, 22）を引用して、次のようにフィロラウスに語らせていた。「私は、私たちの言語にあって可能なもっとも意味の広い二つの言葉を結びつけることを、レッシングはどのように説明するのか、レッシングの魂に聞いてみたいものです。だって、世界も一者ですし、神も万有なのですから」（Herder. XVI, 496）。

これに対してヤコービは、「付論4」で次のように反論を加えた。「問題は、世界の原因、すなわち最高の本質が、単に万物の永遠で無限な根源（*Wurzel*）、能産的自然、最初の発条でしかないのか、それとも世界の原因が、理性や自由によって作用する知性なのか、ということである。そしてここにこそ、第一の原因は知性であるという私の意見がある」（Jacobi. I-1, 220：Lehre des Spinoza, 336）。

こうしてヤコービは、スピノザにあっては、神もしくは能産的自然は知性も意志も持たない（Vgl. Jacobi. I-1,

226 : Lehre des Spinoza, 354）ことを確認する。「悟性や意志が第一にして最上のものでないのなら、一にして全てでないのなら、ただ、従属的な力でしかなく、創造された自然〔所産的自然〕に属しこそすれ、創造する自然〔能産的自然〕に属することはない。悟性と意志は歯車となって、最初の発条の弾力ではなくなる。つまり互いに噛み合わされて機構が伝達されるところの歯車でしかない」（Jacobi. I-1, 226 : Lehre des Spinoza, 354）。スピノザにおける無限な実体は、ヤコービにしてみれば、無際限に続く無数の歯車から成る、巨大な機構でしかなかったに違いない。

無限なる宇宙は、ブルーノにとっては「第一の可能態と第一の現実態との影」であって、その結果、「宇宙においては可能態・能力と現実態は絶対的な意味で同一なもの」ではないとされた。ヤコービは展開されることを通して最早、産むことのできる自然ではなくなった自然を、「可能性と現実性とが一にして同一になっているところの、第一の原理の像についての影」だと捉えた。スピノザにあって自然は、無数の歯車から成る実体のいわば影でしかないとヤコービは見た。一者の影が、ヘーゲルにあっては「生」に反映され、シェリングにあっては同一哲学を覆い尽くすに到ったのは、生が満ちている世界を描出したブルーノの自然哲学が、ヤコービによって、一にして全であるかのように伝えられたからだったとするなら、ブルーノ的な一者の「翳」の装飾を、ヘーゲル哲学やシェリング哲学に施したのは、紛れもなくヤコービによる「ブルーノからの抜き書き」であったに違いない。

シェリングがヤコービから、ブルーノの発想を借りてきたのは、同一哲学の発想で自然観を語るとともに、同一哲学と超越論的観念論との齟齬を来たさないように工夫を凝らすためであったことを物語る箇所が『ブルーノ』にある。「さらにぼくらは、この精神の階梯（geistige Leiter）の上を自由に、抵抗をうけることなく昇ったり、また降りたりしながら動くことによって、ある時は下降していって、神的な原理と自然的な原理との統一が分かれているのを見てとったり、またある時は上昇していって、一切のものをふたたび一者のなかに解消するなかで、自然を神のなかに見てとったり、そして神を自然のなかに見てとったりすることでしょう」（Bruno. 124）。こうした精神の階梯として機能するものこそ、『超越論的観念論の体系』であり、ヘーゲルにあっては『意識の経験の学』であったに違いない。そして階梯という発想も、ブルーノの『原因・原理・一者について』で繰り返し語られていたのである。

「このことに加えて、このきわめて重要な学問について、かつまた自然の真理と秘密とのもっとも堅固な基盤について、さらに［以下の］要点を学んでいただきたいものです。まず第一に、一であり同一である階梯が存在することにご留意ください。この階梯を通って、自然は諸事物の生産へと下降して、知性はこれらの認識へと上昇します。そして両者ともに、一性からはじまって一性へと進むのですが、そのさいに中間にある多数のものを通過することになるのです」（『原因・原理・一者について』一八二頁）。上向の階梯と下降の階梯というアイデアは、エッシェンマイヤーから、自然哲学への導入教育の確立を突き付けられていたシェリング(2)にとっては、魅力的であったに違いない。ところが、ブルーノをスピノザ主義者として描出したいヤコービの「抜き書き」では、「第一の原理への私たちの上昇と同じように、第一の原理の私たちへの降下がある」（Jacobi. I-1, 204）と語られるに留まっていた。この文脈から、上昇と下降の双方向的な階梯という発想を得たことこそ、シェリングの慧眼であったと言わざるを得ない。

おわりに　シェリングからゲーテへと向き直り

「精神の階梯」という構想をシェリングが受容することになる脈絡は、実はもう一つあった。それは、ゲーテの『植物のメタモルフォーゼを解明する試み（Versuch die Metamorphose der Pflanzen zu erklären）』（一七九〇年）である。ゲーテによれば、「最初の子葉から、果実という最終の完成にいたるまで、つねに段階的に活動することが認められ、ある形態から順次に他の形態へと変形し、いわば精神的な梯子（eine geistige Leiter）の上を、両性による生殖という自然の頂上をめざして昇っていく」（『ゲーテ全集』第一四巻（潮出版社）五五頁：Metamorphose. S. 3）と、植物のメタモルフォーゼが「精神的な梯子」として捉えられていた。

　こうしたゲーテの植物論を、シェリングはいち早く取り入れてはいたようである。『私の哲学体系の叙述』（一八〇一年）で、「いっさいの物体は鉄の純然たるさまざまなメタモルフォーゼである」（Schelling. X, 157）とする箇所を初め、「メタモルフォーゼ」でもって同一哲学を説明しようとしてさえいた。エッカート・フェルスターによれば、「シェリングの同一哲学全体は彼自身によってメタモルフォーゼ論として理解されている」[3]という。しかし、そこでは、ポテンツによる段階構成こそ語られはするものの、生成のプロセスが欠けていた。同一哲学にあっては、生成は否定されてもいたのである。「一三節：存在自体から見ると、何も生成したものはない」（Schelling. X, 121）。

　これに対してヘーゲルが、ゲーテの植物論を知るに到ったのは、植物学者バッチェ（August Johann Georg Carl Batsch：1761–1802）の後任として、一八〇三年にイェーナ大学に招聘されたシェルヴァー（Franz Joseph Schelver：

1778–1832）を介してではないかと想定されている。ヘーゲルは、一八〇五―〇六年にかけて執筆された『自然哲学』において、『論理学・形而上学・自然哲学』（一八〇四―〇五年）では見られなかった植物論を展開、植物のあり方を全体として、「プロセス」として捉えることになる。この発想をヘーゲルは、ゲーテのメタモルフォーゼ論から学び取ったと考えることができるからなのである。(4)

シェルヴァーは、イェーナ大学で、シェリングの自然哲学を解説する授業を開講したところから、シェリングに近い自然哲学者と考えられている向きがある。しかしながら、彼の『有機的な自然の基礎論（Elementarlehre der organischen Natur）』（一八〇〇年）には興味深い論述がある。自らの立場を「超越論的な観点」（Elementarlehre. 14）だとして、「有機的自然の基礎学が引き受ける仕事は、観察者の注意を個別的なものから全体へ、そして多様なものから個別的なものへと導く（leiten）ことである」（Elementarlehre. 12）と説明する。こうした超越論哲学に通じる方法論を用いながら、第一〇章の「生きる者の究極目的について」では、フィヒテの『自然法の基礎づけ』から繰り返し引用される。「ヒトは（理性的な実在として）人々の間にあってのみ、一人の人間となる」（Elementarlehre. 87 = Vgl. GA. I-3, 347）。そのうえで、植物は動物の栄養になり、動物的な要素が人間になるというような段階的な発展を、次のように述べていた。「質料（Materie）は根源的で生のままで非有機的である。それゆえ質料が人間の有機体に相応しいまでに純化されることは、段階的に（stufenweise）しか生じ得ない」（Elementarlehre. 88f.）。

もともとこうした思想を育んでいたシェルヴァーを介して、あるいはシェルヴァーとともに、ヘーゲルがゲーテによる階梯論を知るに到ったことは、同一哲学の思想圏からの離脱を余儀なくさせることに繋がったに違いない。その生々しい現場を私たちは、一八〇三年夏学期の「綜合哲学概説」での、『ファウスト』を踏まえた講義から見て取ることができる。[5] さらに「精神の階梯」の発想は、ヘーゲルにあっては、「現象学の自己広告」から明らかなように、「精神がそれを通って純粋な知もしくは絶対的な精神となるような、自らの内なる道程の宿駅として、精神のさまざまな形態」（GW. IX, 446）を捉える「学への準備（Vorbereitung）」へと転回することを促す契機となった。

「『精神の現象学』は、知の基礎づけについての心理学的な解明や抽象的な説明にとって代わるものである。（……）一瞥したところカオスの様相を呈する精神のさまざまな現象の豊かさが、一つの学問的な秩序へともたらされている。これによって、さまざまな現象は必然性に従って叙述され、こうした秩序において不完全なものは解消されてゆき、より高みへと移行する」（GW. IX, 446）精神の階梯であるという訳である。であればこそ、『ブルーノ』が一八〇二年に刊行されていたことを顧みるなら、ヘーゲルは、ゲーテによって自らの確信を固めこそすれ、実にシェリングの『ブルーノ』そのものから、シェリング自身の同一哲学を乗り越える方途としての階梯の発想を得た、と言うことができるかもしれない。

注

（1）本書第六章「自然と生命——シェリング『自然哲学の理念』に寄せて」において、後期ライプニッツの生の有機体論を伝えるヤコービの『デヴィッド・ヒューム』が、シェリングやヘーゲルに与えた影響を分析しているので、参看賜りたい。

（2）本書第八章、「ヘーゲル『精神哲学』の基底と前哨」において、この経緯を詳述した。

（3）エッカート・フェルスター「カント以後の哲学の展開にとっての『判断力批判』第七六—七七節の意義［第二部］」（『知のトポス』Nr. 9、宮崎裕助・大熊洋行訳、二〇一四年）一五一頁。なお、本書第一〇章、「変容（Metamorphose）と進展（Evolution）」を参照。

（4）『エンツュクロペディー』の「自然哲学」三四五節でヘーゲルは、次のようにゲーテを称賛することになる。「ゲーテの『植物のメタモルフォーゼ』は、植物の本性についての理性的な思想の端緒を形成した。というのは、その書が、純然たるさまざまな個別的なものを求める努力から引き離して、生（Leben）の統一を認識することへと導いたからである。メタモルフォーゼというカテゴリーではさまざまな器官の同一性が優勢となっている。しかしながら、さまざまな分肢の一定の差異と固有の機能によってこそ、生命過程（Lebensprozeß）が措定されるのであって、分肢の差異と固有の機能こそ、実体的な統一に対する他の必然的な側面である」（GW. XX, 349：SW. IX, 380f.）。

（5）一八〇三年の「綜合哲学概説」のための講義草稿断片だと見なされているテクストがそれである。「自然というものは、生き生きとした、またそう呼びたければ詩的な直観（poetische Anschauung）に対するひとつの全体者です。この直観の前を、自然の多様なものは生きとし生けるものの列として過ぎてゆき、繁みにも、空にも、水の中にも兄弟を認識するのです。この詩的な自然直観にとって自然は、もとより絶対的な全体者であって、生きたものです」（GW. V, 372）。自然の内面的な生を直観的に捉えることを求めるとともに、既に自然の全一性が喪われていることを踏まえるなら、自然の無限性を直観することは、「感傷的な苦痛」を抱かざるを得ないことが語られている。そして先の言い回しは、実に「あなたの手で生きとし生けるものの列が次々と／私の目の前に導かれ、ものいわぬ繁みや空や水の中の／兄弟たちが私に引きあわされる」（『ゲーテ全集』邦訳第三巻、九九頁）というゲーテの『ファウスト』のフレーズをもじったものなのであった。まさしく、ヘーゲルが、シェリングの自然哲学から、ゲーテ的な自然観へ向き直った現場を示唆するに余りあるものだと言えよう。

第六章　自然と生命——シェリング『自然哲学の理念』に寄せて

はじめに

イギリス経験論、とりわけヒュームの思想がドイツに紹介されて以降、外界の物体と表象との関係、さらには表象の実在性をめぐる問題にいち早く反応したのは、ヤコービの『デヴィッド・ヒューム』であった。その後、あまた多くの、経験的心理学や人間学と称される一群の著作が刊行されるなかで、表象の理論は、ラインホルトの一連の根元哲学の構想、それに、シュルツェの『エーネジデムス』などによって、意識の哲学へと精緻なものにされたのであった。シェリングの『自然哲学の理念』からは、そうしたイギリス経験論もしくはスコットランド啓蒙を受容した後に、(1)ドイツ観念論が問題を立てていった、そうした哲学的な経験を透し見ることができる。

「かつて人間は（哲学的な）自然状態において生きていた。その頃の人間は、自分自身や自分を取り巻く世界と一つであった」(Schelling. I-5, 70)。しかしながら近代に到って、人間が自然を対象化するとともに、自分自身からも分離されるに到ったことは、シラーが『美的教育書簡』で明らかにしたことでもあった。こうした自然と人間との乖離を受けて、『自然哲学の理念』の冒頭部では、「自然」科学の哲学というよりも、「人間本性」の哲学として問題が立てられている。すなわち、「いかにして私たちの外部の世界は可能か、いかにして自然や自然の経験は可能か。私たちがこうした問いを立てることができるのは、哲学のお蔭である。あるいはむしろ、この問いとともに初めて哲学は生まれた」(Schelling. I-5, 70)。初期シェリングの『自然哲学の理念』における自然観の背景を明らかにしようとするのが本章の課題である。

1　二元論の狭間から

もとより、シェリングはそのマギスター論文「「創世記」第三章の人間の諸悪の最初の起源に関する最古の哲学教義を解明するための批判的並びに哲学的な試み」で、「人間の自然の王国からの堕落が、人間の悪の端緒にどうしてなることができたのか」(Schelling. I-1, 142)について議論する中で、自然を「人間の精神そのものの自然の性質」(Schelling. I-1, 130)として描出していた。したがって、シェリングにとって自然とは、外的な自然だけを意味するものではなかった。「人間がかつて自分自身について知らないまま、彼の理性の子ども時代(Kindheit)を過ごしていたあの状態」(Schelling. I-5, 70)でもあったのである。

ところが、カント哲学を初めとする二元論哲学は「人間と世界との間のあの分離を永続的にしてしまう」(Schelling. I-5, 71f.)。このように捉えたシェリングは、反省に依拠する二元論哲学を「精神の病い」(Schelling. I-5, 71)と呼ぶ一方で、「表象によってしか知られない外的な事物が実在すると確信する」「常識(der gemeine Verstand)」(Schelling. I-5, 72)を対置する。とはいえ、この常識の立場を取る哲学に対しては、シェリングは消極的な価値しか認めない。

松山壽一(2)によれば、ここでシェリングの念頭にあったのは、一七九五年の『哲学雑誌』第一巻第一分冊の巻頭論文として発表された、ニートハンマーによる「哲学に対する常識の要求について」だと推測されるという。この論考においてニートハンマーは、カントの批判哲学によって、知が現象する世界に限定された一方で、懐疑論が知の成立基盤を攻撃する狭間で、「常識」に、知の成立要件を求める形で、哲学への回路を切り結ぼうとする。「哲学が常識に対抗する場合に、哲学の結果に対する常識の発言を有効にしようとする常識の要求が実際に根拠あるものだということは、後になって（nachher）、常識の発言の普遍妥当性を実証した哲学そのものから明らかにされよう」（PJ. 9）。

懐疑論は、主観的な認識が単なる偶然的で個別的な印象でしかないことを引き合いに出して、常識の言明の確実性を否定する。しかしながら、ニートハンマーは、懐疑論の論難をも退ける。「ここに哲学が始まる。そして懐疑論の異論に対抗して、常識・健全悟性の言表が普遍的で必然的な判断であることはもちろんであることの証明を、そしてその判断が普遍的で必然的であることを完全に確信することができるという証明を哲学は引き受ける。これこそ哲学本来の課題である」（PJ. 10）。さらに、ニートハンマーの語るところでは、「常識の言表を論駁から守ることこそ、哲学が解決しなければならない本来的な課題である」（PJ. 14）という。

だからといって、ニートハンマーは、常識的な単なる実在論を説いているのではない。「私たちの意識の内で、絶対的に普遍的で必然的なものだとして、直接的に告知されるすべての概念や判断が、主観一般の必然的な条件に基礎づけられていて、人間精神そのものの根源的な法則であることを示すことができていたなら、私たちは、それらが絶対的に普遍的であって必然的であることを十分に立証して、まさしくそれによって、私たちの知の普遍妥当性を懐疑論の論難に対抗して、永遠に守ったことになったであろう」（PJ. 22）。知の基礎づけを主観において行なおうとするのであるから、常識を引き合いに出してはいるものの、単なる常識の立場とは違うことが見て取れる。
「思弁的理性の関心を満足させて、課せられた課題を実際に解決する哲学であるなら、意識の対立的な様式を合一して、どちらにも負荷を強いないようにしなければならない。そうなると、これまでの探究の結果、確定されるのは、意識のあらゆる領野において絶対的に普遍的にして必然的だと告知されるものに対して、それ自身有効なものだと承認されるべき哲学であるなら、矛盾しない、ということである」（PJ. 40）。こうした問題設定をシェリングも引き受ける。「私が対象を表象するとき、対象と表象とは一にして同一である。表象している間は対象を表象から区別することさえできないというところに、常識にとっては表象を介してしか知る由のないような外的な事物が実在していることを、常識は確信する」（Schelling. I-5, 72）。哲学は、表象から独立した外的な事物と表象とが、どうして合一するのかを問う、という。それは逆に言うなら、「いかにして表象が私たちのうちで可能なのかを問うこと」（Schelling. I-5, 74）だとされる。

　こうした問題は二元論哲学では解き得ないというのがシェリングの見極めであった。「私たちが結局、身体とは異なった心が少なくとも私のうちに宿っているという、二元論的な信念の最初の発端に立ち返るなら、私のうちにあるもの、すなわち私が身体と心とから成るとまたしても判断するところのものは何か？　身体と心とから成るとされるところのこの自我とは何か？　ここには明らかにもっと高次の何ものかがある」（Schelling. I-5, 105）。こうしてシェリングは、「私たちの自然・本性から、そしてその限りで有限な精神一般である本性から、精神の諸表象が継起する必然性を導出すること、（……）諸事物そのものをこの継起と同時に、精神の内部で生成させ発生させること」（Schelling. I-5, 89）が必要、との認識に到る。ここで述べられているのは、精神の自己関係に他ならない。シェリングによれば、こうした試みを企てたのは、スピノザとライプニッツだけだったというのである。

2　スピノザとライプニッツを区別して

シェリングの見るところ、「私たちの本性のうちでは、観念と実在（思想と対象）が極めて密接に合一されている、というのがスピノザの洞察であった」（Schelling. I-5, 90）。しかし、スピノザにあっては、無限なものから有限なものへ、いかなる移行も否定されたまま、観念的なものと実在的なものとの必然的な合一は「私の外部の無限な実体」（Schelling. I-5, 91）へと移された。これに対して、「無限なものと有限なものとが私たちの外部ではなく、むしろ私たちのうちに、――生成するのではなく、もともと同時にかつ不可分に、現在している」（Schelling. I-5, 90f.）と見て、ここに「私たちの精神の本性と私たちの精神的な現在の全体」（Schelling. I-5, 91）を捉えたのがライプニッツだというのである。

シェリングは、スピノザではなく、ライプニッツに沿って、さまざまな表象が継起するその存立機制を説明する。すなわち、ライプニッツによれば、「諸事物が諸表象と同時に、固有の世界におけるように、生成するのは、ひとえに私たちの本性の法則による、すなわち、私たちの内部の原理に従ってである」（Schelling. I-5, 91）ということが帰結する、という。ここでシェリングが、スピノザとライプニッツを明確に区別していることに注目しなければならない。なぜなら、ドイツでいち早くスピノザ研究を手がけたのは、レッシングやメンデルスゾーン、そしてゲーテ、さらにヘルダーらであったが、そのスピノザ理解は必ずしも正確なものとは言えず、レッシングのように時にスピノザを万有内在神論のように理解したり、ゲーテやヘルダーのように、アニミズムに近い形で

理解したりすることもあったからである。(3)

身体と精神とが調和するという観点から、予定調和をめぐって、スピノザとライプニッツを影響関係のうちに捉えるという混線も生じた。スピノザは、「観念の秩序と連結は、物の秩序と連結と同一である」(スピノザ『エチカ(上)』岩波文庫、九九頁)と第二部定理七で語った。そこにスピノザ哲学の核心を捉えたレッシングは、ライプニッツとの違いを自覚しながらも、「スピノザに従うなら、魂における観念の秩序や連結は、ただそれだからこそ、身体の変化の秩序や連結と調和する(übereinstimmen)」(Lessing. VIII, 518)と語った。ここに、スピノザ哲学に予定調和説が読み込まれる余地を見ることができよう。

これに対して、シェリングは、外界の諸事物と自らの内なる表象との予定調和を、精神の内部に捉えようとした。シェリングの見るところ、「予定調和という言葉は、そうした一致が生じているということを語っているだけで、どのようにしてなぜ一致が生じるのかについては語るものではない」(Schelling. I-5, 92)。すなわち、予定調和は、一致が生じている事実を語りこそすれ、根拠を明かすものではないという。であるからして、「予定調和に結びつけられるのが慣れっこになっている考え方を、ライプニッツは予定調和と結びつけることはありえなかった」(Schelling. I-5, 92f.)とシェリングは見る。ここで慣れてしまった考え方だと念頭に置かれていたのは、プラトナーやヤコービによる、仮説としての把握である。

エルンスト・プラトナー(Ernst Platner : 1744–1818)の『哲学的断章(Philosophische Aphorismen)』(一七九三年)には、次のような論述がある「八三二節:予定調和の仮説はいっさいの現実的な結合を否定するが、(……)それは、精神的な実体と物質的な実体との間の実際の結合だけでなく、もろもろの実体一般の間の実際的な結合をも否定する。そして、それらが共同するかのような仮象を、次の命題で説明する。(……)すなわち、調和の体系に従うなら、いかなる魂であろうと、魂に付与された身体の諸モナドやおよそ全世界の諸モナドに先立つ、と言わなければならない。身体が引き起こす影響によるのではなく、実際の外的な事物についての表象を自己自身のうちで生み出すという、神によって魂に植えつけられた素養のお蔭である。そうやって諸表象が現実において継起する」（Aphorismen.471 u. 473）。また、ヤコービの『スピノザ書簡』の「付論6」には、次のような論述がある。「二つの生み出された全体的な実体を前提としながら考察される仮説としての予定調和から、ライプニッツが出発することは決してなかった。こうした観点に基づいて、先にあげた前提が基礎となっていた他の体系から、しかも他の体系の信奉者たちが、なおもライプニッツの体系のうちに多くの辻褄の合わないことを見出そうとしていたような他の体系から、ライプニッツは自分の体系を、守っている」（Jacobi. I-1, 243f.）。

いずれも、異なった実体の間の相互影響を認めないところから、予定調和を「仮説」として強調するものであった。このあたりの事情を、プラトナーの叙述が物語っている。「八三三節・物理的な影響の仮説は、二元論においては、端的に不可能である。なぜなら、二元論は、物質の本質を延長において、魂の本質を非物体性において措定するからである。（……）『モナドロジー』は、魂と身体とが異なる種類であることを廃棄したが、逆に実体が実際には共同することの難しさをむしろ大きくした」（Aphorismen. 475）。

精神と精神の外の物体との間に連結はないとする一方で、双方の間に調和を捉えようとする一般的な理解に対して、シェリングはむしろ、精神の自己基礎づけを考える。「精神は、自らの存在と知の絶対的な自己根拠である」（Schelling. I-5, 93）として、「精神は、そもそもあるということによって、あるところのものでもある」（Schelling. I-5, 93）と見た上でシェリングは、哲学を「私たちの精神の本性論」（Schelling. I-5, 93）だと規定したのである。

とはいえ、ヤコービには、それなりの根拠もあったようである。『デヴィッド・ヒューム』では、次のように説明されている。

「私・思惟する本質と物体的に延長している本質とが一つになっているということについての、スピノザとライプニッツの考え方の間に違いがあるのはもちろんです。ですが、もっと深く探求なさると、スピノザではなく、私たちのライプニッツが有利だってことにお気づきになるでしょう。二つの全く異なる事物でしたら、あなたの仰るように、どんな調和になるのか分かったものじゃありません。(ライプニッツはしばしば、同質性(Conformitas)や一致(Consensus)という言葉を用いています。)そうした二つの異なったものはライプニッツによりますと、思惟する本質と物体的な本質では決してないのです。それらは、創造された本質に関しては、ライプニッツにあってもスピノザにあっても、完全に不可分なのです」(Hume, 163)。

ヤコービは、ライプニッツの「動物の魂」に即しながら、その生命論を詳細に伝えてもいる。「ズルツァーによる理性概念の分析をお読みください。あるいはもっと良いのは、あなた自身、自己自身のうちに入り込んで、深く、ますます深く、私たちが理性と呼んでいるものを探求してください。そうすると、理性の原理が生(Leben)の原理と一つになっていると思われるか、それとも、理性がある有機体の単なる偶有性にしなければならないのか、お分かりになるでしょう。私に関しましては、理性の原理を、生の原理と一つのものだと見なします」(Hume, 127)。シェリングは、ヤコービの精緻な研究を踏まえたからこそ、スピノザとライプニッツとを混同することから免れるとともに、有機体的な自然観や、生命論を、ライプニッツに沿った形で導入することができた。シェリングによる『デヴィッド・ヒューム』への参照指示は、そうした事情を物語っている。「現実的なものを知覚することと真理の感情（Gefühl）、意識と生とは、一にして同一の事柄です」（Hume, 140）ともヤコービは述べている。生といっても、神秘的なものというより、明らかに合理的な知の原理として捉えられていた。

3　生の一元論を構想する

機械論的に自然を見ると、原因は結果の外部にあり、自然は自由な精神の外部にあることになる。こうした考え方と対極に立つのが、有機的自然観である。シェリングは、カントの『判断力批判』に沿った形で有機体を定義する。カントによれば、樹木の一部分を、類を同じくする別の木に接ぎ木するなら、どの部分も、その部分の保存が他の部分の保存と交互に依存しているという具合に、自分自身を産出する。あるものが自然的所産であると同時に、自然目的としてのみ可能だと認識されるべきならば、こうしたものは自己自身に対して、原因でもあり、かつ結果でもあるという関係にあるに違いない（Vgl. KW. V, 483f.）。シェリングの叙述ではこうなる。「有機的な所産であるならどれも、自らの現存在の根拠を、自分自身のうちに持っている。というのも、それは自己自身についての原因にして結果でもあるからである」（Schelling. I-5, 94）。

有機的な組織は物質とまったく違う。なぜなら、機械と違って、有機的な組織の場合、「全体が可能になるのは、諸部分が合成（Zusammensetzung）されることによってではなく、諸部分の相互作用（Wechselwirkung）によるる」（Schelling. I-5, 95）からである。ここにシェリングは「絶対的な個体性」を捉えるとともに、「精神が部分と全体、形式と物質を相互にお互いに関連づけるのであって、こうした関連づけによってのみ、その関連においてのみ、あらゆる合目的性と全体への一致が初めて生じて生成する」(ibid.)とする。そして、有機体が、「物質(*Materie*)そのものに基づいては決して説明されることができない統一」(ibid.)、すなわち「概念の統一」(ibid.)だと捉えることを通して、「およそ有機体というものは、精神との関連でしか表象できない」(ibid.)とするのである。

こうしてシェリングは、初発の問いであった「いかにして私の外部にある目的にかなった所産の表象が私のうちに到ったのか」(Schelling. I-5, 98)という問題について、むしろ、人間の精神にかかわることを通して諸事物が目的論的に関連づけられることになると捉えるに到る。「諸君は予定調和へと避難せざるを得ないのであろうし、諸君たち自身の外部の諸事物において、諸君の精神と似ている精神が支配していると想定するに違いない」(Schelling. I-5, 99)。こうしてライプニッツ哲学に従うなら、「自然のなかには生命の階梯がある」(ibid.)と想定せざるを得ないことをシェリングは明らかにする。そして生の一元論ともいうべき思想を語るのである。

「私自身が自然と同一である限り、私が私自身の生を理解するのと同じくらいに、生ける自然が何であるかを、私は理解する。自然のこうした普遍的な生が、どのようにして極めて多様な形態をとって段階的な発展を遂げ、次第に自由に近づいて、自らを明らかにするのかは、私の把握するところである。ところが、私が自らを自然から切り離すや否や、私に残るのは一つの死せる客体でしかなく、私の外部で生は可能なのか、私には把握することができなくなる」(Schelling. I-5, 100)。

当時、哲学、人間学、経験的心理学の多くの著作で「生」が語られていた。たとえば、エルンスト・プラトナーの『医師と哲学者のための新たな人間学(Neue Anthropologie für Aerzte und Weltweise)』(一七九〇年)では、こうである。「物質的な自然全体に亘って極めて活動的な力もしくは実体が広がっているのは確かなようである。

そうした力はすべてのものを貫徹していて、自らのうちに、すべての動物的な感覚や運動の源泉を、そしてすべての有機的な被造物の共通の素材を包括している。（……）それゆえ、神経精神（Nervengeist）はその実体に従うなら、まさしく未知の原理にほかならないように思われる。この原理は他に言いようがなくて、物質的な自然の普遍的な生の精神（der allgemeine Lebensgeist der materiellen Natur）と呼ぶことができよう」（Anthropologie. 47f.）。生を神経精神として、いわば生理学的に説明したと言えよう。

ヨハン・クリスチアン・ライル（Johann Christian Reil：1759–1813）が『生理学論叢』第一巻第二分冊（一七九六年）に掲載した「神経力と作用様式について」では、次のように述べられていた。「それによって感性的な印象が心にまでもたらされる力は、精神的な印象をも身体へと伝えるということ、そして、こうした力は神経にその座を持っているということ、こうした命題は今や疑いようのない生理的な規範として、一般的に想定されている」（Reil.4）。これも神経という生理的な仕組みで、「表象」が説明されている、と言えよう。

あるいは、ヨアキム・ディートリヒ・ブランディス（Joachim Dietrich Brandis：1762–1845）は、その著『生命力についての試論（Versuche uber die Lebenskraft）』（一七九五年）において、次のように述べていた。「電気はフロギストン的な生命過程にも関与しているはずではなかったか、あるいは電気が生命力そのものではなかったか？私にはそれが、本当らしいだけでなく、それ以上のように思われる」（BrandiS. 81）。フリードリヒ・アレキサンダー・フォン・フンボルト（Friedrich Alexander von Humboldt：1769–1859）も、その著『植物の化学的な生理学からの断章（Aphorismen aus der chemischen Physiologie der Pflanzen）』（一七九四年）で「生命力」について論及していた。「化学的な親和性の紐帯を解いて、身体におけるさまざまなエレメントの自由な結びつきを阻害する内面的な力を、私たちは生命力（*Lebenskraft*）と呼ぶ。したがって、腐敗以上に間違いようのない死の兆候はない。腐敗を通して、原素材は以前のあるべき状態へと戻って、化学的な親和性に従って秩序づけられる。生命をもたない物体が腐敗へと移り行くことはありえない」（Physiologie der Pflanzen. 9）。こうした捉え方にあっては、生は、電気とか化学的な親和性を解く力とかで説明されていた。それはすなわち、生が、原理として見なされているわけではないことを意味している。

現象としての生を、あるいは表象を、他のものによって基礎づけたり、説明したりするやり方をシェリングはとらない。シェリングは、生の一元論的な自然観を展開した。「意識を意識の外部で表象することができないように、生を生の外部で表象することはできない」（Schelling. I-5, 104）。シェリングは人間精神と自然とを結びつける「秘密の紐帯」（Schelling. I-5, 106）を、神的な悟性として説明するやり方や、予定調和だとする説明の仕方を斥けながら、生を通した自然と精神との一元論を、人間本性と自然との一体性を構想する。「自然は目に見える精神であって、精神は目に見えない自然であるはずだ。従って、ここに、すなわち、私たちの内なる精神と私たちの外なる自然との絶対的な同一性において、どのようにして私たちの外なる自然が可能なのかという問題が解決されるに違いない」（Schelling. I-5, 107）。そしてシェリングに、生の一元論を展開させるに到った契機が、後期ライプニッツにおける生の哲学を詳細に紹介した、ヤコービの『デヴィッド・ヒューム』に他ならなかったことを確認しなければならない。

4　シェリングは『デヴィッド・ヒューム』から「生」の思想を受容した

シェリングは、『自然哲学の理念』（一七九七年）、さらには『世界霊』（一七九八年）において、ヤコービの『信念をめぐるデヴィッド・ヒュームもしくは観念論と実在論』（一七八七年、以下『デヴィッド・ヒューム』と略記[4]）への参照指示を、自ら行なっている。『デヴィッド・ヒューム』一四〇頁を参照することが指示されている『自然哲学の理念』の箇所を引く。「さて、私が主張しているのは、存在と生命については、直接知だけが可能であって、存在して生きているものは、それがまず最初にありとあらゆるものに先立って、自分自身のために現存していて、自分の生命を自分の生命を通して意識するようになる限りにおいて、存在し、生きている、ということである」（Schelling. I-5, 104）。当該箇所の『デヴィッド・ヒューム』では、こう述べられている。「現実的なものが、これの直接的な知覚の外部で呈示され得ないのは、意識が意識の外部で、生が生の外部で、真理が真理の外部で呈示され得ないのと同じことです。現実的なものを知覚することと、真理や意識そして生（Leben）の感情（Gefühl）とは、一にして同一の事柄です」（Hume, 140：邦訳『知のトポス』Nr. 7、八〇頁）。

『世界霊』においては、『デヴィッド・ヒューム』一七一頁[5]から引用されている。当該箇所のヤコービの原文はこうである。「私たちの魂は、一定の規定された生の形式に他なりません。私は、生を諸事物の性質にするというのと逆なことについては、何も知っていません。だって、逆に、諸事物は、生の諸性質に他ならず、ただ生のさまざまな表現であるからです。それというのも、多様なものは生き生きしたものにおいてのみ、自らを貫徹することができて、一つのものになるからです」（Vgl. Schelling. I-6, 189：邦訳『知のトポス』Nr. 7、一〇五頁）。

『デヴィッド・ヒューム』は、前半こそ、ヒュームの思想を、その論敵であったトマス・リード風の常識的実在論へと解釈する叙述が展開されるが、後半では一転して、後期ライプニッツによる生の有機体論が紹介されている。そこには、言わば、ドイツ観念論を彩った、ラインホルト、フィヒテ、シェリングそしてヘーゲルらの思想の「設計図」とも見られるべき発想が散見されるのである。

例えば、次のように表象の、言うなれば自己関係性に論及した箇所がある。「魂は、自らについての表象を持つために、自らを自己自身から区別しなければなりませんでした。自己自身を外的にすることができなければならなかったのです」(Hume, 175f.：邦訳『知のトポス』Nr. 7、一〇四頁以下)。明らかにヤコービは自己意識の構造を語っていた。「はっきりしていることは、私たちが、私たちの意識を意識すること(Bewußtseyn)に、私たち自身の感情(Gefühl)に到達するのに、私たちが自らを、私たちの外部のものから区別することによる以外はあり得ません。この何らかのものは、私たち自身が一緒に包まれている多様な無際限なものです。一つのものや多くのものそして万物の概念は、その根本性質や諸関係とともに、どんな意識においても、どんなに弱い意識においてでさえ、既に与えられているに違いありません」(Hume, 175f.：邦訳『知のトポス』Nr. 7、一〇八頁)。こうした論述に接するにあたり、ラインホルトがその表象一元論を語るにあたり、何がしかをヤコービの『デヴィッド・ヒューム』から学んだとも想像されるのである。

そしてヤコービ自身が、ライプニッツから「表象」概念を受容したと推察できるのは、次のような叙述があるからである。「多様な表象が一つの意識に結びつけられて、ひとたび措定されるなら、これと同時に措定されるのが、これらの表象も、相互に類似するものとして、また相互に異なるものとして(teils als von einander ähnlich, teils als von einander verschieden)、意識を触発するに違いない、ということです。そうでなければ意識は、死んだ鏡(ein todter Spiegel)となって、意識にはならなかったでしょう。自らのうちに集中した生(Leben)とはならなかったでしょう」(Hume, 182：邦訳『知のトポス』Nr. 7、一一二頁)。表象は、ヤコービも知の原理として期待していたことが分かる。

シェリングは、「生ならびに身体と異なった心が私の内にあるとするならば、私がこれらの双方についてもっぱら直接的な経験によってしか確信できないのも、同じように明白である」（Schelling. I-5, 103）として、ヤコービに倣って直接知を説く。「存在と生に関しては直接的な知しか可能ではない。また存在し、生きるものは、それがまずありとあらゆるものに先立って、自己自身に対してそこに現在して、自らの生を自らの生を通して意識するようになる限りにおいてのみ、存在し、生きているのである」（Schelling. I-5, 103）。「一八〇〇年体系断片」でヘーゲルが「無限な生は精神と呼ぶことができる」（GW. II, 343）と書きとめた背景には、「生の原理として考えられた精神は、心だと呼ばれる」（Schelling. I-5, 103）という、シェリングの自然哲学があったと考えられる。

おわりに　ヘーゲルも『デヴィッド・ヒューム』から「生」の思想を受容した

一八〇〇年の春から、フィヒテとシェリングとの間には、バルディリそしてラインホルトが提起した同一論に対抗するために雑誌を共同で発行する必要性に迫られていた。(6) ところが秋風が吹く頃からフィヒテとシェリングとの間で、二人の思想的な相違が互いに自覚されるようになっていたのである。

一八〇〇年一〇月三日付のシェリング宛書簡でフィヒテは、「自然哲学に関する全く独自の学兄のお仕事を私は全然研究しておりませんので、それについての何らかの判断を、称賛にせよ、非難にせよ、申し上げることができません」（GA. III-4, 322）と伝えていた。ところがその後、「『超越論的観念論の体系』を注意深く読んだ」（GA. III-4, 360）というフィヒテは、一一月一五日付シェリング宛書簡で、「超越論的哲学と自然哲学とを学兄が対置（*Gegensatz*）していることについて、まだ私は学兄と一致しません」（ibid.）と伝えることによって、両者に立場の相違が明確になる。これに対してシェリングは、一一月一九日付のフィヒテ宛書簡で、「超越論的哲学と自然哲学との対置（Gegensatz）こそが眼目なのです」（GA. III-4, 362）と、自らの体系構想を踏まえた上で、「知識学（つまり貴方によって呈示されているような純粋な知識学）は、まだ哲学そのものではありません。（……）それは全く論理的にのみ手続きを進めるだけで、実在性には何も関わりません」（GA. III-4, 363）と言明するに到ったのである。

シェリングは、超越論的哲学と自然哲学とを「対置」する、と書いてはいるものの、『超越論的観念論の体系』の「序文」から明らかなように、実のところ「並置」もしくは「対」である（Vgl. Schelling. I-9, 25）。

このように自然と精神とを「対」として捉えるシェリングの発想とは違って、フィヒテの自我が、自然のより高次のポテンツでしかないと、シェリングは一一月一九日付のフィヒテ宛書簡で次のように書き送る。「産出的な自我が、こうしたその産出作用そのものにおいて自然であるにほかならず、知的直観の自我もしくは自己意識の自我はこうした自然のより高次のポテンツでしかありません」（GA. III-4, 363）。この書簡の内容の思想的な後ろ盾をなす、シェリングの「力動的過程の一般的演繹」が収められた『思弁的自然学雑誌（Zeitschrift für speculative Physik）』第一巻第二分冊が刊行されたのは、実に、ヘーゲルの「一八〇〇年体系断片」が書かれた九月であった。ヘーゲルが記した「ありとあらゆる自然を超えて自我が漂う」（GW. II, 348）というフィヒテ批判からは、こうしたシェリングの思想と符合するものを読み取ることができるのである。

シェリングの「力動的過程の一般的演繹」からは、後年のヘーゲルにおける「自然哲学」と「精神哲学」の位置づけさえをも思い起こさせもする記述がある。「理性の超越論的な記憶（Gedächtnis）は周知のように、目に見える諸事物によって甦らされなければならない。すべての哲学は想起であるというプラトンの理念は、こうした意味で真実である。哲学的な営為の一切は、私たちが自然と一であった状況を想起するところに成り立つ」(Schelling. I-8, 365)。ヘーゲルの「一八〇〇年体系断片」で、「生は結合と非結合との結合である」(GW. II, 344) という生の構造が語られることをもって、若きヘーゲルの生の哲学だと見るならば、シェリングだけでなく、ヘーゲルにも『デヴィッド・ヒューム』からの影響を見なければならない(7)。

「人間の表象の仕方はさまざまです。誰しもが事物のうちに同じものを見ているわけではありません。私の考えでは、いかなる場合にも身体と魂とから合成されている本質において、こういう仕方で分離 (Trennen) と結合 (Binden) とによって無限に多様化してゆく生 (Leben) において、すべてを与え給うものの自由な手が、私がその手を握ると言えるほどに、眼に見えるのです。私たちが物質と呼んでいるものは、無際限に分割可能な非本質的なものであることによって、無 (Nichts) から限定されています。――物体とは何でしょう？ 有機体とは何でしょう？ (……) ですから、ひとつの蛆虫に百万ものものが含まれているかもしれないどんなに小さな体系でさえも、それぞれが、それぞれを合一して動かし、統御する一つの精神 (Geist) を必要とするのです」(Hume. 187f.：邦訳『知のトポス』Nr. 7、一一五頁以下)。

ヤコービの『デヴィッド・ヒューム』において詳述された、ライプニッツの生の哲学が、シェリングの『自然哲学の理念』となって一つの変容を見せたとしたら、青年ヘーゲルの生の哲学も、有機的な自然観のなかにおいて捉え直してみたらどうなるであろうか。私たちは長い間、ディルタイの『ヘーゲルの青年時代』(一九〇五年) が、若きヘーゲルの生の哲学を、繰り返し「神秘主義的な汎神論」だと規定したことに、無自覚的に縛りつけられてきたのかもしれない。「シェリングが一七九七年に自然を可視的な精神だと説明したとき、これはまたヘーゲルの見解でもあった」(『ディルタイ全集 第八巻 近代ドイツ精神史研究』法政大学出版局、三九三頁) のなら、私たちは、ヘーゲルの生の哲学を、神秘主義的というよりも、有機的な自然観の表明だったと解すべきではなかっただろうか。
「ヘーゲルの発展が可能となった前提は、何といってもカントからシェリングへと続く哲学的思惟の連関のなかにあった」(前掲書、三七七頁)というのなら、ラインホルトやシュルツェはもとよりのこと、一七八〇年代から九〇年代にかけて多くの著作が刊行された、哲学的人間学や経験的心理学で論述された思索との、更には啓蒙期の著作との影響関係を考慮しなければならなかったのではないか。そうすると、若き日の神学研究から、イェーナに赴いて哲学研究に転じたという従来からの青年ヘーゲル像が、根底から革新されるように思えるのである。

注
(1) ドイツにおけるイギリス経験論受容、もしくはスコットランド啓蒙派の受容については、初期ドイツ観念論の問題構制にかかわる重要な問題であり、その一端は、拙著『ドイツ観念論からヘーゲルへ』(未來社、二〇一一年)の第一章「信念と懐疑――ヤコービによるヒュームへの論及とドイツ観念の成立」において論じた。
(2) F・W・J・シェリング『シェリング著作集1b』(燈影舎)三〇一頁の訳注を参照。
(3) この件に関しては、拙著『ドイツ観念論からヘーゲルへ』(未來社、二〇一一年)の第二章、「ヤコービとヘルダー」において論及した。
(4) 『知のトポス』(新潟大学現代社会文化研究科) Nr. 6(二〇一一年)および Nr. 7(二〇一二年)に発表された、栗原隆・阿部ふく子による邦訳ならびに解題を参照賜りたい。
(5) この頁付けは、『デヴィッド・ヒューム』初版では誤って二回登場する。二回目の一七一頁からの引用である。
(6) 拙著『ドイツ観念論の歴史意識とヘーゲル』(知泉書館、二〇〇六年)第四章「関係と超出――ヘーゲルの思想形成とラインホルト」を参観賜りたい。
(7) 若きヘーゲルにおける「愛」の弁証法の先駆型も、ヤコービの『デヴィッド・ヒューム』に見出すこともできるかもしれない。「人は、ア・プリオリと呼ばれる認識についてだけでなく、およそすべての認識について、認識は感覚によって与えられるのではなく、ひとえに魂の生き生きとした活動的な能力によって引き起こされ得る、と言わなければなりません。感性（Sinnlichkeit）と言ったところで、同時に分離（Trennung）したり合一（Vereinigung）したりする媒介（Mitte）とは違うものが理解されているというのであるなら、そして分離や合一の際には、解かれ、かつ結びつけられるべき実体的なもの（das zu scheidende und zu verbindende Substanzielle）が既に前提されているはずなのに、そうした媒介とは違うものが理解されているというのであるなら、空疎な言葉でしかありません。しかしながら、そうした媒介としては、感性は全能の愛（Liebe）の道具でして、言い換えるなら（思い切った表現をお許しください）創造主の秘密のハンドルなのです。こうした媒介によってのみ、生の恵みが与えられる、つまり、無数の本質に、〈自らを切り離し〉そしてそれによって〈自己自身を享受する〉現存在の恵みが授けられ、世界が無（Nichts）から呼び起こされる（hervorrufen）、そうしたことができたのです」（Hume, 186f.）。若きヘーゲルが「愛」について思索を巡らせたのは、ヤコービの『デヴィッド・ヒューム』に触発されたからだと見ていいのかもしれない。

さらにヤコービは、「自我」についても論及していた。「人間において〈自我（*Ich*）〉を判明に言表するのは、理性と呼ばれます。そして自我こそが、人間の理性なのです。さて自我が、その活動において自己自身と合致する（übereinstimmen）のなら、自我はその理性とも合致します。――ですから、合致する自我が、自分自身の衝動や衝動に合致しうる法則に従って行為するなら、自我は自己自身を統御（regieren）する、もしくはひとえに自分の理性によってのみ統御されることになります」（Hume, 195）。

このようにヤコービの『デヴィッド・ヒューム』は、ドイツ観念論に大きな触発を与えたまま、ヤコービ自身はまとまった思索を組み立てることなく、論争の中に生きることになる。とはいえ、自らの発想やアイデアが利用され、練り上げられたことに対する複雑な感情にこそ、ヤコービの論争癖の根があったと考えるなら、理解できないこともない気がする。ともあれ、ドイツ観念論において展開されることになる思想の萌芽が『デヴィッド・ヒューム』のうちに散見されるのは紛れもない事実なのである。

第Ⅲ部　精神哲学の基底

第七章　自然の詩情と精神の忘恩

——ヘーゲルにおける「精神哲学」と「自然哲学」との関係づけ

はじめに

生命をいかに捉えるか、一八〇〇年前後に、科学者や哲学者は様々な提案を行っていた。ヘーゲルは、ビシャ（Marie Francois Xavier Bichat : 1771–1802）の著書『生と死に関する生理学的研究（Physiologische Untersuchungen über Leben und Tod）』（一八〇二年）からしばしば引用を行なって、有機体組織の生命活動を描いている。そのビシャの著書を独訳したのは、医師で化学者のパフ（Christoph Heinrich Pfaff : 1773–1852）、彼には、『動物電気と被刺激性について（Über thierische Elektricität und Reizbarkeit）』（一七九五年）なる著書があって、「プラトナーが、切断された筋肉において、刺激に対して収縮によって表明された力を、ハラーの言う死せる力と同じものだと見なしたのは間違っていた」（S. 252）と、プラトナー（Ernst Platner : 1744–1818）の『医師と哲学者のための新たな人間学（Neue Anthropologie für Aerzte und Weltweise）』（一七九〇年）の一一二頁における論述を批判していた。

「生命の概念が構成されるべきである」（Schelling. I-6, 186）と見たシェリングは、『世界霊』（一七九八年）では、「化学過程」（Schelling. I-6, 190）に、そして『自然哲学体系への草案序説（Einleitung zu seinem Entwurf eines

Systems der Naturphilosophie)』（一七九九年）では、化学過程より高次の、ガルヴァーニ的な過程のうちに生命過程を捉えた。「生命過程はまたしても化学過程のより高次のポテンツに違いない。そして化学過程の根本図式が二重性であるならば、生命過程の図式は三重性でなければならない。しかしながら、三重性の図式とはガルヴァーニ的な過程の図式である」（Schelling. I-8,72）と、リッター（Johann Wilhelm Ritter：1776–1810）に基づいて論じていた。

　蛙の筋肉の収縮に、「動物電気」を想定したガルヴァーニと、筋肉の収縮は、動物の体とは無関係な電気現象であることを解明したヴォルタとの論争は、ドイツでも一七九〇年代に既に紹介されていた。一八〇四年から五年夏にかけて書かれたヘーゲルの『論理学・形而上学・自然哲学』では、「ガルヴァーニ的過程」にしばしば論及するなかで、二種類の金属によって引き起こされることを示唆しているところから、ヘーゲルは既にヴォルタの研究も知っていたことが窺われる（Vgl. GW. VII, 332）。

　当時の実験科学の最新の成果を取り入れる形で、自然哲学において、生命現象を解明しようとした点ではヘーゲルも同じであった。ただシェリングは、自然哲学と、精神哲学であるところの超越論哲学とを並置することになる。これに対してヘーゲルは自然哲学から精神哲学へと高まる構成での哲学の構築を図る。本章は、ヘーゲルにおける精神哲学が自然哲学の上に成り立つ構造の意味を探ることを目的とする。

1　シェリングの自然哲学の前哨

　ヘーゲルは『自然哲学』（一八三〇年）の三一三節で、「磁気と電気と化学機構とが同一性を成していることは今日では一般に承認されているし、物理学では根元的であるとさえされている」（GW. XX, 308）ことを認めている。その上で、「哲学がこれらの現象の同一性という理念を捉えるようになったが、これらの区別ははっきりと保留されたままであった」（GW. XX, 309）という認識を示していた。どのように区別されるべきかという問題の解決は、「概念の本性」にこそあれ、「同一性」において解決されはしない、と明言されたのである。これは、シェリングの『自然哲学体系への草案序説』での説明が不十分であることを伝える論述であったかも知れない。というのも、『自然哲学体系への草案序説』では、「自然は根源的に同一性である」（Schelling. I-8, 63）と語られたうえでガルヴァニズムへと言及されていたからである。「感受性、興奮性、形成衝動はすべて一つの興奮過程のうちに含まれている（ガルヴァニズムはこれらを全て触発する）」（Schelling. I-8, 75）。

もとよりシェリングにしても、一七九七年の『自然哲学の理念』では生を、他の要素や要因で基礎づけたり、他のものとの同一性を主張したりするやり方を採ってはいなかった。「私が主張しているのは、存在と生命については、直接知だけが可能であって、存在して生きているものは、それが最初にありとあらゆるものに先立って、自分自身のために現存していて、自分の生命を通して自分の生命を意識するようになる限りにおいて、存在し、生きている、ということである」（Schelling.I-5, 104）。生そのものを原理とする一元論的な自然観が展開されていた[1]。

『世界霊』以降、シェリングが重視するようになったのは、ガルヴァニズムであった。ボローニャ大学の医学・解剖学の教授であったルイジ・ガルヴァーニ（Luigi Garvani : 1737–1798）が一七八〇年代に蛙を用いた一連の実験をする中で、二種類の金属が蛙の太腿に挿し込まれた際に筋肉の収縮が生じる現象を発見、これを、動物の体内に電気が貯えられている証拠と見た。ガルヴァーニの著書は、九〇年代にはドイツ語に翻訳されるとともに、動物電気であることを否定したヴォルタ（Alessandro Volta：1745–1827）との論争も紹介されることとなった。ヴォルタは、筋肉が収縮したことに生体それ自体は関与せず、ただ二種の金属の接触によって電気が生じただけだと見たわけである。シェリングも「諸感覚を引き起こす原因」（Schelling. I-6, 251）として、ガルヴァーニ的刺激へ言及した。「ガルヴァーニの現象の究極原因が、刺激を受けた器官そのものにあるということは、今や、フンボルトの試みによって決定的である。ガルヴァーニの偉大な発見は、またしても、ヴォルタの明敏さをもってして、ガルヴァーニの発見から奪い取ろうとしたにもかかわらず、尊厳を保っている」（Schelling. I-6,243）。

ヴォルタを知っていながらガルヴァーニを重視する、シェリングのこうした知見の前哨を、私たちはアレクサンダー・フォン・フンボルト（Alexander von Humboldt：1769–1859）に見出すことができる。フンボルトは『刺激された筋肉繊維と神経繊維に関する実験（Versuche über die gereizte Muskel-und Nervenfaser nebst Vermuthungen über den chemischen Process des Lebens in der Thier-und Pflanzenwelt）』（第一巻・一七九七年）で次のように述べていたからである。「刺激を受けるということ（*Erregbarkeit*）は、動物や植物の組織の特性に他ならない。有機的な自然の独占的な長所なのである。ガルヴァーニの刺激はこうした特性を注目させる。感じやすい繊維にそなわる物質に注目させることになる。その物質は生き生きとした動物力の反応を前提とするとともに、フーフェラント氏が彼の卓越した病因論で「ヴァイタル・アクション」と呼んだものに属する。筋肉運動を純然たる動物的な同質の組織を通して惹起するもっとも単純なやり方は、これ以外にも、神経繊維が刺激に際して、吸湿性の検電器のような実体とは違って、受苦的に作用するのではなく、むしろすべての活動が神経繊維だけから生じていることを教えてくれているように思われる」（Versuch. I, 16f.）。フンボルトは動物電気を認めた上で、ヴォルタ説についても紹介していた。「ヴォルタ氏はなるほど、ガルヴァニズムについての彼の仮説に基づいて、次のように推論せざるを得ないと思っている。つまり、三つの性質の、異なる生きていない物体が触れ合うなかにあって、電気流体（das elektrische Fluidum）が両方向に流れることを決定すると。ただヴォルタ氏は、この電気流体が溢れ流れるのを観察することは決して出来ないと確言している」（Versuch. I, 19）。

実際シェリングは、『世界霊』で、フンボルトの『刺激された筋肉繊維と神経繊維に関する実験』（第一巻・一七九七年、第二巻・一七九七年）を援用して、生命原理や生命過程について語っている（Vgl. Schelling. I-6, 213 u. 227）。加えて、フンボルトの『植物の化学的生理学からの断章（Aphorismen aus der chemischen Physiologie der Pflanzen）』（一七九四年）の四〇頁を指示しながら、生命原理に論及してもいた（Vgl. Schelling. I-6, 197）。「私たちは繰り返し、動かし突き動かす力に立ち返ろう。ありとあらゆる事物の前で見られなくてはならない生命原理は、植物において生じるすべてのものをよく秩序づける運動によって引き起こされる」（Physiologie der Pflanzen. 40）。

他方、ハラー（Albrecht von Haller : 1708–1777）やブランディス（Joachim Dietrich Brandis : 1762–1846）の機械論的な考え方をシェリングは斥けていた。「原子論哲学が自然学の個々の命題というよりもむしろ、自然哲学全体の精神へと及ぼした絶望的な影響は、生理学においても明らかになった。それによって、生という卓越した現象の根拠は、器官の構造に求められてしまった。（そうやってハラーでさえも、筋肉が刺激を受けることを、器官の独自の構造に基づいて説明してしまった）」（Schelling. I-6, 211）。ブランディスの『生命力についての試論（Versuch über die Lebenskraft）』（一七九五年）の一節である。「単に流動的でまだ有機化されていない物質から、生命力を介して、ありとあらゆる有機化された諸部分が形成される。それゆえ、こうした流動性（Flüssigkeit）において現前しているのは、有機体というよりもむしろ生命力であるに違いない」（Lebenskraft, 16）。

ここで、この時代の電気や磁気の問題について一連の優れた研究を展開している佐藤朋之の見解を借りる。

「発見者ガルヴァーニによって最初に提起された、動物の体内に特有の「動物電気」が関与しているとする説と、異種の金属が触れ合ったことで「接触電気」が発生するというヴォルタの説とがしのぎをけずっていた。しかし、脳から発して神経を経由し、（ライデン瓶に静電気がたまるように）筋肉の内部に滞留すると考えられていた「動物電気」であろうと、ヴォルタのいう「電気流体」であろうと、（……）そこに何らかの実体的な「流体」、いわゆる「ガルヴァニズム流体（Galvanisches Fluidum）」の関与を前提している点では、両者は共通していた」（佐藤朋之「ヨーハン・ヴィルヘルム・リッターのガルヴァニズム研究」上智大学『ドイツ文学論集』四六号、二〇〇九年、八五―八六頁）。

フンボルトは、このガルヴァニズム流体を「神経流体（Nervenfluidum）」として、筋収縮の原因物質として考えていたのである（Vgl. Versuch, Bd. I, 243f.）。第二巻でも同様の見解は維持されている。「私たちは、感じやすい繊維のなかに流体（Fluidum）が蓄積されていて、それが突然溢れ出して筋繊維の中に流れ込むことによって、筋繊維の収縮が生じることを見てきた。この流体はもはや、私たちの想像の産物ではないし、可能性の領域に由来する仮説でもない」（Versuch. Bd. II, 33f.）。この、『刺激された筋肉繊維と神経繊維に関する実験』第二巻は、出版される前の春、リッターに校閲が依頼されていた。そしてリッターから受けた指摘や批判が「あとがき」で引用を交えて紹介されていたのである。

2　リッターをめぐるシェリングとヘーゲル

一七九七年一〇月二九日、イェーナ自然学会で、リッターは、「ガルヴァニズムについて」という講演を行った。「生命過程とは、無数の相互に入り乱れて結び合った連鎖から生じる恒常的なガルヴァニズムなのでしょうか？――生命と有機体とはガルヴァニズムの産物なのでしょうか――そこ〔動物の身体のなか〕でこのようにいろいろに結びつき、閉じた連鎖だけを形成してゆく動物の身体の諸部分のすべては、ガルヴァニズムの流入にとっては、すべて多様な伝導体であって、すべてがさまざまな度合いにおいてある伝導体なのです！――ですから、死体であるのに、なおも刺激に反応する動物を用いた私の実験におけるのと同じように、そこ〔ガルヴァニズムの流入〕にあっても必然的に、連鎖の全く同じ反応が生じているに違いありません」（Riteter：Ueber den Galvanismus. in：Physisch-Chemische Abhandlungen. Erster Bamd.1806, S. 39）。締め括りに、「自然全体の到る所で、今後は「生命原理（Lebensprincip）」とでも呼ぶことを皆さまからお許し頂きたい、そうした原理が見出されるのです」（Ueber den Galvanismus. S. 41）と宣言したのであった。

この講演の翌年にリッターは、『恒常的ガルヴァニズムが動物界の生命過程に随伴していることの証明（Beweis, dass sein beständiger Galvanismus den Lebensprocess in dem Thierreich begleite）』を刊行、「アクティヴなガルヴァーニ連鎖が（……）形成されるためには、少なくとも三つの、性質の異なるガルヴァニズムの導体が必要で、そのうち最低一つは湿潤なものであるか、あるいは液体の状態で見出されなければならない」（Beweis. 33）。リッターの言うところ、「しかし、この法則は新しいものではない。私たちがここで初めてその法則を見出したのではない。一年以上も前に既に、A・ヴォルタ氏がそれを見出していた」（Beweis. 34）。ここから窺い知ることができるのは、リッターが、動物の器官に電気が内在しているのではなく、異なった金属によって電気が発生することに知悉していた、ということである。その上でリッターは、生命を基礎づけるものとして「持続的に閉じた連鎖における持続的な活動」（Beweis. 158）を挙げることによって、「恒常的ガルヴァニズム」が生命現象を基礎づけているこことを証明したとする。とはいえそれは、既にガルヴァーニやヴォルタが見出した知見の再確認でしかないのも事実であった。

にもかかわらず、第二六節のタイトル「動物の諸部分が構成要素でない連鎖においても作用は生じるのか？」が示唆的であるように、リッターはガルヴァニズムを、生体のみならず、自然界全体へと拡張したうえで、自然を生きものとして捉えようとする。「天体は自然の赤血球であり、銀河は筋肉のよう、そして天空のエーテルがその神経を貫流する」（Beweis. 171）というような生命体としての自然。「いったい動物の諸部分と植物、金属そして岩石の間に区別などあろうか？　それらが一緒になって自然という巨大な万有・動物の諸部分（Theile des grossen *All-Theisrs*,der *Natur*）となっていないだなんて」（Beweis. 171）と、壮大な、妄想めいた自然観が宣言された上で、「これまで知られてこなかった一つの普遍的な自然法則が、私たちに向かって光を放っているように思われる」（Beweis, 171）と述べて節が閉じられている。

こうしたリッターをシュテッフェンス（Henrik Steffens：1773–1845）は後年、「リッターは自己自身との内的な分裂のうちに、精神的な錯乱のうちに生きていた。その錯乱はますます酷くなり、彼の市民としての地位にとっても、学問的な立場にとっても、不幸な結果を及ぼすことになった」（Steffens:Was ich erlebte.Dritter Band.(1841), 93）と証言してもいる。

とはいえリッターの『証明』第二七節の標題、「ガルヴァニズムと電気との関係、並びに両者と化学との関係とはいかなるものか」（Beweis. 172）が物語るように、この書は、シェリングの自然哲学に大きな影響を与えていた。『自然哲学の体系の第一草案』（一七九九年）でシェリングが「ガルヴァニズムにあっては、先の必然的な三重性がむしろ法則として樹てられている」（Schelling. I-7, 153）と語った時に、念頭に置かれていたのはリッターの『証明』に他ならなかった。

シェリングの見立てによれば、「課題は、繰り返し接触したり切り離したりしなくても、それゆえ完全な静穏状態にあっても（というのも有機体は活動していても、静穏だから）、持続する活動を条件づける幾つかの物体の結びつきが見出されるべきだ、ということである。そしてこの課題はひとえにガルヴァーニの連鎖によってこそ解決され得る。というのも、ガルヴァーニの連鎖において、それが閉じられていることそのものによって、閉じられたままであることによって、持続的な活動が条件づけられているからである」（Schelling. I-7, 185）。ここからも私たちは、リッターの研究に通じる、シェリングの問題設定を見ることができる。こうして、『自然哲学体系への草案序説』（一七九九年）で、シェリングは、「ガルヴァニズム的過程（言い換えると興奮過程）は、化学的過程よりも高次のポテンツである」（Schelling. I-8, 72）とまで述べるに到ったのである。

それに対し、ヘーゲルはリッターに対して極めて懐疑的であった。シェリングはヘーゲルに宛てた一八〇七年一月一一日付の書簡で、リッターが刊行しようとしていた著書、『金属感知主義もしくはガルヴァニズムのより詳細な知識のための新たな寄与（Der Siderismus oder neue Beiträge zur näheren Kenntnis des Galvanismus）』（一八〇八年）に言及しながら、次のように書き送った。「リッターは、二〇年前に主張された（……）水と金属の上での振り子振動を、水と金属とに結びつけていたが、その振り子振動は最初の頃は、たいていの自然科学者たちによって失敗だったと言われていたけど、今となっては僕らには成功したってものだろう」（Br. I, 134）。そして、「リッターは、鉱石や水を感じる人を連れてきたので、この新しい現象から、多くの素晴らしいことが引き出されるだろう」（Br. I,135）と、絶賛したのであった。この書簡への返信としてヘーゲルは、一八〇七年五月一日付のシェリング宛書簡で、この「金属感知主義」に論及して、「君とリッターについて望むのは、あるいは願わくば二人とも、公衆に対して、いい加減もっと大きな報告をしてほしいよ」(Br. I, 161)と書き送ったのであった。

3　ヘーゲルの『自然哲学』と「自然の無力」

シェリングがヘーゲルに宛ててリッターを称える手紙を書いた頃、リッターは、バイエルン王立学術アカデミーから研究助成を認められて、イタリアへ旅行、ミュンヘンに、フランチェスコ・カンペッティ(Francesco Campetti)という二一歳の農夫を連れて来て、一連の実験を始めたのが一月四日であった。それは、カンペッティが、二股の樹の枝やペンデュラムを用いて、地中に隠れた金属や水脈を探知することを検証する、ダウジングの「能力」の実証実験であった。もちろん、自然科学に携わっていたアカデミーの学者たちは、降霊会まがいの実験に反対した。しかし、リッターを擁護したのが、アカデミー総裁のヤコービ、そしてシェリング、さらにはバーダーらだったという(佐藤朋之「ヨーハン・ヴィルヘルム・リッターのダウジング研究」、桑原聡(編)『ロマン派の時代の危機意識とユートピア』(日本独文学会研究叢書八四号)参照)。

一年半ほどで頓挫したこの実験について、一八二七年冬学期の「精神哲学講義」でヘーゲルは次のように語っていた。「守護霊(Genius)なんてものは、思慮深い意識の媒介に結びつけられてはいません。(……)神経の弱い人なら、思慮深い人が多くの媒介を通るに違いない場合に、さまざまな感覚を持つことがあります。その手の人たちは、彼らがもし水や金属などの上にいるのかどうか、そうした感情を持つ人たちです。それによって自分の身体に吐き気とかそうしたものを感覚するのは、こうした神経の弱い人なのです。カンペッティ」(Vorl. XIII, 96)。別の受講生のノートによれば、「カンペッティ、リッターがミュンヘンへ連れてきた(金属感知主義)」

（Vorl.XIII,96）とも筆記されている。ヘーゲルは、二〇年も前に行なわれたいかさま実験のことを語り続けていたのである。

スキャンダルめいた実験ではあるが、リッターがダウジングを知るに到ったのは、実に、フンボルトの『刺激された筋肉繊維と神経繊維に関する実験』（第一巻）で論及された、トゥヴネル（Pierre Thouvenel : 1745–1815）による「地下電位測定術（*unterirdische Elektrometrie*）」（Versuch. I, 467）についての記述だという。従って、シェリングのヘーゲル宛書簡に見られる「二〇年前に主張された」という表現は、トゥヴネルによる地下電位測定術を指すと推定される。しかしながら、フンボルト自身は、シェリングの思い込みとは違い、「繰り返された実験によって、私は、今のところいずれも、錯覚だと見なす確信を得た」（Versuch. I, 470）と結論づけていたのである。

ロマン派の自然哲学には懐疑的であったヘーゲルではあるが、ヘーゲルも実際に『自然哲学』では、ガルヴァーニ的過程について、化学的な過程を踏まえた上で論じている。「この能動性はガルヴァニズムと呼ばれる。なぜならガルヴァーニが最初のそれを発見したからである。しかしそれを認識したのはヴォルタである。ガルヴァーニはさしあたってまずその問題をまったく別の仕方で用いていた。ヴォルタが初めてその現象を有機的なものから解放し、その単純な諸条件に還元した。彼はこれらの条件を単なる電気とみなしたのである」（SW. IX, 313f.）。ヘーゲルはフンボルトやポール（Georg Friedrich Pohl : 1788–1849）を引用しながら、科学的な分析に終始する。

であれば、ヘーゲルと同様、フンボルトから知識を得ていたシェリングによる自然哲学の何が、ヘーゲルにとって不満であったのか。「磁気作用のなかで運動する活動を個別化することは、自然の無力（Ohnmacht der Natur）である。しかしその時、そうしたものを全体へと結びつけることは思想の威力」（SW. IX, 217）だとする。

ヘーゲルの呼ぶ「自然に固有の生命原理」（SW. IX, 218）は、磁気でも電気でもあり得ない。これらは生命現象の一つのメカニズムでこそあれ、生命体について説明されない限り、生命の本質の把握とは程遠い。

ヘーゲルの『自然哲学』の前半部最後の三三六節の「補遺」に印象的な章句がある。「今や、私たちは非有機的自然から有機的自然へと移りゆく。すなわち、自然の散文（Prosa）から自然の詩情（Poesie）へと移行する」（SW. IX, 334）。この自然の詩情について、ローゼンクランツによる興味深い証言が残されている。「ヘーゲルは自然哲学を論理的に取り扱ったので、イェーナではすぐにロマン派の側から、自然の詩情（*Poesie der Natur*）を見損なったという偏見を招くことになった。彼は精神を単に自然に対して並立させるだけでなく、むしろそれを絶対的に普遍的なものとして立てることによって、シェリングを超えたのである」（Hegels Leben, 186f.）。シェリングが精神哲学である超越論的観念論と自然哲学とを並立的に捉えたのに対し、ヘーゲルは自然から精神へと生の概念が展開する縦の構造を構築した。その際に、シェリングには乏しかった、自然哲学における有機体論を、ヘーゲルが自ら「自然の詩情」と呼んで展開したところに、ローゼンクランツの伝える証言が正しいのなら、ロマン派の自然把握に対する反批判の意図を見てとることができよう。

とはいえ、有機体論を論じたからといって、それでもって、生命の本質を解明したと見ることはできない。有機体にあっても、「生命という理念がまだ無媒介性に留まっていて、概念はそうしたものとしては生命のうちに実在してはいない」（GW. XX, 368）。もとよりヘーゲルは、「概念規定を単に抽象的に維持するだけで、特殊なものの詳述を、外面的に規定できるがままにしておく」（GW. XX, 240）ならば、それは「自然の無力（*Ohnmacht der Natur*）」（GW. XX, 240）でしかないことを見抜いていた。

「限りなき豊穣さ、形態の多様さ、それに理性的でないやり方ではあることこの上ないが、自然の形象の外面的な配列にまで入り込む偶然性について、自然の高貴な自由だとか、自然の神性だとか、あるいは少なくとも自然の内なる神性だとかと、誇って来た人がいた。しかし、偶然性、恣意、無秩序を、自由だとか理性だとかと思い込むのは、感性的な表象様式のせいである」（GW. XX, 240）。こう述べて「構成するとか演繹する」（GW. XX, 240）ことを哲学に要求してきた手合いに対して、ヘーゲルは、それでは哲学に限界を措定する「自然の無力」（GW. XX, 240）でしかないと繰り返し指摘する。この「自然の無力」という批判の意味するところは、シェリングやリッターのように自然を捉えたところで、それでは、生や自然のダイナミズムを、生き生きと総体的に把握することなどできない、ということであった。

4　生から精神へ

振り返れば、「一八〇〇年体系断片」に青年ヘーゲルが書き込んだ「無限な生は精神と呼ぶことができる」（GW. II, 343）という発想から、ヘーゲルにおける「精神哲学」は旅発ちを始めた。『エンツュクロペディー』の『精神哲学』の準備稿とも言える「〈主観的精神の哲学〉のための断章」（一八二二―二五年）において、精神をして精神たらしめる教養形成の過程を、自らの哲学として書き綴るなかで、それは、「生の過程」と言い換えられもした。「こうした〈個体的な心と普遍的なものとの〉関係が、精神的な自然のような、あらゆる生き物の生の過程（*Lebensproceß*）を基礎づけている」（GW. XV, 227f.）。「生の過程」が貫徹されているからこそ、精神が、自然よりも高いにせよ、超越したものではなく、これによって自然の深処から生を通して連続的に展開される構造の精神哲学をヘーゲルは構築することができたのである。

『精神哲学』でヘーゲルはこう総括する。「精神が自然から出てくるということは、あたかも、自然が絶対的に無媒介的で第一の、根源的に措定するものであって、それに対して精神が自然によって措定されたものであるかのように捉えられてはならない。むしろ自然が精神によって措定されていて、精神が絶対的に最初のものである」（GW. XXV-2, 933）。あくまでも、知のプロセスは、精神をもって始まらなければならない。それにもかかわらず、精神の出自は自然にあった。ところが精神は自然の詩情に耽るわけにはいかない。精神の出自たる自然が精神によって措定されるという真意は、「精神へと自然が移行することは、自然においては自らの外部にあった精神が自己自身に到達する」（GW. XXV-2, 933）謂いであり、これによって自然は把握されることになる。

　精神自らが自然から生まれ出てきたことを忘れたかのように、育み育ててくれた自然の有り難みを忘れ、知の力を得た精神が自然を概念把握することによって、自然を措定するところに、哲学者ヘーゲルにとって、「自然哲学」と「精神哲学」の関係が捉えられていた。「精神がその前提として自然を持っているということは、私たちにとって（*für uns*）のことである」（GW. XX, 381）。そして母なる自然に対して、自分があってこそ初めて、自然が措定され、把握されるかのように対処する精神の傲岸不遜とも思える倨傲を、ヘーゲルは『精神哲学』で、「超然たる忘恩（Undankbarkeit）」（GW. XXV-2, 933）と呼んだのである。

　『エンツュクロペディー』の『論理学』によれば、「生命は本質的に生きているものであって、その無媒介性から見るならこの個別的な生あるものである」（GW. XX, 219）という。「生命の概念は心である」（SW. VIII, 374 : §216 Zusatz）ともされるところから、まさしく生命は『精神哲学』へと高まらなければならないことが、『論理学』によって予め指示されていたと言える。「生命の過程は、生命がなおそのうちに囚われているところの無媒介性を克服するところにある」（SW. VIII, 374 : §216 Zusatz）。先に見た「自然」と「精神」との関係や構造は、実に、『エンツュクロペディー』の『論理学』の掉尾に明記されている。「自然が端緒的で無媒介的なものであって、精神が自然によって媒介されたものであるのは、無媒介的でさえある意識にとってでしかない。しかしながら実際には、自然は精神によって措定されたものであって、自然を自らの前提とするのは、精神自身に他ならない」(SW. VIII, 391 : §239 Zusatz)。つまり、ヘーゲルの『自然哲学』から『精神哲学』へと、生が貫徹されている構造は、予め『論理学』において、その構造設計が示されていたのである。

『エンツュクロペディー』の原型である『ハイデルベルク・エンツュクロペディー』(一八一七年)の『論理学』でも、精神がもともと生であることが語られていた。「精神も同じように生きているものであるが、しかし、精神のうちに、精神が持っているとされる独立的に作用する能力とか諸力とかが想定されるなら、死せるものとして見なされることになる。その時、精神は、多くの特性から成る物となってしまう」(GW. XIII, 101f.)。精神は一如であることが確認された上で、精神の自己超出が、『論理学』の掉尾で課せられている。「思弁的理念は、それだけで理念ではある。それと同時に無限の現実である。これは、絶対的に自由であるなかにあって、単に生命へ移行するだけでなく、有限な認識作用として生命を自らのうちに照らし出すだけでなく、むしろ、自己自身の絶対的に真理であるなかにあって、次のことを決意する。つまり、自らの特殊なあり方の契機や最初の規定の契機、他在の契機、それらの反照としての無媒介的な理念を、自然としての自分を、おのれのうちから解き放つことを決意するのである」(GW. XIII, 110)。

自然的な生としての自らを超出してこそ、精神は精神たることができる。こうした自己超出をヘーゲルは「決意(entschließen)」を要することだと語る。ここで想起されるべきは、「一八〇〇年体系断片」を書き終えたヘーゲルが、哲学研究の道へ自ら進もうと、イェーナに赴くことになった三〇歳、一八〇一年の年初に書かれたと推定される「決意（Entschluß）」なる短詩である。「神の子は　勇んで　完成の闘いに身を任せるがいい／汝との平穏を断ち　世の業との安らぎを断ち／努めよ　試みよ　昨日よりは今日　今日よりは明日と／時代よりも良からずとも　時代となることこそ善かれ」（GW. V, 511）。ヘーゲル自身、安閑とした家庭教師生活に埋没することから脱して、学問の厳しい修練の道へと踏み出す決意を、この短詩に込めたものと読むこともできる。

それと同時に、『ハイデルベルク・エンツュクロペディー』の「決意」と重ね合わせて読むと、なにやら、ヘーゲル哲学において、精神が自らの自然性を自己超出する精神の道行は、ヘーゲル自身が、青年期の「生の哲学」から脱して、イェーナで「精神哲学」を構想しようとする決意と重ねあわされる形で、既に予料していたようにも思われるのである。

おわりに　母なる故郷を創建する「精神の忘恩」

精神は、自らの出自である詩情の漂う自然性から離れ、異化の道を歩みながら、己れ本来の自然性を超出しようとする。そこにヘーゲルは精神の傲慢を捉えた。その精神の自己実現あるいは精神の自己知は、生命を概念的に把握することに他ならない。そうであるなら、生命を捉えようとしても、シェリングのように、磁気と電気と化学的関係との「同一性」などということで解決されるものではなかったであろう。「概念の本性」（GW. XX, 309）にしか解決はないというヘーゲルの真意は何処にあったのか。

実にヘーゲルは、ベルリン大学での同僚の物理学者、パウル・エルマン（Paul Erman：1764–1851）の著書『エルステッドによって発見された電気化学的磁気の物理的諸関係の概略（Umrisse zu den physischen Verhältnissen des von Oersted entdeckten elekttrochemischen Magnetismus)』（一八二一年）などを通して、電磁気学の祖ともみなされる、エルステッド（Hans Christian Oersted：1777–1851）の研究を知っていたのである。エルステッドは、電流が磁場を形成することを実証的に明らかにしていた。

確かにシェリングにあっても、電気と磁気は「同一」だと語られはした。しかしながら、それは実証に基づいた知見ではなかった。エルステッドが電流の流れる方向によって磁場が逆転する実験を行ったのは、一八二〇年四月のことだからである。ヘーゲルは単に、二〇年の歳月をかけて回顧的にシェリングを論難したのではない。エルステッドの実験に基づいて、電磁気の「概念の本性」に従って、電気と磁気とが同一であることを把握した上で、事実を明らかにしたのである。

シェリングに対してヘーゲルは、「分かった上で語ってほしい」というような気持ちに誘われたであろう。卑近に過ぎる表現ではあるが、分かった上で語るということこそ、超越論的循環の構造を言い表して不足ない表現である。ヘーゲルにおける「自然」と「精神」も、同じような関係にある。精神は、自らの出自を知った上で、自らを語る。しかしそれは、自らの母なる故郷を、自ら語り出し、創建する試みでもあった。それをヘーゲルは、「精神の忘恩」と表現したのであった。

付　記

本稿の成稿にあたり、上智大学の佐藤朋之教授による一連のリッター研究から多大な教示を受けるとともに、Benjamin Specht „*Physik als Kunst*. ——*Die Poetisierung der Elektrizität um 1800*“（De Gruyter, 2010）から多くを学んだことに、記して謝意を表します。

注

（1）本書第六章「自然と生命——シェリング『自然哲学の理念』に寄せて」でも詳述した。

第八章　ヘーゲル『精神哲学』の基底と前哨

はじめに

一八二二年頃から一八二五年頃にかけて執筆されたと推定される、ヘーゲル自身の手になる「〈主観的精神の哲学〉のための断章」（GW. XV, 207–249）と称される草稿がある。[1] ベルリン大学でヘーゲルが、一八二二年夏学期に「人間学と心理学」を、一八二五年夏学期に「人間学と心理学あるいは精神哲学」を講じるための準備稿だと推定されている。

その草稿は、断片的な叙述になっているとはいえ、ヘーゲルの精神哲学の出自を探る上で非常に興味深いドキュメントであることも事実である。というのもヘーゲルは、合理的心理学や霊魂論（Pneumatologie）を古臭い形而上学と呼んで、「そうした考察方法では、精神をして精神たらしめるものは登場しない」（GW. XV, 213）と斥ける。その理由としてヘーゲルは、哲学はその概念からして、「精神についての学問の対象として、ただ、生き生きとした精神だけを持つことができるし、認識の形式としては、ただ認識の独自な概念だけを、概念の内発的な展開の必然性に従って持つことができる」（GW. XV, 213）ことを挙げている。ここからは、ヘーゲル哲学が、一八世紀後半から一九世紀初頭にかけて盛んに試みられていた「心理学」を超克したところから始まっていることが見て取れる。

また、メスメル（Franz Anton Mesmer：1734–1815）の「動物磁気」説では、「磁気の現象において精神の高揚や、精神の考える概念よりもさらに進んでいくような深処（Tieffe）からの開示（Eröffnung）を見ようとすることは、誤った希望となる」（GW. XV, 215）とともに、通常の心理学では、「いわゆる自然な物事の成り行きに従ったりして、精神の概念なき把捉のままに留まろうとする」（GW. XV, 215）という把握が示されていた。ここからは、ヘーゲルが精神哲学においては、「精神の高揚や、精神の考える概念よりもさらに進んでいくような深処（Tieffe）からの開示（Eröffnung）」を示すような構造が必要だと考えていたことが分かる。

ヘーゲルは、往時盛んに試みられていた人間学や心理学が散漫な叙述に終わった愚に陥ることがないように、精神をして精神たらしめる教養形成の過程を、自らの哲学として口述することになったと考えられる。それは、「生の過程」と言い換えてもよいかもしれない。「こうした〈個体的な心と普遍的なものとの〉関係が、精神的な自然のような、あらゆる生き物の生の過程（*Lebensproceß*）を基礎づけている。というのは、そうした関係は、生の過程のなかの対立や内面的で実体的な普遍性、そして無媒介的な個別性を包括しているからである」（GW. XV, 227f.）。すなわち、精神は、自然よりも高いにせよ、それは超越したものではなく、自然の深処から生を通して連続的に展開される構造をヘーゲルは考えていたと言えるかもしれない。

こうした想定を裏付ける把握を、ミシュレ（Carl Ludwig Michelet）は、その著『カントからヘーゲルに到る最新のドイツ哲学体系の歴史（Geschichte der letzten Systeme der Philosophie in Deutschland von Kant bis Hegel. Zweiter Theil）』（一八三八年）において、次のように伝えていた。「自然のこうした共生（Zusammenleben）が精神へも延長することは、「精神が自然と結びつけられて取り扱われなければならないということである」が、これは、ヘーゲルが一八二二年夏学期での主観的精神の哲学についての講義で語ったように、シュテッフェンスの人間学の「正しい考え方」である」（S. 529）。

ミシュレが指摘していたように、「〈主観的精神の哲学〉のための断章」では、「いっそう高次の、哲学の立場から出発するような、精神の本性についての著作家の仕事としては、二冊だけ挙げておこう」（GW. XV, 216）として、エッシェンマイヤーの『経験的心理学、純粋心理学、応用心理学という三部における心理学（Psychologie in drei Theilen als empirische, reine und angewandte）』（一八一七年、第二版・一八二二年）とともに、シュテッフェンスの『人間学（Anthropologie）』（二巻本、一八二二年）が挙げられていた。

本章は、「〈主観的精神の哲学〉のための断章」において、シュテッフェンス（Heinrich Steffens：1773–1845）とエッシェンマイヤー（Adam Karl August Eschenmayer：1768–1852）へ言及されていることを手がかりに、『自然哲学』から『精神哲学』へ、「精神の高揚や（……）深処（Tieffe）からの開示（Eröffnung）」という構造が貫徹されていることを明らかにすることを試みる。

1　地球は生きている

先の断章で、「シュテッフェンスの『人間学』は、地質学を人間学と組み合わせていて、いわば、全体の一〇番目とか一二番目の部分が人間学にあたる」（GW. XV, 216）と、その構成が語られている。実際、『エンツュクロペディー』の『自然哲学』の地質学に関する部分で、シュテッフェンスはしばしば論及されている。それは、イェーナ時代の『自然哲学』以来、ヘーゲルが地球を、生命の基盤だと捉えていたことに関連している。「陸と、そしてとくに海は、生命の実在的な可能性であるから、あらゆる地点で無限に、点のような一時的な生命力を生み出す」(GW. XX, 347 : SW. IX, 360)。そこに私たちは、シュテッフェンスの『地球の内面的自然史への寄与(Beyträge zur inneren Naturgeschichte der Erde)』(一八〇一年)への参照を見てとることもできよう。その他にもシュテッフェンスへの参照を『エンツュクロペディー』において確認できる。「シリカの列と石灰の列とが本質的な対立を形成している。シュテッフェンスが初期の著作のなかでそれに注目している。(……)シュテッフェンスは原始の岩盤のなかに、あい異なる性格をもった二つの面を際立たせ、それを規定的なものとした」(SW. IX, 353)。

ヘーゲルによって「シュテッフェンスの最上の洞察の一つ」(ibid.)だと評価された、この知見は、彼の『地識学的――地質学の論考(Geognostische-geologische Aufsätze)』(一八一〇年)の次の論述を承けたものである。「たいていのところ、原始の岩盤のその他の地層から離れて、原始の石灰層がきわめて単純に自らにおいて現れる。しかしながら、それ以外の岩塊は、たとえさまざまに区別されるにしても、すべてを結びつける長石によって、あるいは石英によって媒介項を保持することになる。原始の岩盤においては、石灰岩とそれ以外の岩石の種類との対立が、最も純粋に維持されているように思われる」(Geologische Aufsätze. 205)。この叙述の背景にあるのは、玄武岩や花崗岩の成り立ちについて、往時見られた、水成説と火成説との論争である。

水成説とは、原初の海が徐々に沈降したとした上で、堆積のモデルで岩石の成り立ちを説明するとともに、火成岩類については、地中の石炭層が燃焼して流出した結果だと見る、ヴェルナー(Abraham Gottlob Werner : 1749–1817)が主唱した学説である。これに対して玄武岩の火成説を主張したのは、ヴェルナーに師事したヨハン・カール・ヴィルヘルム・フォークト(Johann Carl Wilhelm Voigt : 1752–1821)(2)で、その後、ヴェルナーとフォークトの間で一七八八年に、玄武岩の成り立ちをめぐって論争が始まった（Vgl. GW. X-2, 1141）。この論争は、ゲーテとも親交を深めていて、ノヴァーリスを指導したりもしたヴェルナーが逝去するまでは、水成説が優勢であったと言われている。こうした論争を示唆する叙述が『自然哲学』にある。「一方の体系である火成説（*Vulkanismus*）は、地球がその形態を、つまり成層、山岳様式等々を火に負っていると主張した。他方の体系である水成説（*Neptunismus*）は同様に一面的に、いっさいが水の過程の成果であると述べた。四〇年前、ヴェルナーの時代には、この点にかんしてあちこちで激しく論争が交わされた。この二つの原理は本質的な原理として承認されなければならない」（SW. IX. 344）。水成説が支配的であった時代に、火成説に通じる論点を既にシュテッフェンスが提起していたその慧眼を、ヘーゲルは評価したわけである。

ヘーゲルは『エンツュクロペディー』において、水成説と火成説との論争を踏まえて、火成説や水成説、双方の成り立ちがある以上、二つの原理とも認められなくてはならないと総括した。しかしヘーゲルは、どこからこうした知識を得ることができたのであろうか。確かに、ヘーゲルの蔵書に、ヴェルナーの著書『鉱脈生成についての新理論（Neue Theorie von der Entstehung der Gänge）』（一七九一年）が含まれていたという（Vgl. Vorl. XV, 258）。そこでの論述である。「鉱脈は、化石の板状の特殊な鉱床になっていて、それは、ほとんどいつも、岩塊の層理を突き抜けていて、その限りでこの地層からは逸脱した層を持っている。岩石の種類からは多かれ少なかれ異なっている塊でもって満たされているのである」（M. J. Petry : Hegel's Philosophy of Nature. Vol. III, p. 234）。この箇所を踏まえての論述が、『自然哲学』の補遺にある。「これらの層はさまざまな角度で岩脈・鉱脈によって切断されている。鉱業に重要なのはこの岩脈・鉱脈である。ヴェルナーはこの鉱脈を亀裂と考え、そこは山を造っているのとは別の鉱物によって満たされていると思い浮かべた」（SW. IX, 352）。従ってヘーゲルは、ヴェルナーの著書から直接的に、水成説の知識を得ることができていたと考えられる（Vgl. Entstehung der Gänge. 117）。

だが、ヘーゲルがヴェルナーの水成説について聞き及んだもう一つの筋として、『自然哲学』三一〇節の補遺で論及されているメラー（Jacob Nicolai Möller：1777–1862）が考えられる。この箇所でヘーゲルが踏まえているのは、シェリングが編集した『新・思弁的自然学雑誌』（一八〇二年）第一巻第三分冊に掲載された、メラーの論考「摩擦による熱の発生、ならびに二つの現象の理論のための推論について（Über die Entstehung der Wärme durch Reibung nebst Folgerungen für die Theorie beyder Phänomene）」である。メラーはノルウェーの医師の家庭に生まれ、一七九一年に、法律を勉強するためにコペンハーゲン大学へ入学、一七九五年に卒業後、しばらく実務に就いた後に一七九七年に鉱物学を学ぶためにベルリンへ赴き、ベルリンで同胞のシュテッフェンスに出会う。そして、二人でフライベルクへ旅行して、ヴェルナーの講義を聴講したというのである。その後、一八〇〇年になって、イェーナでシェリングと会うことになる（Vgl. M. J. Petry：Hegel, s Philosophy of Nature. Vol. II, p. 307）。また、ヘーゲルとも交友があったことは、一八〇四年一一月一四日付でミュンスターからメラーがヘーゲルに書き送った書簡から裏付けることができる（Vgl. Br. I, 85f.）。さらに、ヘーゲルがニュルンベルクでギムナジウムの校長を務めていた時には、代用教員として手助けもした人物であるからして、メラーから、ヴェルナーの学説について聞き及ぶ機会があったと推定できるのである。

ヘーゲルは、ヴェルナー存命中の一八一二年から一三年にかけてニュルンベルクで開講された「上級クラスのためのエンツュクロペディー」では、「鉱物学や地識学（Geognosie）の分野で、フライベルクのヴェルナーが功績を挙げています」（Vorl. XV, 130）と一定の評価を加えつつ、ただし、次のようにも付言していた。「ですから、地識学は純粋な直観なのです。地質学（*Geologie*）は理性的で概念的な直観です。地質学には二つの体系があります。すなわち、水の沈降としての過程を考察する水成説（Neptunismus）と、火から生成するものとしての過程を考察する火成説（Vulkanismus）の体系です。これは二〇年前に多くの論争を引き起こしました。ヴェルナーと彼の学派は水成説を守ったのです」（GW. X-2, 770）。フォークトとヴェルナーとの論争を、ヘーゲルが知悉していたことが読みとれるのである。

一八一九年冬学期の「自然哲学」講義でヘーゲルは、次のように述べている。「花崗岩層の上に砂岩層があるのを見るなら、その人は、継起的に形成されたと言うでしょう。説明というのは、併存の形式を継起へ転換することに他なりません。時間の結果と考えようと、空間の結果と考えようと、同じことなのです。主にそうしたことを、ヴェルナーは示していたのでした。彼は山岳の層理について、気の利いたイメージを立てたのでした」（Vorl. XVI, 141）と、幾分冷やかな態度に転じている。ヘーゲルは、『エンツュクロペディー』における『自然哲学』では、次のようにヴェルナーについて語っている。「ヴェルナーに従って鉱物学で岩石の種類（*Gebirgsart*）と岩脈の種類（*Gangart*）とが区別されるようになった。前者を扱うのは地質学（*Geologie*）であり、後者を扱うのは鉱物分類学（*Oryktognosie*）であった。しかし学術的な鉱物学ではもはやそのように呼ぶ必要はない。この区別にまだこだわっているのは鉱山労働者だけである」（SW. IX, 351f.）。

つまり、ニュルンベルクで語られた「上級クラスのためのエンツュクロペディー」講義と、一八一九年冬学期の「自然哲学」講義との間、一八一七年にヴェルナーが逝去した。その後、アレクサンダー・フォン・フンボルト（Alexander von Humboldt : 1769–1859）を初め、ヴェルナーの弟子筋も、火成説に転じたと言われている。フンボルトは一七九九年から一八〇四年にかけて、北米から南米にかけて調査旅行を敢行、メキシコで火山活動を目の当たりにするなどの探検調査に当たり、その体験を基に執筆された膨大かつ浩瀚な『新大陸の赤道地域紀行

（Personal Narrative of Travels to the Equinoctial Regions of the New Continent）』が一八一四年以降、ロンドンで刊行されてもいた。

ヘーゲルは『自然哲学』においては、フンボルトによる一七九七年の著作『刺激された筋肉繊維と神経繊維に関する実験（Versuch über die Gereizte Muskel und Nervenfaser）』（Vgl. SW. IX, 366）を初め、幾つかの論文から引用を行なっているものの、火山活動や火口について報告している『新大陸の赤道地域紀行』からの引用は、明示的には見当たらない。とはいえ、『自然哲学』三三九節の補遺には、「フンボルトはメキシコの谷で、それからキトーとペルーの谷で（どこも海抜七〇八六―八九三四フィートのところであるが）、マンモスの骨（Mammutsknochen）を発見した」（SW. IX, 346）という論述が見られる。これに相応すると思われる記述がフンボルトの『新大陸の赤道地域紀行』のうちに探り当てることができる。ただし、ヘーゲルが独訳したようなマンモスではなく、マストドンであり、また、フィートではなく、フランスでの単位であるトアーズである（Vgl. Personal Narrative, Vol. I, p. xxvii, Vol. IV, p.557 u.Vol. VI, Part II, p. 443）。「サンタフェ・デ・ボゴタなどの街は、西向きに傾斜している台地に張り付いている。それらは海抜一三〇〇トアーズから一四〇〇トアーズである。ボゴタの街は（古代の湖の底であるが）、そこにはマストドンの骨がある」（Personal Narrative, Vol. VI, Part II, p. 443）。ヘーゲルは、フンボルトの著書に接することによっても、ヴェルナーに重きを置くことはなくなったと推察されるのである。

2　『エンツュクロペディー』も生きている

大地が生きているという確信をヘーゲルが得ることになったであろうフンボルトの著書は、図らずも私たちに、

『エンツュクロペディー』そのものも生きていることを如実に実感させてくれる。ヴェルナーへの評価の変化を概観すると、『エンツュクロペディー』は完成された固定的な体系ではなく、生成を重ねていたことが見て取れるからである。そもそも『エンツュクロペディー』の発想は、一八〇三年夏学期の授業、「綜合哲学概説」に遡ることができる。そして『エンツュクロペディー』という名称が現われるのは、一八〇八年以降のニュルンベルクでの講義であり、これをローゼンクランツは、『哲学的導入教育（Philosophische Propädeutik）』として編集・刊行した。

もとより、一七〇〇年代後半から、膨大な著作が『エンツュクロペディー』と題されて、ドイツで刊行されていた。それらのなかから哲学に関するもので、ヘーゲルより先に刊行された『エンツュクロペディー』を概観すると意外な事実が浮かび上がってくる。ホイジンガー（Johan Heinrich Gottlieb Heusinger : 1766–1837）の教科書、『エンツュクロペディー（Versuch einer Encyklopädie der Philosophie, verbunden mit einer praktischen Anleitung zu dem Studium der kritischen Philosophie vorzüglich auf Universitäten）』（二巻本、一七九六年）を除くと、奇しくも、イェーナ時代初期に、ヘーゲルが論争を構えた、クルークとシュミット、そしてシュルツェの著作なのである。[3] この事実を私たちはどう考えたらよいのであろうか。

一つの手掛かりは、それらの著作が『エンツュクロペディー』と謳いながらも、ヘーゲルのような百学連環の趣きや体裁をなしていないということである。とりわけクルークにあっては、脈絡なく、諸学が寄せ集められている風でもある。一八一二年から一三年にかけてニュルンベルクで開講された「上級クラスのための哲学的エンツュクロペディー」講義の受講者クリスチアン・マイネルの筆記録には、次のような叙述が見られる。「ありきたりのエンツュクロペディーにおいては、諸学が経験的に見出されるがままに拾い上げられます。さまざまな学問が完全に記載されて、さらに類似（das Aehnliche）していて、共通の規定のもとにまとめられるものが編成されることによって、秩序（Ordnung）づけられるのだそうです」（GW. X-2, 644）。それに対してヘーゲルの語ったところでは、「哲学的なエンツュクロペディーは、概念によって規定された必然的な連環による、そして諸学の根本概念と根本命題との哲学的な生成による学問なのです」（GW. X-2, 644）という。

「ありきたりのエンツュクロペディー」ということでヘーゲルの念頭にあったのは誰の書なのか、講義が行われた年代を考慮すると、シュミットによる『エンツュクロペディー』が浮かび上がる。「人間の学問の形式的な完全性」（Encyklopäie, 33）は、「さまざまな認識を体系的に秩序づけること（Anordnung）、すなわち合目的かつ規則に適うよう、できることなら合法則的にかつ必然的に秩序づけること」（Encyklopäie, 34）とそこでは謳われている。さらには、「伝達可能性」を担保する「感性的な判明性、すなわち感覚的に分かりやすいこと」として、「さまざまな関係の類似性（Aehnlichkeit）」（Encyklopäie, 35）が挙げられていることから、ヘーゲルはシュミットの『エンツュクロペディー』を「ありきたりのエンツュクロペディー」として想定していた、と判断できよう。

内容に関しては、シュルツェの『エンツュクロペディー』では、「学を成立させるために、学の内的かつ必然的な連関が、結局のところ進められてゆかなければならない方法が判明にされる」ために、「学問的な坑道・構築物（Gebäude）のためのモデルであって、その構築物についての完全な叙述をこのモデルは含んでいて、多くの学の詳細な研究のための準備として役立つだけではない」（Enzyklopädie. I, 2）と謳われている。「人間精神の本性に根差す、自らの認識を統一せんとする努力は、とりわけ最近になって、こうした認識を完結した全体として叙述して、その中心点を指摘する試みが促されるようになってきた。その中心点において、認識のあらゆる分枝をいわば一つの円環の半径のように合一するのみならず、むしろ、その中心点からこれらの分枝の違いや数も把握されることができる」（Enzyklopädie. I, 2f.）。

ここからはむしろ、ヘーゲルによる『エンツュクロペディー』の理念に通じる発想を見てとることができるかもしれない。その当時、刊行されたシュルツェの著書には、他に、『精神に関する人間学（Psychische Anthropologie）』（一八一六年）がある。「人間本性を、本質としての地球上の特殊な人種としての人間的自然に帰されるべきさまざまな性質に従って体系的に叙述することは、人間学（*Anthropologie*（*Menschenlehre, Menschenkunde*））である。これは自然科学の一部門をなす」（Psychische Anthropologie. I, 1）。一八一九年の二版ではかなりの改訂が施されているが、いずれもヘーゲルにおける『精神哲学』にあたる問題圏が取り扱われている。「人間的自然の内に生じる生を学問的に叙述することは、人間学である。これは、自然科学のなかでも、生命学（*Lebenslehre*）（生物学）と呼ばれる部門の特殊な一分枝を構成する」（Psychische Anthropologie. II, 1）。シュルツェは、精神的な生の分析や叙述を試みてはいるものの、「自然哲学」の問題が抜け落ちている。

したがって、ヘーゲルによる『エンツュクロペディー』を、シュルツェへの対抗軸として捉えようとするなら、人間的な自然の生を地球に照らして体系的に叙述しようとするシュルツェの意図を徹底するなら、シュルツェの『人間学』のようにはならないはずだという批判の意図を見て取ることができるかもしれない。

もとよりヘーゲルにとって、地球は生きているという把握には、『イェーナ体系構想Ⅲ』における『自然哲学』以降、一貫したものがあった。「歴史は古くから地球に生じていた。しかし今では、安定期に到達した。これは、自己自身のうちで発酵して時間を自分自身に即して持った一つの生命である。これはまだ対立に到っていない地霊（Erdgeist）である。地霊が目覚めて、人間のうちに自らの意識を保持して、安定した形態として自らに対置するまでは、一つの微睡むものの動きとさまざまな夢である」（GW. VIII, 113f. : Vgl. SW. IX, 347）。

『エンツュクロペディー』三四〇節の「補遺」では、ヴェルナーへの論及に続いて次のような論述がある。「地球の物理的形成は、その表面が幾つかの有機的な中心点へ突然噴出する（ausbrechen）という性質をもつ。（……）これらの中心点（Mittelpunkt）は一種の核（*Kern*）であり、その殻と皮のなかに全体を表して、それらを貫通して、それらの境地である普遍的な地盤へと貫入する」（SW. IX, 352）。ここにペトリは、フンボルトの首唱した「噴火口上昇仮説（crater-elevation hypothesis）」（Hegel, s Philosophy of Nature. Vol. III, pp. 234）をヘーゲルが参照したことを推測している。

しかしながら、その論拠とされた『エンツュクロペディー』三四〇節の「補遺」は、『イェーナ体系構想Ⅲ』（一八〇五／〇六年）における『自然哲学』の次の叙述が、編者ミシュレによって、一八三〇年の『エンツュクロペディー』の「補遺」へと転用された文章である。「地球の物理的形成は、その表面が幾つかの有機的な中心点へ〔個々の植物におけるように――欄外〕突然噴出する（ausbrechen）という性質をもつ。（……）これらの中心点は一種の核（Kern）であり、その殻と皮のなかに全体を表して、それらを貫通して、それらの境地である普遍的な地盤へと貫入する」（GW. VIII, 114）。

一八〇五年のヘーゲルの論述についても、ペトリによる考証が正しいとするなら、一七九〇年のフンボルトの書『ライン河畔の幾つかの玄武岩をめぐる鉱物学上の観察（Mineralogische Beobachtungen über einige Basalte am Rhein）』をヘーゲルが踏まえていたことになる。しかしこの書でのフンボルトは、火成説から距離を置いた主張を展開していたのである[4]。

むしろ、ヘーゲル自身が、「ハイムはとくに、一方から他方への噴出（Ausbrechen）という移行を示した――哲学的な見解である」（GW. VIII, 117 : Vgl. SW. IX, 354）[5]と評価しているところから、『エンツュクロペディー』

三四〇節の「補遺」に転用された、『イェーナ体系構想Ⅲ』における『自然哲学』の論述は、ヨハン・ルードヴィッヒ・ハイム（Johann Ludwig Heim：1741–1819）の著書『テューリンゲン山地の地質学的記述（Geologische Beschreibung des Thüringer Waldgebürgs）』（一七九六―一八一二年）をヘーゲルが参照したものだと考えられる。

ハイムはヴェルナーに対抗して、早くから火成説を提起してもいた（Vgl. Geologische Beschreibung. Bd. I, XXIII）。「地球の歴史を地質学の対象として受容する」（Geologische Beschreibung. Bd. I, XXVII）ことを謳って、「独自の天体としての私たちの地球が、人間と同じように、独自の自然の歴史を持っている」（ibid.）ことを把握しようとする。「かまどかそれとも水槽か、花崗岩の核（Kern）かそれとも磁鉄鉱か、熔けたガラスかそれとも土の塊か、そのどちらを地球の中心点（Mittelpunct）に措定することがより適切であるのか」（Geologische Beschreibung. Bd. I, XLVI）と問う。こうした発想こそが、ヘーゲルの参照した典拠であったに違いない。そして本節で見てきたように、ヘーゲルの『エンツュクロペディー』構想は、水成説―火成説論争をめぐる把握だけをとってみても、体系として完成して固定されたものではなく、時代とともに、学界の認識の進展とともに生きていたことが理解できよう。

3　精神は生きている

「生、〈現実的であるエーテル――欄外〉は、生のありとあらゆる部分に完全に流動して浸透する。（……）この生は円環（Krais）であって、個別的で現実的なものにおける運動である。それは構成され得ないものであり、絶対に互いに無関心でいられないものである。／もっと詳しく言うとこの普遍的な円環は、三つの円環の統体性でな思いにさえ誘われる。

あり、普遍性と現実性との統一である。」(GW. VIII, 119f.)。イェーナの『自然哲学』に見られるこの章句を、『エンツュクロペディー』一五節の言葉、「哲学の諸部門はいずれも、哲学の全体であって、自己自身のうちで完結した円環である」(GW. XX, 56) に照らし合わせると、『エンツュクロペディー』のうちに生が貫流しているような思いにさえ誘われる。

ヘーゲルによって、一定評価されたエッシェンマイヤーの『経験的心理学、純粋心理学、応用心理学という三部における心理学』でも「普遍的な方法」として挙げられているのは、次のような考察方法である。「私たちは揺り籠からお年寄りまで、さまざまな発展過程において把握された人間を見てゆく。心の自由な原理はたえず道を切り拓いて、より高次の生 (Leben) を獲得する」(Eschenmayer : Psychologie. 123)。かなり散漫ではあるが、生への目配りは絶え間ない。「精神的なものにおける〈感じること (Fühlen)〉の機能であるものは、物質的なものにおいては生である。(……) 質量や弾力性、光や重さといったすべての自然のポテンツよりも高次なのは生命の原理である」(Eschenmayer : Psychologie. 401)。

エッシェンマイヤーの書は、第一部が「経験的心理学」、第二部は「純粋な心理学」と題されてはいるものの、内容的には「論理学、美学、倫理学」、そして第三部は「応用心理学」と題されてはいるが、内容的には「宇宙論もしくは自然学」を含む編成となっている。「実際にはまったく経験的で恣意的な手続きを、内容を、まったく好みのままに語って規定するというありきたりの方法」(GW. XV, 216) だと手厳しい批評を加えているにもかかわらず、ヘーゲルが、書名を挙げて紹介したのはなぜだったのか。しかも、ある意味では、自然と精神との叙述の順番が、ヘーゲルとは正反対であるにもかかわらず、である。

ということは、ここには、順番が正反対であろうと、自然から精神へと高まろうと、経験的な心から自然へと高まる構造であろうと、高次の生への回路が切り開かれているなら構わない、という見極めがヘーゲルにあったのではないだろうか。そのようにヘーゲルに確信させたであろうエッシェンマイヤーの発想が、実に、シェリングによって編集・発行されていた『思弁的自然学雑誌』第二巻第一分冊（一八〇一年）に掲載された「自発性＝世界霊、あるいは自然哲学の最高原理について」のうちにある。

シェリングが自然哲学を語る際の基本的な把握は、『自然哲学の理念』（一七九七年）で次のように語られた発想に見て取ることができる。「自然は目に見える精神であり、精神は目に見えない自然であるはずである。従ってここで、すなわち私たちの内なる精神と、私たちの外なる自然との絶対的同一性においてこそ、いかにして私たちの外なる自然は可能であるのかという問題は解決されなければならない」(Schelling. I-5, 107)。こうした観点を発展させてシェリングは、『自然哲学体系の第一草案』（一七九九年）において、「物質とは、消えた精神以外の、どのようなものであるのか？（……）自然が目に見える精神に他ならないのなら、自然において、およそ精神は目に見えるものになるに違いない」(Schelling. I-7,198f.) と述べていた。

エッシェンマイヤーの「自発性＝世界霊、あるいは自然哲学の最高原理について」は、この論述を引用して次のように批判するところから始まっている。「これはシェリングの傑作『自然哲学の体系の第一草案』に出てくる、深く考え抜かれた言葉である。その言葉の中には、（……）究極の問題がある。その書物において、自然と概念、法則と自由、死せる機構と生ける動力学、それらを結ぶことが問われている。私たちは、先の言葉の意味を、著者の著作全体を通して予想しはする。しかしながら、その意味を私たちに完全に知らせることができるためには、巨匠の最後の一手が欠けている」(Zeitschrift. Bd. II, 3f.)。エッシェンマイヤーが問題だと見る欠落点は、自然がいかにして生成したのかが問われていないという点である。「シェリングは無制約な経験論から出発している。すなわち自然の最初の動機について、経験論の内部では何も問われるべくもない。シェリングが自然と向き合うのと同じように、自然哲学者は、自然を既に生成（*Werden*）のうちに措定してしまっているのであって、自然哲学者は、今の現在に活動的な自然の原理をその活動するがままに展開することに関わることしかできない」（Zeitschrift. Bd. II, 4f.）。

『思弁的自然学雑誌』第二巻第一分冊には、エッシェンマイヤーの批判に対する、シェリング自身による反論として、「自然哲学の真の概念、および諸問題を解決するための正しい方法について」[6]も収められてはいるが、的外れな反論に留まっている印象を拭えない。なぜなら、シェリングは、自らの観念論的な構成方法が批判されたと受け止めているからである。ところが、エッシェンマイヤーによるシェリング批判の眼目はそこにあるのではなかった。

「私の確信するところでは、無制約の経験論では、自然哲学の体系の形式を完全に基礎づけることはできない。自然哲学の導入教育（Propädeutik）が現前する前に、自然哲学の体系について語るのは、余りに早すぎると思われる。というのも、まさしく導入教育こそ、超越論哲学が自然哲学へと続く道を拓く移行に相応しいものであったであろう。導入教育こそ、自然法則ならすべて、もっぱら私たちの精神から移されるものであり、自然の第一の拍動が私たち自身のうちに住まっているということを、すなわち自発性が世界霊に他ならないことを証明することに携わるであろう」（Zeitschrift. Bd. II, 58）。こうした「導入教育」[7]の構築こそ、エッシェンマイヤーがシェリングに突き付けた課題であった。

実のところ「導入教育」は、「超越論的観念論」が、往時の「経験的心理学」との間で、その役割を担うことをめぐって論争を繰り広げた問題の一つであった。[8]折りしも『差異論文』を公刊する直前の、九月一五日と一六日に、『エアランゲン文芸新聞』紙上にヘーゲルは、最初の活字論文として、導入教育としての心理学を展開しようとしていたブーテルヴェクを論難する「ブーテルヴェク批評」を発表していた。「導入教育としての(*propädeutisch*)心理学において、自己省察の概念の基本条件として、心なるもの(Seelending)を主張することが斥けられた後で、主観、客観そして表象というありふれた三つの概念が言及される。自己省察に従って、暫定的に感性と理性は対立させられて、心理学的に取り扱われる。そして、上位や下位の心の力というありふれたことがもたらされる。あらゆるものがただ暫定的に(provisorisch)そして観察されるままに呈示されるということによって、著者は、こうした多様な能力を構成しなければならないとする要求すべてから免れたのである」(GW. IV, 98)。

こうした時代の思潮を証言する論述がある。「心理学(Seelenlehre)が私たちに、現象界のうちに捉えられる限りの人間を知るために、多くの見事な歴史記述的な貢献をしてきたのは事実ではある。しかしながら人間における人間について、言い替えるなら心について、これまでは全く空疎なままで終わっている」(Jahrbücher. 190f.)。その原因として論者は次のような総括をしていた。「導入教育(Propädeutik)もしくは普遍的な心理学が欠けていた結果として、方法論のない取り扱いが見受けられるのである」(Jahrbücher. 191)。これは、シェリングが編集・発行していた『学としての医学の年鑑(Jahrbücher der Medicin als Wissenschaft)』(一八〇七年)の第二巻第二分冊に掲載された、「来たるべき心理学のための根本命題(Grundsätze für eine künftige Seelenlehre)」と題された論考の一節であって、これを執筆したのは、他でもないシェリングの弟、医師のカール・エーベルハルト・フォン・シェリング(Carl Eberhard von Schelling：1783–1854)であった。

ところが、「導入教育」が欠けているとのエッシェンマイヤーからの批判を承けて、事態は奇妙な展開を辿る。

シェリングは、『超越論的観念論の体系』（一八〇〇年）において、超越論的哲学と自然哲学とを「対」にして捉えて、「並置」していた（Vgl. Schelling. IX-1, 25）。自然哲学への道を拓く導入教育の構築を迫られた兄シェリングが、次の一手である『私の哲学体系の叙述』で打ち出したのが、なんと同一哲学であったのだ。そして、シェリングの同一哲学は、バルディリからの盗用ではないかという疑惑が、ラインホルトから突き付けられることになる。シェリングを剽窃疑惑から守るために、ヘーゲルは『差異論文』を書かざるを得なくなったのであった(9)。事実、『差異論文』の冒頭でヘーゲルは、「自然哲学に対するエッシェンマイヤーによる観念論者としての非難」（GW. IV, 5）に言及したのである。

おわりに　導入教育としてのエンツュクロペディー

もとより、ヘーゲル自身によって、「教科書（Vorlesebuch）」（GW. XX, 5）でしかないと明言されていたように、『エンツュクロペディー』は体系の書というより、教科書であるのはもちろん、その序文からも窺えるように論争の書でもあった。そしてヘーゲルの「〈主観的精神の哲学〉のための断章」で明らかにされている、自然の深処から生を通して連続的に展開される構造が『エンツュクロペディー』のうちで貫徹されていると見るならば、ヘーゲルが敢えて自らの教科書を『エンツュクロペディー』と銘打ったところに、イェーナ時代初期において、ヘーゲルが論争を構えた、クルーク、シュミットそしてシュルツェに対する批判的意図が込められていたことも読み解くことができる。

そして、ヘーゲルが「〈主観的精神の哲学〉のための断章」を執筆する際に、イェーナ時代初期の、自らの思想的な発酵時期に出会ったシュテッフェンスやエッシェンマイヤーに思い至ったのは、シェリングの同一哲学に対する、さまざまな思いに駆り立てられたからではなかっただろうか。もちろん、シェリングの同一哲学に、「精神の高揚や、精神の考える概念よりもさらに進んでいくような深処（Tieffe）からの開示（Eröffnung）」を期待するべくもなかったのは言うまでもない。エッシェンマイヤーがシェリングに突き付けた、自然哲学への「導入教育」の必要性を、どうしてシェリングは読み違えたのだろうかという無念の思いもあったかもしれない。

だからこそヘーゲルは、『エンツュクロペディー』を構想する際に、「精神哲学」の基底に、「自然哲学」を配置して、精神の生が、自然から精神へと高まる構造としたのに違いない。それはとりもなおさず、「同一哲学」に対する批判を含意するものであると同時に、『エンツュクロペディー』そのものが、「導入教育」の役割を果たすものでもあることを物語っているのである。

注

（1）G・W・F・ヘーゲル「主観的精神の哲学のための断章」（栗原隆・高畑菜子訳、新潟大学大学院現代社会文化研究科共同研究プロジェクト『知のトポス』Nr.10、二〇一五年）として訳出している拙訳を参照。

（2）この件に関しては、石原あえかの優れた研究、「大地の記憶《玄武岩》論争から《氷河期》の発見まで――ゲーテと近代地質学についての一考察」（慶應義塾大学『日吉紀要、ドイツ語・文学』Nr. 43、二〇〇七年）、並びに柴田陽弘「火山の海と熱い沈殿――ゲーテの玄武岩」（慶應義塾大学『藝文研究』Vol. 49、一九八六年）に多くを拠っている。また、国分義司「大地の友、ゲーテ」（『地質ニュース』六七七号、二〇一一年）、ならびに国分義司「大地の友、ゲーテ③第二次スイス旅行から水・火論争へ」（『地質ニュース』六七九号、二〇一一年）からも多くを学んだ。

（3）Johan Heinrich Gottlieb Heusinger : Versuch einer Encyklopädie der Philosophie, verbunden mit einer praktischen Anleitung zu dem Studium der kritischen Philosophie vorzüglich auf Universitäten. 2 Bde. (1796)

Wilhelm Traugott Krug：Versuch einer systematischen Enzyklopädie der Wissenschaften. Erster Theil. (1796)

Wilhelm Traugott Krug：Versuch einer systematischen Enzyklopädie der Wissenschaften. Zweiter Theil. (1797)

Wilhelm Traugott Krug：Versuch einer systemtischen Enzyklopädie der schönen Künste. (1802)

Wilhelm Traugott Krug：Versuch einer neuen Eintheilung der Wissenschaften zur Begründung einer besseren Organisation. (1805)

Wilhelm Traugott Krug：Versuch einer systematischen Enzyklopädie der Wissenschaften. Dritten Theils erster Band. (1804)

Wilhelm Traugott Krug：Versuch einer systematischen Enzyklopädie der Wissenschaften. Dritten Theils erster Band. Viertes Heft. (1805)

Wilhelm Traugott Krug：Versuch einer systematischen Enzyklopädie der Wissenschaften. Dritten Theils zweiter Band. Drittes Heft. (1805)

Wilhelm Traugott Krug：Versuch einer systematischen Enzyklopädie der Wissenschaften. Dritten Theils dritter Band oder Letzter Heft. (1819)

Carl Christian Erhard Schmid：Allgemeine Encyklopädie und Methodologie der Wissenschaften. (1810)

Gottlob Ernst Schulze：Enzyklopädie der philosophischen Wissenschaften. (1814)

Gottlob Ernst Schulze：Enzyklopädie der philosophischen Wissenschaften. Zweite Ausgabe. (1818)

（4）　柴田陽弘「アレクサンダー・フォン・フンボルトと自然――その『玄武岩論』をめぐって」（慶應義塾大学藝文学会『藝文研究』Vol.60、一九九二年）参照。

（5）　この箇所も、ミシュレによって、一八〇五年の『自然哲学』から一八三〇年の『エンツュクロペディー』三四〇節の「補遺」へと転用された文章である。

（6）　「ヘーゲル研究会」の機関誌『ヘーゲル研究』（第一三号、一九八九年六月二〇日）に掲載された、池田全之氏の「『自然哲学の真の概念、および諸問題を解決するための正しい方法について』訳出にあたって」から学ぶことが多かった。

（7）　「導入教育」の意義については、Georg Eckardt, Matthias John, Temilo van Zantwijk u. Paul Ziche „Anthropologie und empirische Psychologie um 1800 “ (Böhlau) 2001 から根本的かつ全面的な知見を得た。

（8）　本書第三章「「導入教育」と心理学――『精神哲学』への旅発ち」を参看賜りたい。

（9）　ヘーゲルにとっての、シェリングによる同一哲学–構想の問題点については、拙論「連続性と同一性――ラインホルトによって指摘された、シェリングによるバルディリからの剽窃疑惑について」（二〇一三年三月二日、新潟での国際シンポジウムにて口頭発表、未定稿）で詳細に分析した。なお簡略化された形で、拙著『ドイツ観念論の歴史意識とヘーゲル』（知泉書館、二〇〇六年）の第四章「関係と超出」、ならびに第八章「懐疑の自己実現と無限性」で論及したので、参看賜りますれば幸甚である。

第九章　心の深処と知性の竪坑

――ヘーゲル『精神哲学』の改訂を視野に入れ

はじめに

周知のように『エンツュクロペディー（精神哲学）』四五八節に、「記号は、それ自身が持っているのとはまったく別の内容を表象する何らかの無媒介的な直観であって、――すなわち記号は、疎遠な心が移し入れられて、保存されているピラミッドである」（Enzyklopädie. §458 : GW. XIX, 335 : GW. XX, 452）という一文がある。この箇所と「竪坑」の比喩から触発されて、デリダは「竪坑とピラミッド」という論考を執筆、ヘーゲルにおける記号論の成立を描出することを通して、ヘーゲル哲学における意識下の世界を明るみにもたらしている。

「精神哲学」での「竪坑」と「ピラミッド」という比喩には、唐突な印象を禁じ得ない。とはいえそれは、実のところ、私たちの心の奥底の構造を明らかにするための概念装置である。「記憶によって感性的直観の内容は心像となり、直接性と単独性とを脱し、概念態への移行が可能になる。このように記憶のなかに内化された心像はもはや定在としてあるのではない。それはもはや現実存在せず、現在＝現前しない。そうではなくそれは或る無意識的な滞在地のなかに保存され、意識されずに保管されるのである。知性はそうした心像の数々を或る非常に暗いシェルターの奥深くに埋めたまま、備蓄として保存しておく。あたかもそれは夜闇のような竪坑もしくは無意識的な竪坑の中の水のようである」（ジャック・デリダ『哲学の余白（上）』法政大学出版局、一五〇頁）。

人間における知性の働きの、その基底に潜んでいる、いわく言い難い見境のつかない暗い想念の在り処を、「竪坑」と「ピラミッド」が指し示しているだけではない。「竪坑」と「ピラミッド」の比喩の淵源を遡ると、実に、ヘーゲル自身の、記憶の彼方の思索の根源に辿り着くとともに、ヘーゲル哲学の埋もれていた思想的な初心をも開示することになる。本章では、「竪坑」をヘーゲルの思想的な形成の発端にまで掘り進むことを通して、ヘーゲル哲学の枢軸とも言える「竪坑」の構造を幾らかでも明らかにすることを目指す。

1　竪坑の通じるところ

『エンツュクロペディー』（一八二七年）の「人間学」では、「私」が、意識されないまま、不分明で規定を欠いているさまざまな想念を貯蔵している竪坑に擬えられている箇所がある。「私は全く単純なもの（ein ganz *Einfaches*）であって、こうした〔感覚規定や表象、知識記憶などの〕すべてのものが実在することのないまま保存されているような、規定を欠いた竪坑（Schacht）である」（Enzyklopädie. §403：GW. XIX, 303：GW. XX, 401）。「単純なもの」という表現からは、モナドが想起されさえするかもしれない。

「心理学」でも「竪坑」は登場する。「限りなく多くの像や表象から成る世界が、意識されないままに保存されている闇夜の竪坑（nächtlicher Schacht）として知性を捉えることは、一面では概念を具体的なものとして捉えようという普遍的な要求である。それはたとえば、胚芽（Keim）は、樹木の展開にあってこそ実在している規定性を全て潜在的な可能性のうちに肯定的に包括しているという具合に、胚芽を捉えることが要求されるのと同様である」(Enzyklopädie. §453 : GW. XIX, 332 : GW. XX, 446f.)。知性を竪坑として捉える必要性を強調しつつ、弁証法的展開を例示する際の常套の比喩である「胚芽」にまで論及したのである。

「しかしながら、知性はそのものとしては、胚芽が展開されるなかにあって自らの内で想起される自体存在(*Ansichsein*)の《自由な》実在である」(Enzyklopädie. §453 : GW. XIX, 332 :《GW. XX, 447》)と、見分けや見境のつかない不分明な心像の貯蔵庫から、想起によって自らを呼びさます働きが知性に見定められた。ヘーゲルは、『エンツュクロペディー』第三版(一八三〇年)では、この文章に続けて、「《それゆえ他方では、知性はこうした没意識的な(*bewußtlos*)竪坑として、すなわち異なったものがまだ見極めのつくものとして措定されてはいないような、実在する一般的なものとして捉えられなくてはならない》」(Enzyklopädie. §453 :《GW. XX, 447》)と書き加えた。一方では心像を想起して概念化する働きとともに、他方では、心の暗い奥底に記憶が澱のように沈殿して眠りに就く内化との、両方向の働きが知性に見定められることが強調されたのである。

「ピラミッド」は、言葉そのものとしては、『ハイデルベルク・エンツュクロペディー』の三七九節にも出てくる。「記憶(ムネモシュネー、ミューズ)は、自立的な表象と、各々が自由なファンタジーとして表明する直観との統一である。——この無媒介性は、知性(Intelligenz)がまだ、実践的ではないので、無媒介的なもしくは所与の統一なのである。しかしながら直観は、この同一性においては積極的なものとして、自己自身のままで妥当することはない。むしろ何か他のものを表象するものとしてある。それは像であり、知性の自立的な表象を、心として自己自身のうちに受容したものであって、その意味を持っている。この直観は記号である。/記号は、何らかの無媒介的な直観であるが、自らのために持っているのとは全く異なる内容についての表象を持っている。

――すなわち記号は、疎遠な心が移し入れられて、保存されているピラミッドである」(GW. XIII, 213f.)。月桂樹の冠は、勝利者の「象徴」としてあるのに対して、勝利者だからといって月桂樹を象徴するものではない。象徴は一方的な関係である。「勝利者」という記号は、勝利者を指示しはするものの、勝利者その人ではない。フクロウは、智恵の象徴であるが、「智恵」はフクロウの象徴ではないどころか、「智恵」という記号からは、女性を思い浮かべる場合もあろう。舞い散る枯葉を見て、命のはかなさを思い浮かべる人もいようし、恋の終わりを予感する人もあろう。おでんに熱燗が恋しくなる人もいるかもしれないし、トランペットのミュート音が聞こえてくる人もいるかもしれない。あるものが、思いもかけない全く疎遠な心を惹起する場合に、記号として働いているという訳である。たとえば、フクロウという象徴が、フクロウの表現する思想、すなわち「智恵」を直観させるのに対して、さまざまな異なった「心」を浮かびあがらせる点で、「記号は象徴とは違う」(GW. XIII, 214)とされる。「ことば」を得ると、漠然とした判然としない思いが一挙に、具体的に意識化されることもしばしばである。私たちも、自分のものともつかない不分明な想念を、それぞれのピラミッドに封印しているのかもしれない(1)。

『ハイデルベルク・エンツュクロペディー』にヘーゲルは大部の注記を付しているなか、三七六節には、「竪坑」(GW. XIII, 369) と書き込んでいる。本文では観念連合へと論及されている箇所である。「いわゆる観念連合の法則は、とり分け、哲学の衰退と同時の、経験的心理学の全盛の最中において、大いなる関心を集めた。第一に、連合されるのは何ら観念ではない。次に、この関連付づけ方は、なんら法則ではなく、この件についてはすでに多くの法則がある以上、それによって恣意にして偶然性という、むしろ法則の反対のものが生じている。連合する構想力にしたがって像や表象に即して進行することは、およそ思想なき表象の遊戯でしかない。そこにおいては、知性の規定はまだ、まったく形式的な普遍性であって、内容は像において与えられた内容なのである」（GW. XIII, 212）。

ここで私たちは、全集版の注が参照を指示しているような、ロックやヒュームよりもむしろ、バルディリ（Christoph Gottfried Bardili : 1761–1808）の『観念連合について（Ueber die Gesetze der Ideenassoziation）』（一七九六年）を想起するべきかもしれない。というのも、そこでの中心問題が、「構想力」や「記憶」などの「私たちの心情の印象相互の隠された有機的な関連」（S. 10）であるとともに、「習慣の法則」（S. 7）をはじめ多くの法則が呈示されていることから、ロックやヒュームより、ヘーゲルの論旨に近いと思われるからである。

ヘーゲルは、『エンツュクロペディー』第二版ではもとより、第三版にあってもかなりの加筆を行っている。知性を闇夜の「竪坑」のように捉えなかったために陥った発想として、次のように書き加えた。「《自らのうちで具体的に、とはいえ単純なままに留まっている普遍的なものを捉えることができなかったので、特殊なさまざまな表象が、特殊な繊維（*Fiber*）や場所（*Platz*）に保存されているという考え方を引き起こした》」（Enzyklopädie. §453 :《GW, XX, 447》）と書き加えた。「繊維」ということで想起されるべきは、「知性＝繊維（Fiber）」説を語ったとされているシャルル・ボネ（Charles Bonnet : 1720–1793）である。ちなみにヘーゲルの蔵書にカール・ボネの『心の力についての分析的試論（Analytischer Versuch über die Seelenkräfte）』（一七七〇年）が収められていたという（Vgl. GW. XX, 668）。

例えばこのように説明されている。「私たちは、心のなかの理念が何であるかも、心そのものが何であるかも、分かっていない。しかしながら私たちは、さまざまな理念が一定の繊維（Fiber）の活動と結びついていることを知っている。私たちは繊維を見るがゆえに、繊維について判断することもできるのである」（Seelenkräfte. I, XVII）。

こうしてボネは、脳の繊維に知性の働きを求めたのである。

「心が繊維に働きかけるのをやめるなら、それらの緊張関係は減少して、衰弱して、結局のところなくなる。対象の変化によるのではないのか？　もはや心がこの繊維に働きかけないからである。――（以下、原注）こうした現象は、どのような表象にとっても固有の繊維があるということについての著者の仮説を想定する必要がなくても、全く簡単に説明されよう。心が長らく一つの表象に従事してきたなら、脳の繊維も同じ仕方で動かされてきている。心が表象を変えるなら、別の動きも繊維において生じる。こうしたことは、疲労を除去することに十分である。座っていることに疲れた時に、身体は、眺めることによって、元気になることができたり、逆の場合もあるように」（Seelenkräfte. I, 107f.）。この脳の繊維は、認知にだけ関わるものではない。「感謝の理念が恵みを受けたという把握に結びつける関係は、鉄を磁石に結びつけるものと同じように自然的である。しかしこれらの理念は、理念独自の繊維に依存している。これらの繊維は、互いに一定の関係にあるか、相互に調和している。これらの繊維の本性やそれらの働き方、そして繊維によって惹起される社会化された動きは、〈善行〉と〈感謝〉とを考察することに結びつけられているような、道徳的な満足の生理学的な原因なのである」（Seelenkräfte. I, 287）。

さらに、ヘーゲルが、「繊維」と並んで引き合いに出した「場所」については、ボネの他にも、ガル（Franz Joseph Gall：1758–1828）の提唱した、脳機能局在説も想定されるかもしれない。いずれも知性の働き・作用を、身体のある「場所」に限定する見方であって、こうした発想が、知性に、竪坑という、不分明な想念を汲み上げるとともに、内化して記憶に封じ込める機能を見定めたヘーゲルによって斥けられたのである。

2　竪坑の汲み尽くすもの

それでは、『エンツュクロペディー』を一八三〇年に増刷する際に、「竪坑」についてヘーゲルが加筆したのは、どのような意味があったのであろうか。第三版そのものは、第二版の品切れに伴って作られることになったことが知られている（Vgl. GW. XX, 585）。しかし、僅か三年でヘーゲルが改訂を施したことには、『エンツュクロペディー』第二版が刊行されて後に、ヘーゲルが直面した新たな事態を考慮しなければならない。それは、一八二九年にライプツィヒで刊行された匿名の、『ヘーゲルの学説について、もしくは絶対知ならびに現代の汎神論（Ueber die Hegelsche Lehre oder absolutes Wissen und moderner Pantheismus）』、そして、同年にベルリンで刊行されたシューバルト（Karl Ernst Schubarth:1776–1861）とK・A・カルガニコの共著名義の『哲学一般について、とりわけ哲学的諸学のエンツュクロペディーについて（Ueber Philosophie überhaupt, und Hegel's Encyklopädie der philosophischen Wissenschaften insbesondere）』から、無理解に基づく非難と攻撃を受けた、ということである。これらへの反論としてヘーゲルは、一八二九年の『学的批評年報』の一〇号―一一号、一三号―一四号、三七号―四〇号、一一七号―一二〇号に分けて、書評を発表することになる。ヘーゲルが『エンツュクロペディー』第三版に当たって加筆したのは、それらによって誤解が引き起こされることを封じるためだったと考えられるのである。

攻撃のポイントの一つは、ヘーゲルを、スピノザ主義者として捉えるという点にある。匿名著者は、ヘーゲルがスピノザ哲学を乗り越えようとしたことは認めていた。「ヘーゲルの学説がスピノザ主義を反駁するという。

しかしながらこの反駁は、より正しい考え方によってなされたものではない。むしろ、とりわけスピノザ主義の立場がまずもって本質的で必然的なものだとして承認されるということによって、といってもこのスピノザの立場が、おのずとより高い〔ヘーゲルの〕立場から際立たされるということによって、反駁がなされるというわけである」(Ueber die Hegelsche Lehre. 163 : Vgl. GW. XVI, 228)。ここから奇妙なことに、匿名著者は、ヘーゲル哲学がスピノザ主義であることを導き出す。「ヘーゲルの学説は、実体へと進んで、かつ実体から進み出る。それゆえ、実体の学説は、この学説に独自の基本見解の本来の中心であることが明らかになる」(Ueber die Hegelsche Lehre. 164 : Vgl. GW. XVI, 228)。スピノザ主義をめぐる論争に知悉していたヘーゲルにとって、この手の非難は、降り掛かる火の粉が燃え広がる前に、払い落とさなければならないことも弁えていたに違いない。

匿名著者は、『エンツュクロペディー』三八四節から、「絶対的なものは精神である。これが絶対的なものの最高の定義である」(Ueber die Hegelsche Lehre. 186 : Vgl. GW. XIX, 290)を引用したうえで、「しかしこの定義は、酷く不十分である。なぜなら、人間の精神には、さまざまな絶対的な出来事など降りかからないのであるから」(Ueber die Hegelsche Lehre. 186)と非難して、ヘーゲル哲学に自己神格化を見ることになる。「啓示された宗教(die geoffenbarte Religion)は神を、ただ他者として前提するのであって、主観が自らを神として知るような、ヘーゲル哲学に行き着くことはない」(Ueber die Hegelsche Lehre. 202)。このような攻撃に対してヘーゲルは、主観がすなわち神であるようなことはあり得ないことを強調することを余儀なくされたに違いない。それが、「竪坑」という耳目を引く比喩を用いた知性論であったとしたら、竪坑が、心像を想起して概念化することによって主体が展開される行程でもあり、また記憶へと内化する通路でもあることから、スピノザ主義という難詰に応えることができるとも見積もられたに違いない。

他方ヘーゲルは、シューバルトが大学へ就職できるよう自ら力添えをしただけに、シューバルトによる非難に対しては、困惑すると同時に裏切られた思いであっただろう。「思弁はキリスト教信仰を最高のものとして変えることなく自らの内に受容するか、それとも、思弁が、キリスト教信仰に補遺を加えたり展開したりすることを必要だと見なす場合には、思弁はキリスト教信仰をその点で、キリスト教信仰がひとえに自らを見出すその真理性の内に受容することはなく、むしろ、キリスト教信仰についての、非現実的で欺瞞的な概念を形成することになったかの、どちらかの結論になろう」（Ueber Philosophie überhaupt. 131）。シューバルトの攻撃にヘーゲルは、「もしかするともっと醜悪な更なる成分」（GW. XVI, 270）を感じ取ってもいた。

先の引用文の続きはこうなっていた。「しかしながら明らかにヘーゲルの場合は後者である。ヘーゲル博士は宗教を、宗教がすべての人間にとってそうであるように、権威（Autorität）の形式における真理として説明している。とはいえ、知り、把握する人間は、信仰の持つ権威の形式に不適切さを見出すものであるだけに、そうした人間性にとっては、権威の形式でもって満足するものだと説明することはない」（Ueber Philosophie überhaupt. 131）。

こうした難詰に接して、ヘーゲルの脳裏をよぎったものは、腹立たしい思いよりも、四〇年も遡る記憶であったに違いない。すなわち、若きヘーゲルが、キリスト教に胚胎する実定的性格を批判的に分析せざるを得なくなったきっかけ、チュービンゲン神学校教授のシュトール（Gottlob Christian Storr：1746–1805）や、補習教師のジュースキント（Friedrich Gottlieb Süßkind：1767–1829）が権威宗教論を主張したことに対する反発である。とはいえ、「実定性」批判は、青年ヘーゲルが、神学校の教師に向けた「怨嗟の刃か蟷螂の斧」でしかなかったのも事実であった。もとより、ヘーゲルは、カントの道徳神学と、フィヒテの『あらゆる啓示批判の試み』とを教養地盤にしていたうえ、これを、チュービンゲン神学校で支配的な風潮だった「超自然主義」と結びつけることに反感を抱いていた。(2)

ジュースキントとは、ヘーゲルたちが在学した当時の、チュービンゲン神学校の補習教師である。彼による、フィヒテの『あらゆる啓示批判の試み』への注記が、チュービンゲン神学校教授のシュトールの『カントの哲学的宗教論への所見(Bemeukungen über Kant's Philosoiphische Religionslehre)』(一七九四年)の第二論文として収められていた。すなわち、ジュースキントによる論考、「フィヒテの『あらゆる啓示批判の試み』に関する啓示の可能性と現実性とについて、実践理性の原理から導出された確信の根拠についての所見(Bemerkungen über den aus Principien der praktischen Vernunft hergeleiteten Ueberzeugungsgrund von der Möglichkeit und Wirklichkeit einer Offenbarung, in Beziehung auf Fichte's Versuch einer Kritik aller Offenbarung)」である。ここで、フィヒテの『あらゆる啓示批判の試み』の、第四章「宗教一般を自然宗教と啓示宗教とに区分することについて」や、第八章「啓示概念で前提される経験的与件の可能性について」に対する反論が展開される。この論考でジュースキントは、フィヒテの主張する、「権威」に基づかない、内面からの信仰に対して、「実定的な教説(positive Belehrung)」(S. 175)の必要性と正当性を説いた。このように権威宗教を正当化するチュービンゲン神学校の「超自然主義」への反発が、ヘーゲルをして、キリスト教の実定性を批判するに赴かせたのであった。したがって、シューバルトの論難に辟易するとともに、ヘーゲルは、痛憤に駆られた若き日を想起したに違いない。そうしたなかで、『エンツュクロペディー』の「竪坑」論に、誰しもがボネを想起できるように、「繊維」と書き加えたのである。

もとよりヘーゲルには一つの見極めがあった。一八二二年頃から執筆された「〈主観的精神の哲学〉のための断章」から、明確に見て取れる。そこでヘーゲルは、合理的心理学や霊魂論(Pneumatologie)を古臭い形而上学と呼んで、「そうした考察方法では、精神をして精神たらしめるものは登場しない」（GW. XV, 213）と斥ける。その理由としてヘーゲルは、哲学はその概念からして、「精神についての学問の対象として、ただ、生き生きとした精神だけを持つことができるし、認識の形式としては、ただ認識の独自な概念だけを、概念の内発的な展開の必然性に従って持つことができる」（GW. XV, 213）ことを挙げる。そして、巷間を賑わせていたメスメルの「動物磁気」説では、「磁気の現象において精神の高揚や、精神の考える概念よりもさらに進んでいくような深処（Tieffe）からの開示（Eröffnung）を見ようとすることは、誤った希望となる」（GW. XV, 215）とともに、通常の心理学では、「いわゆる自然な物事の成り行きに従ったりして、精神の概念なき把捉のままに留まろうとする」（GW. XV, 215）という把握を示した。

こうしてヘーゲルは、当時の人間学や心理学の愚に陥ることがないように、精神をして精神たらしめる過程として、心の深処から精神を開示するとともに、精神の内発的な展開を必然的に明示できるように、知性の「竪坑」論を呈示した、と考えられるのである。

3　竪坑の辿り着く先

実のところ、この「竪坑」という比喩そのものも、ボネに由来している可能性がある。ボネの『心の力についての分析的試論』の序文に、次のような文章がある。「瞑想（Meditation）が特徴づけている創作や自由そして活力という鉱山の坑道（Mine）は、あらゆる眼差しを瞑想に関連付ける。驚くべきことは、（……）瞑想の所産のうちに、真理の新たな源泉（Quelle）を発見することである」（Seelenkräfte. Vorrede, XIIf.）。瞑想という、宝の山に掘られた坑道を進むと真理の「源泉」に行き当たるという章句に触発されたヘーゲルが、「横坑」を「竪坑」に変えた、と考えることもできるかもしれない。

それだけではない。「ピラミッド」も、『心の力についての分析的試論』の第二巻に出てくる。「宗教を、心の単純性とか物質性とかについての抽象的な問いに依存させようとしたところで、ピラミッドを宗教の先端に掲げようとした限りにおいての事であっただろう」（Seelenkräfte. II, 105）。実のところヘーゲルは、チュービンゲンの学生だった頃から、ボネに通じていたふしがある。その脈絡を辿ると、ボネの対抗軸を自ら構築する必要に迫られていたことさえ、伺われるのである。そうであるなら、竪坑はまさに横坑に対抗する概念装置であったことになる。

一七九〇年冬学期の、フラット（Johann Friedrich Flatt：1759–1821）による「心理学」講義の、「再認（Wiedererwekung）」を論じた箇所である。「第一の仮説は、再現力を脳へと置くものです。これによると、観念は、もっぱら、脳の運動を通してもたらされることになります。脳の運動はそれから、心においてある表象を引き起こして、脳の運動が最初の運動と結びついている別の脳の繊維（Gehirns-Fieber）を呼び起こすのです。たとえば私が肖像画（Portrait）を見て、この肖像画が脳の神経繊維を動かします。この動きがある表象を生み出して、今、直観によって動かされた脳の神経繊維が、その繊維と結びついている別の神経繊維を動かすのです。この神経繊維が、絵に描かれている人間に対応（correspondieren）して、そうやって、描かれた人間の表象が生成するのです。ボネ（Bonnet）はもっぱら、こうした仮説を弁護しました。彼にかかると心は単なる傍観者なのです」（Flatt. 163：Vgl. GW. I, 591）。

この箇所を、ヘーゲルは「心理学と超越論哲学のための草稿」（一七九四年(3)）で、次のようにまとめている。

「（a）単に脳にあるというのでは、機械的な原因だということになる。――ある神経繊維（Fiber）が他の神経繊維をかき立てる。これが心における表象をかき立てる。この表象が他の表象をかき立てる。心の中では無媒介的ではない」（GW. I, 176）。つまり、ヘーゲルは、ボネの「知性＝繊維説」を、ベルン時代において既に知っていて、「機械的」だと批判していたのである。

フラットがボネに言及したのは、こうした知覚の問題についてだけではなかった。一七九二年の『キリスト教の教義学と道徳のための寄与（Beyträge zur christlichen Dogmatik und Moral）』でフラットは、ボネを論拠として奇跡を語る。「イエスの事跡において明らかになる奇跡が（ボネやその他の人たちが想定するように）自然の根源的な仕組みに織り込まれた措置の結果であり、先の異常な出来事をもたらすことを意図的に狙った措置の結果であるのなら、奇跡は、自然から区別された、知性的で善良極まる本質の間接的な御業として考えなくてはならない」[4]（S. 37ff.）。

実際、ボネの著書『キリスト教の証明のための哲学的な研究（Philosophische Untersuchung der Beweise für das Christentum）』（一七六九年）の第二章は、「奇跡と啓示についての哲学的な研究の試み」と題されていて、キリスト教における奇跡を「合理」的に説明しようとしている。「自然法則の領域が、私たちの考えの及ばないほどに、遥かに拡張されていることを把握し始めている」（Christentum. 59）という。「私が発見したのは、人間における理念の形成や表象、これらの理念を、任意の記号を通して再び呼び出して結びつけること、これらに関連している自然の法則は、膨大なそれぞれ特殊な方向性を獲得してきたこと、そしてこうやってある時に、こうした自然法則の作用範囲の内部では入り込めないと思われている異常な出来事を引き起こすことができるということである」（Christentum. 60）。

「奇跡を自然法則の領域から排除してしまいたい人たちが、メカニズムに関してまったく無知な人のようにいるなどということは、不可能であっただろうということが、私には分かった。というのも、メカニズムに関してまったく無知な人間であろうと、美しい機械のある働きの根拠を推測できない場合には、ある種の魔術だとか、超自然的な媒介というところに逃げ込むのであるから」（Christentum. 61）として、「非常に哲学的だと思われる研究が明らかにしたことは、二つの区別されるべき自然法則の体系を認めなければならない、ということである」（Christentum. 61）という結論をボネは呈示する。こうして「日常的な自然の成り行き」と、「奇跡」と呼ばれるべき「異常な出来事」（Christentum. 59）とが区別されたのである。

ボネによって想定された「心理学的な真理」（Christentum, 60）による、いわば二重真理説は、チュービンゲンの「超自然主義」の教師に利用されることになった。「幾つかの任意の記号の助けがなかったら、普遍的な概念を形成することは不可能だったであろう」（Christentum, 60）。ボネは「奇跡」についての「哲学的」な説明を続ける。「極めてあり得そうなことだと私に思われることは、こうしたことである。――私は考え、そして私の理念に装いを纏わせた言葉の助けを借りて語る。これらの言葉は、ただ素材となる記号（Zeichen）である。記号は、私の脳のある繊維（Fiber）の動きに結びつけられている。これらの繊維が震わされることがないなら、私の心が直ちにこれらの言葉の感覚を、そしてその感覚を通して記号が表象する理念を獲得することもない」（Christentum. 59f.）。奇跡や啓示は、記号の生み出した所産であるという論旨である。チュービンゲン神学校で教授された、「奇跡」や「啓示」を正当化する権威宗教論への反発が、若き日のヘーゲルをして、「実定性」批判へ向かわせた際に、奇跡を「合理」化するような、ボネの発想にも、自ら対抗せざるを得ないことを痛感したに違いない。とはいえ、当時のヘーゲルにはまだそれに見合った思想がなかった。ここに、ヘーゲル自身の竪坑の、一番奥の、封印された記憶のなかに、粉砕したいものの、自らは未だそれだけの思索の力を手にし得ていなかったため、永遠の安らかな眠りを願って埋葬した発想を見て取ることは容易いであろう。

事実、若きヘーゲルの『初期神学論集』に収められている、「奇跡（Der Streit über die Möglichkeit…）」（Schüler Nr.59 : GW. I, 409–410）という断章から、ヘーゲルがボネに対して抱いた思いを読み取ることができる。「いかに個々の奇跡が、自然的に説明がつくものであることを示すことができたとしても、（……）その人は、奇跡の擁護者に、既にあまりに譲歩してしまっていた」（GW. I, 409）。これは、結果的にフラットに利用されてしまった、ボネに対するヘーゲルによる慨嘆であるかのようにも思われるのである。

おわりに　スピノザ主義とされた嫌疑を払う「竪抗」

振り返ってみれば、「奇跡」も「啓示」も、ボネの言うように、ある種の記号現象だったとするなら、ボネが権威宗教論に利用されたのは必然的なことであったに違いない。「麒麟」という名称は麒麟の表象を生み出し、「河童」という言葉は河童の表象を生み出す。「復活」という記号があれば、復活という表象が可能になる。「一切を心（Seele）に帰せしめる哲学者たちが考慮に入れないことがある。すなわち、感官の媒介がなかったなら、私たちはいかなる理念をも持つことができないし、私たちの抽象的な観念（Notion）でさえ、感官に根差している記号（Zeichen）に基づいているということを考慮に入れないのである」（Seelenkräfte. II, 111）。感覚された表象を、記号を介して感覚され得ないものにまで拡大解釈するなら、「奇跡」も表象され得ることになる。『イェーナ精神哲学』以降、ヘーゲルが「記号」を、心の深処に眠る名状しがたい想念が「記憶」となって甦る場面に限定して用いたのは、ボネに対するアンチテーゼだったのかもしれない。

「自然はその道筋にいかなる飛躍も行わない。自然は、いつか明るみにもたらそうとする仕事を、既に、遠くから、見通しのつかない曖昧な中で準備している。さて自然が、蝶の萌芽（Keim）を青虫のうちに、植物の萌芽を、そこから植物が成長するはずの種の内に置いたなら、私たちの未来の身体の萌芽をも、現在の身体の内に置くことができなかったのならそれはどうしてか。心の座が既に、啓示の語るところの、不滅で支配的な身体の胚芽（Keim）を自らの内に包含しているということはあり得る」（Seelenkräfte. II, 118）。「萌芽」の比喩を用いながら「啓示」や「奇跡」を語るボネに、ヘーゲルは、概念的に把握されるべき全体にして端緒たるものとして「萌芽」を語るべきだと叱正したかったであろう。とはいえ、それを奇跡論として明言したらボネの愚を再現することになる。こうして、モチーフに限ればボネに触発されながらも、ヘーゲルがボネの陥った落とし穴を批判的に埋めて、これを乗り越えようとするところに、知性の竪坑論が語られたと見ることもできよう。

ボネは、自らの思想が奇跡を排除するものでないことをこうも語っていた。「死者は、彼が新たな生にいつか関与することになるある変貌への準備であってはならないのか？　／こうしたことを願わしくするのが、私たち自身への愛であるし、こうしたことをありそうにするのが理性であるし、確実にするのが啓示である。／私の心の不死性を確かにするのに啓示では十分ではない。啓示は私たちにこの心がいつか、輝かしい（……）身体と合一されるはずだということを教えてくれる。それゆえ、私の根本命題は、啓示に余り背くものではなく、むしろ啓示ととりわけうまく調和する」（Seelenkräfte. II, 110f.）。

奇跡を用意する死者というフレーズは、ヘーゲルにとって、とりわけ心胸に突き刺さる言葉であったかもしれない。一七九五年末以来、ヘーゲルは、ベルンでの不遇の境涯に悩んで、ヘルダーリンに身の振り方を相談していたという[5]。とりわけ、チュービンゲン神学校の補習教師になることさえ考えてもいたヘーゲルに、ヘルダーリンが一七九五年一一月二五日付の返信で、友にその道を思いとどまらせようと次のように強く諌めたのであった。「チュービンゲンで死者を甦らせる者の務めを君ができるというのなら、補習教師になるというのも君にとって義務だったのかもしれない。もちろん、チュービンゲンで死者を埋葬してきた連中は、君に反対して、できる限りのことをするだろう。君は骨折り損になると思うので、君が君自身に対して冒す裏切りだと僕は思うよ」（Br. I, 34）。ヘーゲルが初心を貫くことによって人生の難局を切り抜けて、やがて大成することができたことを思う時、その初心というのは、チュービンゲンの教師たちが説いた「権威宗教」に対抗する、「内面」からの信仰の重視であったことを振り返るなら、シュトールやジュースキント、さらにはボネに対する批判的な思索の道を歩むことに他ならなかった。であるなら、『エンツュクロペディー』第三版における改訂にあって、ヘーゲルは、またしても若き日の初心に立ち返ることによって、自らに対して無理解な攻撃が向けられた難局を乗り越えようとしたと言えよう。すなわち、ボネとは対比的に、知性の「竪坑」の比喩を強調することを通して、ヘーゲルは自らの哲学が、スピノザとは違う、意識下の混沌とした心像の世界と明澄な思弁とを往還する知性の、ダイナミックな構造に支えられていることを明らかにしようとしたのであった。

注

（1）　鳩は平和の象徴であるものの、平和が鳩の象徴であることはない。ピラミッドが王権の強大さを示す記号である場合には、王権の強大さは、ピラミッドとして示されてもいる。ここに、象徴と象徴されるものとが一方的な関係であるのとは違う、示すものと示されるものとが相互的である記号が成立する。こうした文脈でのピラミッドについて、従来は『美学』での叙述、「ピラミッドは象徴的な芸術の単純な像を眼前に呈示する。ピラミッドは途方もなく巨大な結晶であって、内面的なものをその内に秘めている」(SW. XIII, 459) を参照するよう指示されてもいた (Vgl. M. J. Petry : Hegel's Philosophy of Subjective Spirit. Vol.3. Phenomenology and Psychology. (D. Reidel Publishing Company) p. 414)。デリダも、『美学』の当該箇所への参照に立って論述を進めている(ジャック・デリダ『哲学の余白(上)』高橋允昭・藤本一勇訳、法政大学出版局、一六二―一六五頁を参照)。

しかしながら、『美学』の当該箇所は、ピラミッドを象徴として捉えていて(『哲学の余白(上)』一六三頁を参照)、記号の成立の事例として論じてはいない。むしろ、記号の成立に関わる文脈でのピラミッドは、一七九〇年冬学期にチュービンゲン神学校で講じられた、フラット (Johann Friedrich Flatt : 1759–1821) による心理学講義と、受講者によるその筆記ノートを複写することによって成立した、ヘーゲルによる「心理学と超越論哲学のための草稿」に遡及されるべきである。ただし、ピラミッドではなく、「巨石の山 (Steinhaufen)」である。「文字記号の成立について。ヒエログリフ文字が最初の文字でした。そうした文字を発案するという発想に、そもそも人間はどうして到ったのかということは、ある出来事の思い出を伝達するとともに、その場に不在だった人たちに伝えることができるようにという欲望から、説明することができます。最初のもくろみは達成されました。なぜなら、ピラミッド (Steinhaufen) を築いて、あるお祭りで歌われていた歌を伝達したからです。結局のところ、こうした手段では非常に欠陥があると感じたのです。そこで平らなところに感性的な対象を線描することを思いついたのです」(Flatt, 212)。これを受けたヘーゲルによるコメントである。「書き言葉――(a) ヒエログリフの言語、不在の人たちを思い出す必要。ピラミッド、歌唱。――シルエットの描写。絵画の簡略化L (GW. I, 185)。

したがって、『エンツュクロペディー』における記号論の源流は、フラットの授業に遡及することができる。ちなみに、カントも『人間学』で、ピラミッドを記号として論じていた。「墳墓や霊廟は亡くなった人を追憶する記号である。同じようにある王の往時の大いなる権力を永遠に記念するための記号がピラミッドである」(KW. VI, 501 :『カント全集 一五巻 人間学』(岩波書店) 一二〇頁を参照)。

(2) チュービンゲン批判を認めたシェリング宛書簡が知られている。「いったいチュービンゲンはどうなっている? ラインホルトやフィヒテのような人がそちらの教壇に立たなければ、本物は出てこないね。チュービンゲンほど古いシステムが忠実に伝えられているところは、たぶん他にはない。古いシステムは、個々の優れた頭脳の持ち主にとってなんら影響を及ぼさないとしても、大多数の機械的な頭しか持っていない人たちにとってはすごいことになる。これらの人たちにとっては、一人の教授がどのようなシステムを、どのような精神を持っているのかということは、極めて重要なのだ」(Br. I, 12)。

（3）　フラットによる「心理学」講義と、ヘーゲルの「心理学と超越論哲学のための草稿」との関係については、双方の邦訳を掲載した『知のトポス』（Nr.8、二〇一三年）の、栗原隆による「解題」（一二一―一二六頁）を参照賜りたい。

（4）　フラットには、『試論（Vermische Versuche）』（一七八五年）という論文集があって、その第二章「イエスや使徒たちの奇跡についての哲学的な解明のための寄与（Beytrag zur philosophischen Untersuchung der Wunder Jesu und der Apostel）」にあっても、ボネは引き合いに出されてしまう。「果たして、奇跡を、物体世界の現在存在している体系へ、その体系の完全性を棄損することなく組み入れることは可能であったのか？　まさにこの問いこそ、肯定することが許されると信じたボネ以上に、普遍的に肯定されたり、信頼性をもって肯定されたりすることはないように、私には思われる」（S. 122）。

（5）　ポール・アスヴェルド「若きヘーゲルの宗教思想（6）」（大田孝太郎訳、『広島経済大学研究論集』第一五巻第一号、一九九二年）一三六頁を参照。

第Ⅳ部　精神哲学の源泉

第一〇章　変容（Metamorphose）と進展（Evolution）

はじめに

「私が自らの精神的な展開の来し方を眺めるならば、その道程のそこかしこで、あなたのお蔭に負うところが大きいことに気づきます。そうしたわけで、私は自分自身をあなたの子どもの一人であると名乗ってもよいくらいだと思っています」（Br. III, 83）。これは、一八二五年四月二四日付で五四歳のヘーゲルがゲーテに宛てた手紙の中の一文である。ゲーテに触発されたことがヘーゲルをヘーゲルにしたと言ってもいいことは、幾つかの思想的局面から明らかである。[1] ヘーゲルは、一八〇五年から〇六年にかけて執筆された『自然哲学』において植物論を展開、生命を全体として、「プロセス」（GW. VIII, 134）として捉えることになる。[2] そこに私たちは、ヘーゲルが、ゲーテの『植物のメタモルフォーゼを解明する試み（Versuch die Metamorphose der Pflanzen zu erklären）』（一七九〇年）について、一八〇三年以降同僚となったシェルヴァー（Franz Joseph Schelver 1778–1832）を経て知るに及んで、「メタモルフォーゼ」論を受容した現場を見定めることができる。

これに対し、シェリングは『世界霊』（一七九八年）において、いち早く『植物のメタモルフォーゼを解明する試み』を踏まえた論述を行なっていた。「一にして同一の展開（*Entwicklung*）を通して雌雄の両性が発生する。

このことは植物に際しては目立つ。両性における分離は、展開の相違せる段階においてしか生じない」（Schelling. I-6, 222）。

ところが、E・フェルスターによれば、ヘーゲルに比し、シェリングは、メタモルフォーゼ論の本質を外して理解したという(3)。それでは、シェリングによるメタモルフォーゼ把握のどこが、ゲーテのメタモルフォーゼ論の本質を外したものであったというのであろうか。本章は、前成説で語られた開展（Evolution）が、進展としての意味を持つように変容していく経緯を概観するとともに、シェリングにおける「メタモルフォーゼ」把握を検証することを通して、「精神の展開」という発想と機序の成立を明らかにすることを目的とする。

1　シェリングにおけるメタモルフォーゼ把握

マイモンを介したメタモルフォーゼ把握

『世界霊』の序文でシェリングは、メタモルフォーゼについて論究されるべき必然性について、「すべての有機体の段階的発展が、一にして同一の有機体の漸次的展開によって形成された」（Schelling. I-6, 68）ことに鑑み、有機体と生命とを、自然の原理に基づいて自然学的に究明しなければならないところに見定めていた。「蕾がいずれも、一つの新しい個体だとするなら、植物のメタモルフォーゼも、少なくとも類似した現象として挙げることができよう」（Schelling. I-6,68）。とはいえ、ここで植物のメタモルフォーゼが、昆虫の変態と類比的に語られているところから、マイモン（Salomon Maimon：1753–1800）が『ドイツ月報（Deutsche Monatsschrift）』（第二巻・一七九一年）に発表した「自然における恒久性について（Über Stetigkeit in der Natur）」を通して、ゲーテを解釈していたとされている（Vgl. Schelling. I-6, 276）。マイモンにあっては、次のように論じられていた。「たとえば博物学者たちは、昆虫の変態（Metamorphose）の説明に成功していなかったというのか？　変身する昆虫が、その三つの異なる状態（青虫、蛹、蝶）において常に同じ形相を保持していると示すことができなかったというのか？　青虫のうちに既に蝶の羽を発見することができなかったというのか？　私が、うまくいって当然だと思うのは、私たちの著者ゲーテがこうした機会に際して示していたのと、同じような才能と観察する精神とを、他ならぬ博物学者たちが持ち合わせているならばの話しである」[4]（Stetigkeit, 141）。博物学者にもまして自然の秘密を開示するゲーテの慧眼を讃えるマイモンに依拠して、シェリングがゲーテのメタモルフォーゼを解釈していたとすると、「ある客体についての継時的な（*successiv*）多様性と共時的な（*koexistierend*）多様性との同一性を説明する」（Stetigkeit. 141）ものとして、メタモルフォーゼ論を捉えていたことになる。だが、そうであるとすると、桜の、幹や枝そして花という共時的な多様性と、蕾や満開の桜そして桜吹雪という継時的な多様性とが、同一の桜であるということを、メタモルフォーゼとして捉えた、ということになろうか。

確かに、ゲーテの『植物のメタモルフォーゼを解明する試み』の一一三節を指示しながら、シェリングは次のように論じてもいた。「それゆえ、次第に進んで行く成長は、発芽する植物が結節から結節へ、葉から葉へ進んでいくので、漸次的な個体化の現象に他ならない。その限りで、繁殖そのものと一にして同一の自然作用なのである」（Schelling. I-6, 222）。とはいえ、当該箇所でのゲーテの論旨は、植物にあって生命力の発現は、継時的な成長と共時的な繁殖との二通りの仕方で生じる、というものであった。シェリングにとってゲーテでは飽き足らなかったのか、アレクサンダー・フォン・フンボルト（Friedrich Heinrich Alexander, Freiherr von Humboldt：1769–1859）の『植物の化学的な生理学からの断章（Aphorismen aus der chemischen Physiologie der Pflanzen）』

（一七九四年）の四〇頁を踏まえつつ、植物の生理を説明してもいる。「私たちは、植物生理学者たちのお蔭で、植物の導管についての顕微鏡による最も細密な認識を得ているが、彼らでさえ結局は、「起動して突き動かす力（もちろんこれでは自然学の役に立つことはないが）とか、植物のうちに生じる一切を、秩序づけられた運動によって生み出す生命原理とかいうものに立ち返ってしまう」」（Schelling. I-6,197）。

展開や進展としてのメタモルフォーゼ

ゲーテの意義は、生命原理という抽象的なものに満足することなく、生命が発現する機序の解明に向かったことであった。シェリングは、あのダーウィンの祖父の、エラズマス・ダーウィン（Erasmus Darwin：1731–1802）の『ズーノミア（第一部）（Zoonomie oder Gesetze des organischen Lebens）』の独訳（一七九五年）へ論及してもいる。「以上のことから秋になると樹木の蕾は、木の葉を失った時にも、年間を通して植物であり、樹皮は蕾のそれぞれの根源の組織であり、内部の木質部は樹木が空中に直立するために役に立つ以外の何ものでもなく、樹木は動物の世界が個体性にあることに比肩される、というのはあり得るように思われる」[5]。ダーウィンの原文のこの箇所に、独訳者のブランディス（Joachim Dietrich Brandis：1762–1846）は、次のように訳注を付記していた。「注目すべきは、私たちドイツの第一の詩人にして枢密顧問官のゲーテ氏が、どんな蕾も個体性であることについて、まったく似たような理念を、ドイツで最初に講述していた、ということである」（Zoonomie. 183 Anm.）。ゲーテの『植物のメタモルフォーゼを解明する試み』がダーウィンの原著（一七九四年）に先んじていたことを踏まえるなら、些かちぐはぐな印象を拭いきれない注記ではある。そしてシェリングは、「蕾は既に、それが形成されるや否や、親株からまったく異なった、独立して存立する個体として見なされ得る」（Schelling. I-6, 223 Anm.）証左として、ゲーテではなく、『ズーノミア』を挙げていたのである。

『自然哲学体系の第一草案（Erster Entwurf eines Systems der Naturphilosophie）』（一七九九年）になると、メタモルフォーゼは、「展開（Entwicklung）」や「進展（Evolution）」としても捉えられることになる。「さて、昆虫において支配的である法則は、〔植物と同じ〕法則であって、それらの形成の最初の段階にあって（例えば青虫の状態にあって）は、いかなる性の違いも示されない。すなわちそれらが経るメタモルフォーゼはほとんどひとえに、自らの内で性を展開する（entwickeln）ために規定されている、あるいはむしろ、そのメタモルフォーゼという革命（Revolution）は、種を展開する（Geschlechts-Entwicklung）現象そのものに他ならない。というのも、そのメタモルフォーゼが完遂されるやいなや、雌雄の違いが生じ、それとともに性衝動が顕れるからである。花にあっても昆虫にあっても、これが、達成し得る形成の最高の頂点である」（Schelling. I-7, 104）。このメタモルフォーゼをシェリングは世界の起源にまで援用する。「宇宙の絶えざる有機的なメタモルフォーゼは、宇宙が本来、膨張（Expansion）と収縮（Contraction）の連続的な交替においてのみ持続するのであるから、（……）中心にある質量という理論によって説明される」（Schelling. I-7, 156 : Vgl. 320）。メタモルフォーゼはシェリングにあっては、植物や昆虫に留まるものではなく、自然の原理ともされ、膨張と収縮、内化・包蔵と進展という動きをたどるものとされた（Vgl. Schelling. I-7, 190f.）。植物の膨張と収縮という論点は、ゲーテの『植物のメタモルフォーゼを解明する試み』の七三節を踏まえていると見られる（Metamorphose, 47f.）。

メタモルフォーゼを引き起こす衝動

とはいえ、ゲーテのメタモルフォーゼ論を踏まえるだけでなくシェリングは、ライマールス（Hermann Samuel

Reimarus：1694–1768）の『動物の衝動についての普遍的な考察（Allgemeine Betrachtungen über die Trieb der Thiere）』（第二版・一七六二年）における「業の衝動」を念頭に置きながら、メタモルフォーゼを生命力の発現としても説明している。「たいていの昆虫においては、メタモルフォーゼを経巡る前には、種の衝動（Geschlechtstrieb）と同じものとして、業の衝動（*Kunsttrieb*）が登場する」（Scheling. I-7, 103）。

ライマールスから「業の衝動」の着想を借りてきたかと思うと、シェリングはブルーメンバッハ（Johann Friedrich Blumenbach：1752–1840）の語った形成衝動の発想も借りてくる。「どのような有機体であれ、いずれも無限に自己自身を再生産してゆくその根拠は、その有機体の形成衝動が根源的に制約されているなかにあって、いわば予め胚芽が形成されている（*präformirten Keimen*）というところに求められるべきではない。そうしたことが現実的だというための証明は影さえも見えない。すべての有機的な形成の最初の胚芽はそれ自身、すでに形成衝動（Bildungstrieb）の所産である。（……）さまざまな器官や諸部分がすべて多様であるのは、形成衝動が、これらの特定の展開段階で作用するよう強いられている方向の多様性を示しているに他ならない。それゆえ、あらゆる形成は、後成によって生じる（*Alle Bildung geschieht daher durch Epigenesis*）」（Schelling. I-7, 111f.）。形成衝動という発想を受容することによってシェリングは、前成説を斥けることにもなる。

開展（Evolution）から進展（Evolution）へ

さまざまな論述がコラージュのように散りばめられているなかで、前成説で「内化・包蔵（Involution）」と対として語られていた「開展（Evolution）」の意味の転換へと踏み出されもしている。(6)「自然は、相互外在や相互内在のいずれでもあり得ない。自然は相互内在における相互外在であり、相互外在における相互内在である。差し当たりは、絶対的な進展（Evolution）と内化・包蔵（Involution）との間にあって漂っている、進展のなかで把握されたものに他ならない」（Schelling. I-7, 266）。「さて、いわば（最高の立場から見られるなら）自然のあらゆる生産的な活動性が、一にして根源的な内化・包蔵（Involution）からの無限な進展（Evolution）に他ならなかったとしたなら、その否定的なものは、自然の進展を抑えるものであったに違いない」（Schelling. I-7, 143）。こうした論述から私たちは、前成説で語られていたような、予め組み込まれていた小さい要素が大きくなってゆく「開展（Evolution）」が、当該の有機体の胚芽からの「進展」としての意味を持つようになったことを確認できる。

2　前成説における開展の脈略

ライプニッツにおける前成説の基礎づけ

思想史を振り返るなら、開展（Evolution）もメタモルフォーゼも、私たちは、ライプニッツの『単子論』のうちに見出すことができる。最初のドイツ語訳の『単子論（Lehr=Sätze über die Monadologie）』（一七二〇年）の七五節（現行版七三節）に次のような一節がある。「私たちが発生と呼びならわしているのは、開展（Evolution）や生成（Wachsthum）に他ならない。これに対して死と呼ばれているものは、内化・包蔵（Involution）や減退もしくは減少のことである」（S. 37）。この論述に続いて、前成説の考え方が明らかにされていた。「七六・哲学者は、形相、エンテレケイアもしくは心を研究するにあたって、非常に困惑した。しかし今日では、植物や昆虫、動物について行なった入念かつ厳密な調査によって、自然の有機体が雑然たるごちゃ混ぜや腐敗から生じるのではなく、常に、一定の種子、それも疑いもなく、植物や動物、昆虫の形相が予め既に隠されている種子によってもたらされ、産み出されるのだということに気づいてみるなら、有機体が既に、受精以前からそこにあったというだけでなく、この身体のなかの心も、一口に言うと動物そのものも、そこにあったのであって、受精作用によって、この動物が大きな動物へと都合よく変形したということだけが生じたのであって、それによって動物が別の動物になることが生じたと判断されたのであった」(S. 37f.)。すなわち、前成説の思想的な後ろ盾となったのは、ライプニッツであった。

神によって創り上げられる前成説

一八世紀中葉まで支配的であった前成説に対して、後成説を主唱したのは、カスパー・フリードリヒ・ヴォルフ(Casper Christian Friedrich Wolff : 1734–1794)であって、その著書『発生論(Theorie von der Generation)』(一七六四年)において、ハラーやボネが俎上に載せられた。「ハラー氏が、開展(Evolution)の体系にあってこそ、それらしさが見出されることを認識させようなんてしていなかったのなら、ボネ氏がこれを、ほとんど確実だと見なすことなどなかったのなら、私が、前成説に反駁することを決してやめようとしなかったのはなぜだったのかと、考え込んだことであろう」(7)。その上で、開展の理路を根本的に剔抉する。「開展(Evolution)は、より一般的な意味で、自然において生成して、暫くの間持続して、そして再び終わる現象を意味する。ところがそれは、自然的な原因によって産出されるのではなく、むしろ無媒介的に、神によって、しかも創造の時にすでに創り上げられていたとされている」(Wolff: 43)。

シャルル・ボネの『自然の考察(Betrachtung über die Natur)』(第二巻・一七八三年)によると、前成説の脈絡で、「展開」までもが語られていた。「自然がニワトリ質を、予め秩序づけていたなら、いわばニワトリ質が受精前に、卵の中で小さく刻印づけられていたなら、ポリプが自らに即して更新する諸部分は、すでに胚芽のなかで予め小さく刻印づけられていたということ、そして見たところ発生に思えることは、純然たる展開（Entwickelung）でしかないということは、少なくとも信じるに足ることである」(8)。

イヴの卵による前成説と生殖に基づく後成説

ブルーメンバッハは、『形成衝動について（Über den Bildungstrieb）』（一七八一年）の一七九一年版で、次のように前成説と後成説との違いを際立たせている。生殖行為は近年、二つの方法で、すなわち「開展（Evolution）という名称と後成説（Epigenese）という名称のもとで(9)」解き明かされていたという。後成説とは、「両親の成熟した、とはいえまだ形を成さない生の生殖物質が、（……）次第に新たな生物へと形成される」（Bildungstrieb. 13f.）とする考え方である。それに対して、「世界における生殖というものを一切排除して、（……）生きてきた、そして生きてゆくすべての人間や動物そして植物には、胚芽が最初の創造の際に直ちに、産み出されていた」（Bildungstrieb. 14）と信じる考え方が前成説であって、「そうなるとある世代は他の世代の後にただ、自らを展開する（*entwickeln*）ことだけが必要になる。それゆえこれは、開展の学説（Lehre der Evolution）と呼ばれる」（Bildungstrieb. 14）。このように、前成説が、天地創造の際にあらかじめ生み出されていたものが開展されて形を成す開展の学説とされるのに対して、後成説は生物が生殖から次第に形成されるとする学説であることが明確にされていた。ハラーとボネに論及するなかで、「これらの開展理論（Evolutionstheorie）に従うなら、私たちならびに全人類は、私たちの最初のイヴの一対の卵巣それぞれの中に入れ込まれていた（schachteln）ことになるし、最も深い死の眠りの中に沈められて一緒になっていたことになる。しかも、非常に小さなものの中に胚芽として、とはいえ、予め形成されて（präformiren）完全に出来上がったミニチュアとして理解される」（Bildungstrieb. 23）。前成説の理念を表現するものとして、「入れ子」のイメージも語られていた。

内化・包蔵（Involution）もしくは入れ子のシステムとして前成説

前成説で語られていた諸概念を、メタモルフォーゼに絡めてシェリングは次のように注記を書き込んでいる。「以前には、昆虫のメタモルフォーゼは、奇跡の一種だと、何かより高次のもののシンボルだと見なされていた。最近の博物学は、この現象を説明しようとして、もっと簡単に説明するために、まずは実際の大きさから脱皮することを求めていた。有機的な自然のこの現象には、内化・包蔵（Involution）の体系、もしくは入れ子のシステム（Einschachtelungssystem）が転用されていた。そこで青虫において、すでに蝶のすべての諸部分が、見えないほど小さく、とはいえ、個体的には前もって形成されているとされたのである。／私は、ここではまだ、有機的自然において生じているのは、個体的な前成ではなく、動的な前成（*dynamische* Präformation）でしかないとか、有機的な形成は、開展（Evolution）ではなく、個々の諸部分の後成（Epigenesis）であるとかという普遍的な根拠に頼らないでおこう」（Schelling. I-7, 284）。結論を差し控えながらもシェリングが、「内化・包蔵（Involution）」、もしくは入れ子のシステム」として前成説を説明する際に踏まえられているのは、シャルル・ボネの『自然の考察』（（第二巻）である。ここでは、「昆虫の変態（Verwandlung）を哲学的な眼差しをもって観察するなら、自然の創造者が動物の多くの様態をその完全性へと達せさせている特殊な手立てについて、賛嘆を禁じ得ない」（Betrachtung. 57）と、創造主による前成説が主張されていた。「あらゆる現象が明かしているのは、昆虫のメタモルフォーゼが、既に予め生成されていた諸部分の純然たる開展（*bloße* Evolution schon präformirter Theile）を介して生じるのではなく、現実的な後成（Epigenesis）や統体的な変形（Umgestaltung）を通して生じるということである」（Schelling. I-7, 286）とシェリングが論じた時、前成説を主唱したハラーやボネへの批判ともなり、前成説から後成説への転換という文脈でメタモルフォーゼ論を受容していたことを確認したい。

前成説から後成説への転換について、『判断力批判』にまとまった論述がある。「さて予定説は、またも二通りの仕方で手続きを進めることがある。すなわち予定説は、自らと等しいものから産出された有機的な存在者のいずれをも、抽出物と見るか、それとも自らと等しいものから産み出されたものだと見るかのどちらかである。生殖を単なる抽出物だとする体系は、個体的な前成説の体系、あるいは開展理論（*Evolutionstheorie*）と呼ばれる。生殖を産み出されたものだとする体系は、後成説（*Epigenesis*）の体系と呼ばれる。この後成説の体系は、種としての前成説の体系（System *der generischen Präformation*）と呼ぶこともできよう。なぜなら、産むものの生産的な能力は、この種に与えられた内的な合目的な素質に従って潜在的に、特殊な形式が予め形成されていたからである。これに応じて、対立する個体的前成説は、もっと良く呼びたければ、包蔵説（*Involutionstheorie*）（もしくは入れ子理論（Einschachtelung））と呼ぶこともできたであろう」[10]。ここからも、前成説は、包蔵説（Involutionstheorie）や入れ子理論（Einschachtelung）としても捉えられ、開展（Evolution）や展開（Entwickelung）が説明のための論理として語られていたことが分かる。

3　精神の進展への脈路

開展（Evolution）から進展（Evolution）へ

しかし、Evolutionが、開展とは全く違う捉え方のされる理路もあった。『人間の本性とその展開についての哲学的試論（Philosophische Versuche über die menschliche Natur und ihre Entwicklung）』（第一巻・一七七七年）において、テーテンス（Johann Nicolaus Tetens：1739–1807）が、心の能力の高まりを叙述する構造について論じている箇所である。「素養から現実の能力への移行、微かな能力から身近な能力への移行、自らを表明する可能性から現実性への移行、単なる素質から手軽にできることへの移行、そうした移行は、一種の後成説（Epigenesis）を通して、根付くことによって、言い換えるなら眼前に現前するものの進展（Evolution）によって行なわれる」（Entwicklung. I, 760）。テーテンスは、構想力から創造力さらには思考力へと高まる認識能力を、「進展（Evolution）」として捉えていた。そして「テーテンスは経験的であって、私は超越論的である」（R4901）と書いたカントも、こうした捉え方の脈路に連なっていた。カントの自認するところでは、「私はテーテンスのように、概念の進展（Evolution）（それを通して概念が産出されるすべての活動）に携わっているわけでも、ランベルトのようにその分析に携わっているのでもなく、概念の客観的な妥当性に従事しているだけである」（R4900）[11]。このようにして「進展（Evolution）」は、後成的な精神の進展としての意味合いを持つようになったのである。

E・カッシーラーはその著『啓蒙主義の哲学』において、テーテンスの意義を、次のように称揚していた。「われわれは悟性の機能を、それが経験をまとめて知覚から最初の感覚的観念を生み出すという面ばかりでなく、それが高い精神面に飛翔して理論を形成し、もろもろの真理を学問的に結合せしめるという面においても考察しなければならない。（……）テーテンスはこの問題の解決のためのベイコンやロック、コンディヤック、ボネーやヒュームの貢献をけっして満足すべきものとは考えなかった。理性的認識の問題の固有な意味は彼らのやり方によっては把握されえないし、感性的認識の問題に気をとられすぎてこの問題は完全にないがしろにされてしまうにちがいないのである[12]」。そして、テーテンスの書を、『精神の現象学』の端緒と輪郭を形作るものだと評価したのである[13]。

精神的な階梯を昇り完成へ

実際ヘーゲル自身、「『精神の現象学』のための自己広告」（一八〇七年）において、次のように記述していた。

学への準備を考察する「『精神の現象学』は、精神のさまざまな形態を、精神が純粋な知もしくは絶対的な精神へと生成する道程のさまざまな宿駅として、自らの内で捉える。（……）一瞥したところではカオスとしてしか示されない精神の諸現象の豊饒さは、一つの学的な秩序へともたらされる。この秩序を精神の現象学は、不完全な形態が解消され、さしあたりの真理であるものより高次の形態へと移行する必然性を叙述する」（GW. IX, 446）。ここに、ゲーテのメタモルフォーゼ論における理念の反映を見ることは易しい。すなわちゲーテにあっては次のように語られていたのである。「最初の子葉から、果実という最終の完成に到るまで、つねに段階的に活動することが認められ、ある形態から順次に他の形態へと変形し、いわば精神的な階梯（eine geistige Leiter）の上を、両性による生殖という自然の頂上をめざして昇っていく」（Metamorphose. 3）。個別的で低次元なものからより高次の完成形態へと移行する結果として、全体が把握されるという構造である。フェルスターによるなら、「完全な形態の系列を有機的全体として把握することが理念の認識に必然的に先行する(14)」という。個別的な先行形態を低次から高次へと全体の系列を把握して初めて、理念から個別的なものを捉え返すことができるという機序こそ、「精神的な梯子」の機能であった。フェルスターは述べている。「理念がその終わりにおいて認識されることとなる意識の諸形態の完全な系列が、論理学に先行せねばならないということになる。つまりこれこそが精神のメタモルフォーゼの呈示が指すものであり、『精神現象学』の最初のタイトルのように「意識経験の学」が指すものなのである(15)」。

完成に向かう精神の進展としての展開（Entwickelung）

「有機的な個体の身体のいずれも、類を維持するために、自らと同じものを生み出すことに寄与しなくてはならない。（…／）自らと同じものが生成することを私たちは、次第しだいの展開（Entwickelung）として考えることができる。それゆえ、その〔展開という〕作用は、展開が完成するまで、新たな存在が自己自身を維持することができるようになるまで、続かなければならない。どんな有機体も、子ども時代という展開（*Entwickelung*）の時期に服するのである(16)」。これは、シェルヴァーの著書、『有機的自然の基礎論（Elementarlehre der organischen Natur）』（一八〇〇年）に見られる論述である。ここに私たちは、「展開（Entwickelung）」が、前成説から解放されるとともに、完成に向かう精神の展開としての意味合いを持つようになったことを明確に見定めることができよう。

シェリングとヘーゲルが共同で編集発行していた『哲学批判雑誌』の、一八〇三年初夏に刊行された最終号に、ヘーゲルは「自然法論文」の後半部を発表、そこに不思議な叙述が出てくる。「ポリプの自然においても、小夜啼鳥の自然においても、ライオンの自然においても、生の統体性があるように、世界精神はどのような形態にあっても、それは比較的鈍いものであったり、比較的展開されたものであったりしようが、絶対的な自己感情をもっている」（GW. IV, 479）。「ポリプに小夜啼鳥そしてライオンという個別的な段階は、一つの全体的なもののポテンツであり、この連関においてこそ個別性は尊重される。統体性という理念は、個別的な諸段階を超えたところに漂っているが、この理念はしかし、個別的な諸段階がばらばらにあるそれらの形象全体から再び照らし出されて、そこに直観され、認識されるのである。形象が延長されて統体性を成しているということが、存立するものたる個別的なものを正当化する」（GW. IV, 480）。この時点でヘーゲルの自然哲学には、ゲーテ受容の痕跡は見当たらない。しかし、この「自然法論文」の末尾に書き込まれた論述は、ヘーゲルが、シャルル・ボネの『自然の考察』（第二巻）、もしくは少なくとも、シェリングの『世界霊』における次の論述を踏まえていたことを物語る証左ともなろう。「ポリプの身体を見よ。その破壊されない再生産力のゆえに良く知られているこの生きものの身体全体はほとんど一貫して同質的（*homogen*）である」（Schelling. I-6, 219）。

産出されたもののプロセスとしての自然

『自然哲学体系への草案序説（Einleitung zu seinem Entwurf eines Systems der Naturphilosophie）』（一七九九年）のうちに、シェリングが、「あらゆる形態の根底にある「原型」」（Schelling. I-8, 55）へ論及するとともに、Evolution を、前成説で語られた「開展」から解放して、「進展」として自然を捉え直している現場がある。「自然と呼ばれるもののうちに私たちが見るのは、根源的所産そのものではなく、根源的所産の進展（Evolution）である」（Schelling. I-8, 46）。シェリングは自然を産出されたもののプロセスとして描出する。そしてその「所産は無限なメタモルフォーゼの内なるものとして把握される」(Schelling. I-8, 55)。シェリングは、メタモルフォーゼに段階行程を見定めるとともに、進展に連続性を見てとっていた(Vgl. Schelling. I-8, 52)。「産出性のうちに連続性(Continuität)を見出すためには、産出性から所産へと移行する段階行程(Stuffenfolge)がこれまで以上に厳密に樹てられなければならない」(Schelling. I-8, 57)。

とはいえ、段階行程にとどまらず、シェリングはメタモルフォーゼを、膨張と収縮として捉え直してもいた。『自然哲学体系の第一草案』にはまるで、ゲーテに対する挑戦のように思われる叙述さえ見られる。「しかし何をもって、有機的自然におけるあらゆる形成が始まるのか(……)膨張と収縮の交替をもってしてか。何によって植物のメタモルフォーゼは生じるのか、伸長と収縮のそうした交替によってか(ゲーテ『植物のメタモルフォーゼ試論』)。まさしくこうした交替は、植物のメタモルフォーゼに際してよりも、昆虫のメタモルフォーゼにあって、もっとはっきり目に見えるというのではないというのか?」(Schelling. I-7, 190f.)。もとより『世界霊』からして、植物のメタモルフォーゼが、昆虫の変態と類比的に語られていたことを、私たちは想起するべきかもしれない。

おわりに　メタモルフォーゼと展開

実体のメタモルフォーゼ

一八〇一年一月二六日付でシェリングはゲーテに宛てて、自分なりのメタモルフォーゼ把握を披瀝する書簡を書いている。「メタモルフォーゼは、有機的な自然以前に既に生じていて、化学的な謎の言葉でもあるように思われます。――従来は単純なものだと見なされてきた物体は、しかし、大地の原実体(Ursubstanz)に他ならないともされましたが、すべて鉄の誘導体です。根源的なメタモルフォーゼを経て鉄から顕れたのです。物体は鉄においては、何らかの物もしくは素材として、顕わになってはいませんが、（……）暗黙の裡にそうなのです」（Schelling. I-10, 420）。実際シェリングは、『私の哲学体系の叙述』（一八〇一年）で、次のようにメタモルフォーゼによって同一哲学を説明しようとした。「私は、一にして同一の実体（A＝B）が変化をこうむるのは、この実体がAの相対的な優勢でもって一方向へ向かって措定されたり、Bの相対的な優勢でもって反対の方向へと措定されたりすることによってである。このように実体がこうむる変化を、私はこの実体のメタモルフォーゼと呼ぶ。／あらゆる物体は鉄の純然たるメタモルフォーゼに他ならない」（Schelling. I-10, 156f.）。これは果たして、メタモルフォーゼなのであろうか？こうなると、ゲーテによるメタモルフォーゼ論の本質を外したどころか、異形のメタモルフォーゼ論だと言わざるを得ない。

密度と凝集

「私は凝集（Cohäsion）と光という私の概念に応じて地球のメタモルフォーゼを考えざるを得ないと信じるが、その前提がいかなるものか、ここで幾らか述べておく必要がある。――とりわけシュテッフェンス氏の幸運な思想によって、磁気の両極を、炭素および窒素のうちにそれらが分離されて呈示されるところまで追求できるようになったからであり、それ以来、ヴォルタ電池による実験が行われてきていて、水の本質についての私の考えが完全に基礎づけられたからである」（Schelling. I-10, 168）。シェリングをして「地球のメタモルフォーゼ」へと語らしめたものは何であったのか。シェリングはメタモルフォーゼを凝集としても語っている。「このメタモルフォーゼ全体にあって、実体は同じものであり続ける（第七八節定義）。そしてただ偶有的なものだけが、あるいは凝集（Cohäsion）だけが変化するのである」（Schelling. I-10, 170）。シェリングが立脚しているのは、「凝集の増加及び減少は、比重の増加及び減少と一定の反比例関係にある」（Schelling. I-10, 154）という『私の哲学体系の叙述』の七二節であって、シェリング自身、シュテッフェンスによって発見された法則であることを認めていた。

「シェリングは、昆虫が、卵から青虫へ、蛹を経て完全な昆虫へと変化するにあたって、植物にあって、茎、葉、花——それぞれが交互に、収縮し合うとともに拡張し合うことによって——を経巡るメタモルフォーゼと同じメタモルフォーゼを遍歴するというすぐれた理念を表明していた」[17]。これは、シュテッフェンス（Henrik Steffens : 1773–1845）の『地球の内面的自然史への寄与（Beyträge zur innern Naturgeschichte der Erde）』（一八〇一年）に見られる言葉である。「私は密度（Dichtigkeit）と凝集（Cohärenz）の交互規定という私のアイデアを、シェリング氏に伝えた。シェリング氏は、この理念を、いち早く出版されるであろう宇宙の理論へと応用する彼の天才ぶりを通して、凝集というものの現象の、はるかに正しい光景へと私を誘った。私はここで、演繹と還元というものの限界に直面しているので、その限界の必然性がここで感じ取られたからといって、皆さんは驚く必要はない。私の理念を、少なくとも今あるような形で宇宙論へ応用することを私は、シェリングの卓越した試みの後では、余計なことだと見なす」（Naturgeschichte. 207 Anm.）。シュテッフェンスがシェリングに伝えた「密度」と「凝集」というアイデアを宇宙論へと発展させるといういきさつを経て、シェリングは、『私の哲学体系の叙述』でのメタモルフォーゼ論に行き着いたようである。

シュテッフェンスによる「展開」と「進展」

「自然を、段階を追ってその展開（Entwicklung）において辿るなら、一つの段階において、他ならぬ先行した段階のより高次のポテンツを認識するとともに、それによって自然の理論を、すなわち進展（*Evolution*）というものを基礎づけることになる」（Naturgeschichte. 256）。シュテッフェンスも、「展開」や「進展」を、前成説から解放して、段階的な発展の説明へと適用する。「最も下等な種類の動物であろうと、私たちが知っている最高の種類の動物のように、生き生きとした若い者を産む。しかし、まったく正反対の理由からである。あらゆる動物の形成は、どんなに最高の動物の形成であっても、ゲル状のものから始まる。メタモルフォーゼは、全体として見るなら、諸段階が高まるにつれて、ますます大きくなっていく。しかし寄生虫は、最も下等な段階に留まる。それゆえ奴らは、メタモルフォーゼを経ないのである」（Naturgeschichte. 293）。シュテッフェンスは、メタモルフォーゼが、高みを目指す階梯であることを正しく理解していた。もとより、内化・包蔵の機序も理解していたようである。『思弁的自然学雑誌（Zeitschrift für speculative Physik）』（第一巻・一八〇〇年）の巻頭を飾ったシュテッフェンスによる「編集者の最近の自然哲学的著作についての批評」での論述である。「多様なものは再び、単一にならなくてはならない。といっても多様なものは、連続的な展開（Entwickeln）を通してこそ見出される、あるいは同じことだが、内化・包蔵（Involution）は段階を経る進展（Evolution）を通してのみ見出される(18)」。展開や進展を経て、隠されて含意されていたものが発現する機序をシュテッフェンスは明らかにしたのである。

　シェリングをして、ゲーテのメタモルフォーゼ論から大きく逸脱させたものは、ゲーテのメタモルフォーゼを、いろんな論者のさまざまなアイデアへ応用してやまない彼の「天才ぶり」だったのであろうか。それとも、シェリングにあっては、全体の理念を直観するところから、個別的なものを捉え返そうとしたところに、ゲーテからの逸脱の要因があったのであろうか。あるいは植物から離れ、宇宙論にまで拡張したところにあったのか。

カッシーラーはその著『自由と形式』において、「彼〔ゲーテ〕の基本的視点は後成説の概念にも前成説の概念にも属していない」[19]としたうえで、次のように述べている。「今はっきりと判るのは、彼〔ゲーテ〕にとってこの観念〔メタモルフォーゼ〕が自然的な存在の組織ばかりでなく、精神的な存在の組織をも決定するということである。この観念は彼にとって、「心的能力」の伝統的な図式に内側から生命を与えるもの――「直観」、「生産的構想（想像）力」、「理性」に一定の意味を与え、それと同時に、それらの機能が異なっているにもかかわらず、ひとしく関わりを持っているところの統一的な目標を設定するものである。不断に生成し、休みなく活動するが、自分自身に尺度と限界を与えるもの、それはゲーテにとってかつては自然の生命であったが、今や精神の生命である」[20]。

今日的な視点で遺伝子を顧みれば、もとより、前成説とも後成説とも言い切れないのも事実である。とはいえ、精神の展開は、低次元の精神から高次の精神への自己実現を目指す展開に他ならなかった。メタモルフォーゼは単なる変容ではなく、完成に向けた展開である。そうしたメタモルフォーゼ論に触発されて、「精神の生命」の展開の全系列を明らかにしたのはヘーゲルであった。それに対してシェリングは同一哲学において、メタモルフォーゼによって「惑星系の形成を一つの普遍的な凝集過程として呈示する思想」（Schelling. I-10, 168）にまで旅発ったのであった。「惑星系はメタモルフォーゼを通して自らを形成してきた」（ibid.）と。ここに私たちは、メタモルフォーゼ論の本質からの逸脱を捉えざるを得ないのである。

注

（1）拙論「「生」の諸相とその展開ヘーゲルにおける生の交流とその気脈」（『シェリング年報』日本シェリング協会、二四号、二〇一六年）、本書第五章「一者の影――ヤコービによる「ブルーノからの抜き書き」の思想史的な意義について」（初出『哲学』日本哲学会、六八号、二〇一七年）、本書第一二章「色と心――ヘーゲルによるゲーテの『色彩論』の受容をめぐって」（初出『シェリング年報』日本シェリング協会、二七号、二〇一九年）を参看賜りたい。

（2）例えば植物に即してヘーゲルは次のようにプロセスを語る。そこに私たちは、「メタモルフォーゼ」の反照を見ることができよう。「プロセスとは、単一なことである。地中への植え付け、成長、根付き、茎、枝そして葉、花さらには種の産出である」（GW. VIII, 130, am Rande）。「胚芽の展開は、はじめは、単なる成長であり、単なる増大である。胚芽はそれ自体、すでに植物全体である。それは小さな樹木などである。諸部分は完全に形成されていて、大きくなるだけ、形相から見れば繰り返し、硬くなるだけなのである。というのは、生成するべきものは既に存在しているからである。言い換えれば生成というのは、単に表面的な運動でしかない。といっても生成は同じように、質的な分節化と形態化であり、本質的なプロセスなのである」（GW. VIII, 131）。もとより、ゲーテの「メタモルフォーゼ」論における「精神の階梯（eine geistige Leiter）」（Johann Wolfgang von Goethe: Versuch die Metamorphose der Pflanzen zu erklären. S. 3. Gotha (Carl Wilhelm Ettinger) 1790――以下、Metamorphose と略記）を、ヘーゲルは、「精神の脈絡（ein geistiges Band）」（GW. VIII, 133）として受容したとも言えよう。また、「葉は、しばしば植物全体である」（GW. VIII, 147 am Rande）とするヘーゲルの認識は、「植物学断章」でゲーテの書きつけた、「すべては葉である」（ゲーテ『形態学論集 植物編』木村直司訳、ちくま学芸文庫、二〇〇九年、三〇三頁）と通じ合うものである。

（3）エッカート・フェルスター「カント以後の哲学の展開にとっての『判断力批判』第七六―七七節の意義［第二部］」（宮崎裕助・大熊洋行訳、『知のトポス』Nr. 9、新潟大学大学院現代社会文化研究科、二〇一四年）一五二頁。

（4）Salomon Maimon: Über Stetigkeit in der Natur. S. 141. in: Deutsche Monatsschrift. Zweyter Band. Berlin, 1791. 以下、Maimon という略号をもって出典を示す。

（5）Erasmus Darwin: Zoonomie oder Gesetze des organischen LebenS. Erste Abtheilung. S. 183, Hannover. 1795. 以下、Zoonomie という略号をもって出典を示す。

（6）「進展（Evolution）」と「開展（Evolution）」の訳し分けについて明らかにするために、松山壽一氏の『ドイツ自然哲学と近代科学』（北樹出版、一九九二年）から、論述を借りて紹介する。「"Evolution" という語は、今日のわれわれにとっては、直ちに「進化」を意味し、この語によってダーウィンの進化論が真っ先に想い浮かべられるというのが普通である。しかしながら、この語はきわめて多義的な用語であり、たとえば、進化論の系譜に連なる後成（epigenesis）説に対立する前成（praeformation）説における用語としても用いられたことがあるほどであり、その場合、意味するところは、後成的ひいては進化的発展とは正反対である」（前掲書一六二頁）。「著者〔＝松山氏〕は、前成説――その典型が入れ籠説――が用いる "Evolution" には巻き込まれているものが開け展げられるという語のもともとの意味において「開展」の語を当て、後成説およびダーウィニズム以前の進化論的発想――低次の存在から高次の存在への上昇過程（ダーウィニズムの前提である種の変異の概念を含まない場合をも含めて）――には、「進展」を当て、ダーウィニズム以後のものに「進化」を当てる」（前掲書一六六頁）。

（7） Casper Christian Friedrich Wolff: Theorie von der Generation. S. 40. Berlin. 1764. 以下、Wolff という略号をもって出典を示す。

（8） Karl Bonnet: Betrachtung über die Natur. S. 1. Zweyter Band. Leipzig. 1783.

（9） Johann Friedrich Blumenbach: Über den Bildungstrieb.S. 13, Göttingen, 1791. 以下、Bildungstrieb という略号をもって出典を示す。

（10） Immanuel Kant: Kritik der Urteilskraft. §81, A371.

（11） Immanuel Kant's gesammelte Schriften. Herausgegeben von der Preußischen Akademie der Wissenschaften. Bd.XVIII, S. 23. 1928. 以下、R という略号でもって出典を示す。

（12） E・カッシーラー『啓蒙主義の哲学』（中野好之訳、紀伊國屋書店、一九六二年）一五二―一五三頁：Vgl. Johann Nicolaus Tetens: Philosophische Versuche über die menschliche Natur und ihre Entwicklung. Erster Band. S. 426f. Leipzig, 1777.

（13） E・カッシーラー『啓蒙主義の哲学』（中野好之訳、紀伊國屋書店、一九六二年）一五二頁。

（14） 『知のトポス』Nr.9、一六〇―一六一頁、一五一頁を参照。

（15） 『知のトポス』Nr.9、一六一頁。

（16） Franz Joseph Schelver: Elementarlehre der organischen Natur. Erster Theil. (Göttingen,1800) S. 96f.

（17） Henrik Steffens: Beyträge zur innern Naturgeschichte der Erde. Erster Theil. S. 293. Freyberg 1801. 以下、Naturgeschichte という略号をもって、出典を示す。

（18）Zeitschrift für speculative Physik. hrsg. v. F. W. J. Schelling. Erster Bandes erstes Heft. S. 4. Jena und Leipzig, 1800.

（19）E・カッシーラー『自由と形式』（中埜肇訳、ミネルヴァ書房、一九七二年）二〇五頁。

（20）E・カッシーラー『自由と形式』（中埜肇訳、ミネルヴァ書房、一九七二年）二〇七頁。

第一一章　物語の内在化と心の表出
――ドレスデン探訪に寄せて、ヘーゲルにおける絵画論の成立を考える

はじめに

ヘーゲルによる『美学講義』は、ハイデルベルク大学で一八一八年夏学期、そしてベルリン大学で一八二〇／二一年冬学期、一八二三年夏学期、一八二六年夏学期、一八二八／二九年冬学期と、生涯にわたって五回、開講された。その中で、一八一八年九月一九日にハイデルベルクからベルリンへと旅立つ直前の、九月四日に閉講との日付が記されている、講義のための材料ではないかと想定されている資料がある。それは、一八一七年六月に出版された『ハイデルベルク・エンツュクロペディー』の「第三部　絶対精神」の余白にヘーゲル自身による書き込みが施された抜き刷りである（Hegel-Studien. Bd. 9, S. 16–38）。多くの資料が散逸してしまった結果、今日に伝えられている、ヘーゲルによる『美学講義』の最初の資料であるだけに、貴重であることは言うまでもない。しかし、その内容は、全く生硬な概念の素描だけのようなものであって、きわめて貧弱と言わざるを得ないのも事実なのである。

ところが、一八二〇年冬学期に開講された「美学講義」は、アッシェンベルク（Wilhelm von Aschenberg）によ

る筆記ノート（G. W. F. Hegel „Vorlesungen über Ästhetik Berlin 1820/21.“ herausgegeben von Helmut Schneider, 1995 (Peter Lang)）から明らかなように、一挙に内容豊かなものに進化してゆく。さらに、一八二三年夏学期の「芸術哲学について の講義」についてのホトーによる筆記ノート（G. W. F. Hegel „Vorlesungen über Philosophie der Kunst, Berlin 1823.“ herausgegeben von Annemarie Gethmann-Siefert 1998 (Felix Meiner)）では、ほぼ完成の域に達している。この間に、何がヘーゲルをして、その美学への豊かな造詣を育ませたのであろうか。

本章は、その要因を、ドレスデンを訪れたヘーゲル自身の、アルテ・マイスター絵画館での鑑賞体験に求めることを通して、ヘーゲルにとって絵画作品とは何であったかを明らかにすることを目的とする。ヘーゲルはベルリンに移った後、非常にしばしば、美術館を探訪している。一八二〇年八月二七日から九月二日にかけてドレスデンを訪問（一八二一年夏、一八二四年夏そして秋にも訪問）、その他にも一八二二年一〇月には、アーヘン、ゲント、アントワープ、アムステルダムを訪問、「神秘の仔羊」を観ている。一八二七年の夏には、パリへ旅行して、ルーブルで、ラファエロ、コレッジョ、ダ・ヴィンチ、ティツィアーノなど、お気に入りの作品を実際に鑑賞して、帰途には、再びゲントで「神秘の仔羊」を観た後に、ブリュッセルそしてアーヘンを訪れている。こうした鑑賞体験がヘーゲル『美学』の成熟を促したと考えられるのである。

1　ハイデルベルクでの美学講義

ハイデルベルクでの美学講義

ハイデルベルクでの講義を窺い知るよすがとして、『ハイデルベルク・エンツュクロペディー』への書き込みを検証する。「a　芸術の宗教」の四五九節に、ヘーゲルは次のように書き加えている。「芸術の詩情／自分たちの現実的世界の没落について嘆いて、現実を超えて高められた自分たちの本質を、〈自己〉の純粋性から生み出す人倫的な国民において芸術が現れるような時期――ここにおいて初めて芸術が始まる」（GW. XIII, 507）。「四六〇節・美というものは、思想を通して直観もしくは形象を浸透させることである限り、そして模範的な思想である限り、何か形式的なものであり、思想の内容、及び思想が自らの構想のために用いる素材は、さしあたりはさまざまな様式であって構わない」（GW. XIII, 242）。この箇所に書き込まれた文章の中には次のような章句が見える。「芸術の作品は自然の作品よりも優れている。人間の形姿は精神の最も自由で最も美しいシンボルであって、ギリシア人の美の形式は自然から切り離されている」（GW. XIII, 509）。ヘーゲルの考える美術の歴史にあっては、古典古代のギリシアにおいて芸術が始まるとともに、終焉を迎えもする。そうした把握が、既に講じられていたことが分かる。

イェーナでの思索を踏まえた講義

ヘーゲルにおける芸術の歴史の特徴の一つは、古代ギリシア以前の芸術と、古典的な芸術、そしてキリスト教ヨーロッパのロマン的な芸術とが、次のように三区分されることである。「象徴的な芸術は内的な意義と外面的な形態との完全な統一を求め、こうした統一を古典的な芸術は、実体的な個体性を感性的な直観に対して表現することの中で見出し、ロマン的な芸術は、その卓越した精神性のゆえにこの統一を乗り越えます」（SW. XIII, 392 : Glockner. XII, 406）。こうした構造は、ハイデルベルクでの講義においても窺える。「キリスト教的な芸術――現実に結びつけられた神的なもの。現実が本質的な契機である。――ロマン主義的なものは――外的な偶然性一般〔に満ちている〕――〔ギリシア時代の絶対的な芸術におけるように〕〈自己〉から生まれた実体であるだけではなく、〔精神が自らを〕対象として叙述する中でこの〈自己〉であること、六五四頁――自らの概念から自らを生み出すだけでなく、自らの概念そのものを形態にして持つこと〔である〕。その結果、概念と産出された芸術作品とは、互いに一にして同一のものとして知りあっていることになる。／天才」（GW. XIII, 511）。この書き込みで、六五四頁と覚書されているのは、実は、『精神の現象学』の頁付けであって、「Ⅶ　宗教」章の「B　芸術宗教」の一節とほぼ同じ文章が書き込まれている（Vgl. GW. IX, 377）。

もとより、『ハイデルベルク・エンツュクロペディー』の第三部の構成は、「a　芸術の宗教」「b　啓示宗教」「c　哲学」となっていて、『精神の現象学』での、「Ⅶ　宗教」章の「B　芸術宗教」「C　啓示宗教」そして「Ⅷ　絶対知」という構成に似てもいる。そして、『精神の現象学』でのこの箇所は、ギリシア時代において、人倫的精神の内から芸術が創り出されることを「絶対的な芸術」として論じているが、一八〇五／〇六年の「イェーナ精神哲学草稿Ⅲ」においても、芸術の根源的な在り方として、芸術作品の精神的な内容と表現された感性的な形態とが一致している「絶対的な芸術」への論及が見られる。「絶対的な芸術とは、内容が形式に等しい芸術である」（GW. VIII, 278）。

芸術の三区分のなかでも、ギリシア芸術こそが、「美の頂点」（SW. XIV, 26 : Glockner. XIII, 16）、「美の王国の完成」（SW. XIV, 127f. : Glockner. XIII, 121）であり、「〔古典的な芸術〕より美しいものはあり得ないし、生じ得ません」（SW. XIV, 128 : Glockner. XIII, 121）と語られる。ギリシアの地においてこそ芸術は頂点を極めるという把握は、ハイデルベルクでの「美学講義」からも見て取れるが、そうした発想は、イェーナ時代に育まれたものであった。事実、「イェーナ精神哲学草稿Ⅲ」での構成も、最後は「C　芸術、宗教そして学問」となっているところから、ハイデルベルクでの美学講義は、イェーナ時代の草稿や『精神の現象学』を総動員する形で語られたことが想像されるのである。

ヘーゲル美学の基本特徴を備えたハイデルベルク講義

『ハイデルベルク・エンツュクロペディー』の四六一節では、こう述べられている。「形式が、その真なる内容を、直観や心像を浸透させることそのものを、絶対的な意味における精神的な実体を（四五七節）自らの内に持つ限りにおいて、（……）形態は、存在が無媒介的な存在であって、それとともに外的な素材である限りは有限でありはするものの、同時に内容はひとえに特殊な国民精神に他ならない」（GW. XIII, 242）。この箇所も、芸術の形式と内容とが、幸いにして一致することができていた古典的な芸術について論じていたことが分かる。というのも、余白に、「芸術は、その特定の時期と国民を持つ。時代はもはや、実体的な生を自らのために持ってはいないし、まだ反省の時代ではないからである」（GW. XIII, 511）と書き込まれ、古典的な芸術を、もはや、「芸術の象徴的な形式」ではないものの、まだ「ロマン的な芸術形式」ではないと位置づけているからである。ヘーゲル美学における特徴的な構成を、小田部胤久の論述から借りる。「重要な点は、こうした三種の芸術をヘーゲルが統一的な視点から、すなわち、芸術の「精神的内容」が「感性的形態」との統一を求め、統一に到達し、統一を解消しつつ統一を超え出る、という精神の過程に即して捉えていることである[1]」。こうした基本的特徴は、ハイデルベルクでの美学講義からも見て取ることができるのである。

「四六二節・こうした実在が、理念を把握して外的な叙述へともたらす主体の所産であるということは、そうした国民精神の実在が有限であることに相応しいわけではない。なぜなら、主体はただ単に、活動性の純粋に形式的なものでしかなく、芸術作品は、主体的な特殊性の記号がそこには無くて、むしろ国民に内在する精神がそうした混合物のないまま、その偶然性によって汚されることなく受け入れられて、生み出されていた時には、神の表現だからである」(GW. XIII, 242)。

ここにヘーゲルは、次のように書き込んでいる。「パトス、霊感/詩人たちは神話を創った、国民の教師である。宗教の創始者である。——ホーマー、ヘシオドス（……）それゆえホーマーは、個人ではなく、一つの国民全体である。即自的に真であるのは、自分の時代の息子、自分の国民の息子は誰でもそうである」(GW. XIII, 513)。「芸術家はその時代の息子である」(Schiller. V, 593) という発想は、シラーの『人間の美的教育についての書簡』に見られる考え方で、ヘーゲルがこれに接したのは、フランクフルトにおいてであった。また、国民精神を体現した作者は、確かに一人かもしれないが、それはたまたまその人が作者として知られるようになったものの、実のところ国民全体に内在する精神がその人をして作者たらしめたのだ、という視座も、イェーナ時代に遡る。

2 ヘーゲルの美学思想の淵源と芸術終焉論

イェーナ時代の精神哲学における国民精神

「seiner Form……」から始まる、一八〇三年の夏頃に書かれたと推定される草稿断片がある。それは、同時期に開講された一八〇三年夏学期の「綜合哲学概説」の講義草稿というよりも、むしろ、一八〇三/〇四年の「イェーナ精神哲学草稿Ⅰ」を準備する際に、「国民精神が具体的に生きている中において神話や芸術」(GW. V,

676）を展開するための予稿と見なされている。ヘーゲルにあって、一挙に体系志向が具体化してゆく時期でもあった。

「ムネモシュネーもしくは絶対的なミューズは芸術であって、これは、諸形態を外面的に直観できるように、見ることができるように、聞くことができるように表現するという面を担っている。このミューズはそれ自身、国民が語る普遍的な意識である。神話という芸術作品は生き生きとした伝統の中で栄える。さまざまな種族が自ら、自分たちの意識を解放するなかで繁栄するように、神話という芸術作品は成長して、自らを純化するとともに成熟させる。この芸術作品は普遍的な財産であると同時に、万人の作品である。どの世代もこれを美化して、次の世代へと伝える。どの世代も、絶対的な意識の解放に携わってきた。天才（Genie）と称される人々は、他の人たちはそうはしないのだが、何らかの特殊な技量を獲得して、国民の普遍的な諸形態を自らの作品にしてきた。彼らが生み出すのは彼らの虚構なのではなく、国民全体の創作であって、言い換えれば国民が自らの本質を見出した気付きなのである。」（GW. V, 376）。

　国民の意識を自覚へと高める神話の意義が、この断片で語られている。国民の精神は、神話という芸術作品の形象を借りることによって、普遍的な意識を外面的に直観できるようにする。その結果「国民が自らの本質を見出した」という訳である。それと同じような働きが、天才的な芸術家による作品が、国民に内在する精神を具体化するところに見定められている。この断片には、「私たちの時代にあっては芸術作品が生き生きとした世界を自らのうちで形成することがないのはもちろんであるからして、芸術家は想像力を通して、自らを過去の世界へと入れ込まなくてはならない」（GW. V, 377）という、芸術の「過去的性格（Vergangenheit）」（ibid.）についても語られている。

芸術の過去的性格

ヘーゲル美学を貫く特徴的な論点である「芸術終焉論」が、既に一八〇三年において語られていた。それは例えば、一八二〇／二一年の「美学講義」ではこう語られる。「神性がまだ純粋な思想を境位としていなかったあの時代には（……）芸術はきわめて尊敬されていたのです。私たちは、自分たちの教養形成を通して、感性的に直観する世界においてよりも、知的な世界においてこそ動くように規定されています。普遍性がまだもろもろの特殊性へと分かれていなくて、精神がまだそれほど展開されてはいない国民にあっては、こうした芸術という形式によって理念を叙述することは私たちにおいてよりもはるかに本質的で、必要なのです」（Ästhetik (1820/21), 38)。つまりヘーゲルの時代にあっては、教養形成が深まったことに伴い、知は表象という段階を超えて高まって分化され、特殊化されるに及んでいるため、芸術は真理を表現するには相応しくない、という訳である。

一八二三年の「芸術哲学についての講義」では、次のように語られている。「芸術はその内容からしても制約されているのであって、感性的な素材を持っています。ですから、真理の一定の段階であってこそ、芸術の内容たり得るのです。（……）私たちの世界、宗教や理性の教養は、絶対的なものを表現する最高の段階としての芸術を、一つの段階だとして超え出ています。したがって芸術作品は、私たちの究極的な欲求を満たしてくれはしないのです」（Philosophie der Kunst (1823), 5f.)。

一八二六年夏学期の「芸術哲学もしくは美学」においてもヘーゲルは、一貫した論点を語っている。「芸術の最高の使命は、全体としては、私たちにとってみれば、過ぎ去ったもの（ein Vergangenes）であって、私たちにとっては、表象へと移されているのです。芸術の本来的な表象が持っているものは、私たちにとってはもはや、芸術がその最高の華の時代にあって持っていたような無媒介的なものではありません」（Kunst oder Ästhetik (1826),

7f.)。

芸術が真理を表現していた時代は過ぎ去った

従来から伝えられてきている『美学講義』のテクストにはこうある。「かつては芸術こそ、絶対的なものを意識するための最高のやり方でしたが、今日の世界の精神、より詳しく言うなら私たちの宗教と私たちの理性的教養の精神とは、そうした段階を超え出たように思われます。芸術制作とその作品に固有の方法は、私たちの最高の欲求を満たしません。(……) 市民生活、政治生活の現在の状況であるような、些末な利害・関心 (Interesse) に囚われて、芸術のより高尚な目的に向けて自由になることが許されないというような、現在の窮状を非難することもできるかもしれません。(……) 古の時代や国民は、精神的な欲求の満足を芸術の内に求め、ただ芸術の内にのみ見出したのですが、もはや芸術はこうした満足を与えはしません。(……) ギリシア芸術の美しい日々や中世後期の黄金時代は過ぎ去ってしまったのです」(SW. XIII, 24 : Glockner. XII, 30f.)。あるいはまた、このようにも語られた。「芸術は、その最高の使命という面からすると、過去のものであるし、過去のものであり続けるでしょう。それとともに芸術は私たちにしてみると、まことの真理と生き生きとしたところを失ってしまったのであって、芸術は実際のところ、かつては必然性を主張していましたし、最高の地歩を占めていたのですが、今や私たちの表象の事柄に移されたのです」(SW. XIII, 25 : Glockner. XII, 32)。ヘーゲル美学における「芸術終焉論」は、現代にあって芸術は哲学によって捉え返されなければならないという認識に裏打ちされていた。そうした発想の淵源は、イェーナ時代の『精神哲学草稿』へと遡及することができるのである。

ただ、ハイデルベルクでの美学講義は、具体的な作品への論及はなく、芸術の香りや趣味の雰囲気が漂うような内容豊かなものではなかった。確かにそれは、ヘーゲル美学の特徴を既に持ち合わせてはいるものの、従来の思索を総動員するような形で展開されざるを得なかった、とも言える。ところが二年後の「美学講義」は、個別の芸術作品への論及が一挙に増えて、具体的で豊かな叙述へと進化する。その間に、ヘーゲルのドレスデン訪問があったのである。

3　ドレスデンで出会った物語を生きる主体

絵画は自覚を表現する

ヘーゲルにとって絵画は、画家の主観性が絵画の主人公に投影された、精神の表現であったに違いない。「芸術が主体的な個体性を自らの内に包含することによって、この原理は、芸術の別の様式の端緒、すなわち心（Seele）にもなるに違いありません。これが絵画なのです」（Ästhetik (1820/21), 240）。ヘーゲルは、「彫刻」と対比的に「絵画」の特徴的な内容を語っていた。「絵画の理想は、自覚的になっている主観性が基本的な規定を成すロマン的なもの、すなわち精神的な緊密性（Innigkeit）です」（Philosophie der Kunst (1823), 253）。絵画に描かれた主観性とは、画家自身の内なるものなのではあるが、表現されるや否や、それは画家の内面性に留まらないものになる。「彫刻作品は、自己自身のもとに留まる永遠の静謐、本質の最も深い内面性です。絵画において主体はもっと行動するものとして現れて、内面的な目的と関心とを包括することになります。自分の内面性との分裂が生じています。絵画の内容は内面性の内容ですが、同時に特殊性の内容、内なるものが現象した内容なのです」（Kunst oder Ästhetik(1826), 181）。

筆記録より、かつての全集版の方がヘーゲルの真意をうまく伝えているのかもしれない。「私たちが見たように、絵画の内容にとっての主要な規定は、自覚的になっている主観性です。／（α）だからといって内なるものの方へと、個体性が実体的なもののうちに全面的に入り込んだものではなく、むしろ、反対に、いかにして個体性がさまざまな内容をこの主体としての自らの内に包括していて、その内容の内に、自らの内なるものを、独自の生き生きとした自分の表象作用や感覚を持っていて、表現するのかを、その主観性は示さなければならないのです」（SW. XV, 24 : Glockner. XIV, 16）。画家自身の主観性が作品の登場人物に込められて表現される、そうなると主観性は単なる主観性を超えて、自覚されもするようになる、そうヘーゲルは考えていた。

したがって、画家のどのような心情が、いかに作品に投影されているかが、ヘーゲルが絵画を評価する尺度になる。「そうした芸術作品においては、内容の核を構成するのは、対象そのものではなく、主体的に捉えて仕上げる芸術家の生動性と心、すなわち心情です。その心情が彼の作品に投影されて、外的な客体の単なる模写ではなく、むしろ画家自身とその内なるものを示すのです」（SW. XV, 25f. : Glockner. XIV, 18）。ドレスデンで多くの作品を見る中で、ヘーゲルは、画家の心が、描かれた主体の物語を通して、表現されているという視座を学んだに違いない。

ヘーゲルのドレスデン体験──近代の愛は古代の愛に勝る

「去年の秋に二週間ほど、ドレスデンで過ごしました。一度行ってみますと、既にかれこれ、三〇年も彼の地を訪れなかったことが残念に思われました」（Br. II, 268）。一八二一年五月の終わり頃にヘーゲルは、クロイツァー（Georg Friedrich Creuzer : 1771–1858）に宛てた手紙の末尾で、自らのドレスデン体験の感動を伝えるとともに、ドレスデン訪問を勧めている。いったいドレスデンの何が、ヘーゲルに感動を与えたのであろうか。

（図1）ラファエロ「サン・シストの聖母」
（1512–14年，ドレスデン国立絵画館）

一つは、ラファエロ（Raffaello Santi：1483–1520）の「サン・シストの聖母」（図1）である。柔和であるも凛とした聖母に、この上なく美しい聖女バルバラ、「美学」には次のような叙述がある。「ドレスデンにある「サン・シストの聖母」の幼いキリストは、子どもらしさをこの上なく美しく表現しながらも、単なる子どもらしい無邪気さを超えて、幼さに包まれた神々しさを現前させるとともに、この神々しさが無限の啓示へと拡がることをも予感させるのです」（SW. XV, 49：Glockner. XIV, 42）。講義でも「たとえば「サン・シストの聖母」における子どもにおいて、私たちはこの上ない子どもらしさを見ますが、同時に、その子の後の神々しさの輝きをも観えます」（Ästhetik (1820/21), 258）と語られていた。「ラファエロのマドンナは、形式として既に至福の歓びに満ちていて、敬虔であると同時に慎み深い母の愛に相応しい面差し、頬、眼差し、鼻、口をもった姿を私たちに見せてくれます」（SW. XIII, 206：Glockner. XII, 216）。ヘーゲルにしてみると、「美学」で論及していた愛の性格、すなわち、「憧憬も欲情もない愛の意識にして享受」（SW. XV, 42：Glockner. XIV, 35）という「この特徴こそ、心の溢れるより高次の理想を成すものであって、今や古代人の静謐なる偉大さや自立性にとって代わる」（SW. XV, 42：Glockner. XIV, 35）ものであったに違いない。

古代芸術での愛よりも、近代絵画で描かれる聖母の愛が勝るとされるのは、ヘーゲルがそこに、聖母の心の表現と画家の内面の発露とを見たからに他ならない。「聖母マリアは同時にその高みにおいて、母として表現されています。この愛は、受苦を欠いた愛であって、その愛は傾向性を欠いています。言い換えますとそれは、心の傾向性でしかないのです。それは古代の人たちのアフロディテではありません。（……）この愛は、近代的なものの、とりわけ画家の芸術の、内的で心に満ちた実体的なものを構成しています」（Ästhetik (1820/21). 253f.）。古代芸術は素晴らしいし、芸術は古代でこそ輝かしい地位を占めていた。とはいえ、近代芸術には精神的なものが表現されるようになったという、こうした把握こそ、ヘーゲルがラファエロの「サン・シストの聖母」から学びとったものであったに違いない。

主体の心全体や人生の物語が表現される

（図2）コレッジョ「聖フランチェスコの聖母」
（1514–15年，ドレスデン国立絵画館）

ドレスデンには、コレッジョ（Correggio：1489–1534）の「聖フランチェスコの聖母」（図2）も収められていた。ヘーゲルが高く評価する宗教画は、自らの人生全体を遍歴してきた人物の姿が、単に一時的なその瞬間のものでないように描かれている作品である（Vgl. Ästhetik (1820/21) 262）。描かれているのは一瞬でしかないが、その状況に、「主体の心全体、性格全体が表現されている」（Ästhetik (1820/21) 267）ところに偉大な芸術家の仕事が見定められた。描かれている今の状況に人生の全体が顕わされていることをヘーゲルは求めたのである。「聖母の性格の本性と心とが、この彼女の絶対的な状況において表現されている」（Ästhetik (1820/21) 267）として、コレッジョの「マグダラのマリア」[2]も高く評価された。「コレッジョの「悔悟するマリア」においては、この姿とこの感応（Stimmung）との調和全体が関心を引きます」（Philosophie der Kunst (1823) 256）。

逆に、どのような絵画をヘーゲルは評価しなかったのか。その絵に描かれている人物の「その表情を静かに思い浮かべてみると、ドレスデンの橋の上かどこかで私たちが出会ったこともある男の容貌のように思われることがあります。性格と、具体的な状況の表現とが本当に一致していたなら、そのようなことは決して思いつかないでしょう。風俗画でも本物なら、ほんのちょっとの瞬間が描かれた際でも、それらの姿が別の姿勢をしていたり、別の筆致であったり、別の表現ができたりなどと想定することなど考える余地のないほどに、生き生きしているものです」（SW. XV, 107 : Glockner. XIV, 100）。これは、ドレスデンの絵画館に収められていたキューゲルゲン（Franz Gerhard von Kügelgen : 1772–1820）の「放蕩息子」に対するヘーゲルの批評である。

実際に一八二〇／二一年の「美学講義」の受講生による筆記にはこうある。「私は既にキューゲルゲンの最近の絵画についてお話ししましたが、「放蕩息子」の胸像について思い浮かべていました。そこではもちろん、悔恨と痛みが際立って表現されています。ですが、そこには絶対的な状況が見出されません。むしろ頬から涙をぬぐった時の顔には、街頭で出会うかもしれないような、卑俗な性格が見えます」（Ästhetik (1820/21). 268）。ヘーゲルは、人物を描こうと、風景画であろうと、「高次の精神的な生動性」（Ästhetik (1820/21). 268）の表現を求めたのである。「アルカディアの人たちは、パン、すなわち牧神を、見る人にすべてを、目に見えないものをも呼び起こすものとして崇敬していました。ですから風景画家も確かな感応を必要とするのです。そうした感応を惹起する表現こそ、風景画家は自らの目標にしなくてはなりません」（Ästhetik (1820/21). 268）。人物画についても、絵画に表現された目に見える姿の中に、眼に見えないものまでもが表現されていることをヘーゲルは求めたのである。

物語を生きる主体

眼に見えないものとは、心や内面だけではない。その一瞬の姿に、表現された主体の人生全体が髣髴と表現されていると同時に、画家自身の内面がそこに投影されていることをヘーゲルは求めていたのである。「述べてきましたように、キリストや使徒たちは、崇拝の対象になっていますので、肖像画として描かれることもあります。ですが、キューゲルゲンが行なったように、「洗礼者ヨハネ」や「放蕩息子」を胸像として描くことは適切ではありません。だって、キューゲルゲンの作品は、彼らの個性全体をもってしてではなくて、ただ彼らの人生の個別的なシーンによって、私たちの関心を呼び起すだけだからです」（Ästhetik (1820/21). 246）。

ヘーゲルに、一八二〇年秋に執筆されたと推定される「フォン・キューゲルゲンの絵画について」という草稿がある。そこでも、同じような評価が示されている。「「放蕩息子」において、放蕩息子の後悔に打ちひしがれている表現は、ある状態として――物語的（historisch）な状況であるのに――ほんの束の間のもの（Momentanes）として現れている。容貌（Physiognomie）の根底に、その容貌が、全く別の状況でもよかっただろうし、幸福でもよかったように見えるのである。そこでキューゲルゲンの表現は、移ろいゆくものしか表すことができていないことが分かる」（GW. XV, 205）。すなわち放蕩息子の「物語」が表現されていない、あるいは、鑑賞者がその物語を外から当て嵌めてみないと、「放蕩息子」としての絵画たりえない、とヘーゲルが見たと言えるかもしれない。キューゲルゲンによる「キリストの肖像」（GW. XV, 298）からも、眼に見える以上のものは伝わってこ

（図3）レンブラント
「居酒屋でのレンブラントとサスキア」
（1635年頃, ドレスデン国立絵画館）

（図4）フェルメール「窓辺で手紙を読む女」
（1657年頃, ドレスデン国立絵画館）

ない感は否めない。それに対して、コレッジョの「マグダラのマリア」については次のように見立てられている。「コレッジョのマグダラのマリアにおいては、高貴な心（Seele）のこの永遠の深みと敬虔な感覚がむしろ、基調となっている。そして彼女が淫蕩であったということは、彼女の精神の性格全体の背後にある。人がそのことを知るのは、物語的に（historisch）であるに他ならない」（GW. XV, 205）。ヘーゲルがオランダ絵画を高く評価するのも、「人物（Charakter）が、この瞬間に私たちの眼前にあるものとは違った面をも持っていることがあり得る」（SW. XV, 130 : Glockner. XIV, 123）ように表現されているがゆえにであった。

ドレスデンには、レンブラント（Rembrandt van Rijn : 1606–1669）によって描かれた、「放蕩息子」とも称される「居酒屋でのレンブラントとサスキア」（図３）も収められていた。レンブラントが酒宴に臨んでグラスを高く掲げながら、娼婦を膝の上に載せている場面である。決して、こうした場面があったわけではない。むしろここから見てとるべきは、レンブラント自身の成功に対する戸惑いであるかもしれないし、世間からサスキアの資金で浪費を続けているというやっかみの眼差しに対する露悪的反撃だったのかもしれない(3)。いずれにせよ、絵画の主人公は物語を生きる主体であると言ってよい。そこにレンブラントの自覚が表現されてもいたのである。

フェルメール（Johannes Vermeer：1632–1675）の「窓辺で手紙を読む女」（図４）もドレスデンにあった。購入された時は、レンブラントの作品だと思われていたと言われる。手紙を読む女性の表情からして、決して喜ばしい内容ではないようである。テーブルの上の果物を盛った皿から、割れて種が剥き出しになった桃が転げ落ちていることから、不倫や堕胎さえもイメージされるかもしれない。広く開いた窓からは、家の外の世界に出て行きたいものの、留まらざるを得ない女性をめぐる事情さえもうかがえるし、画面中央の横顔だけでなく、窓ガラスにも俯いた顔が映っていることからは、女性の矛盾した気持ちさえ伝わってくる。手紙を読むという一瞬の姿から、多くの物語が紡ぎだされる作品である。

４　異時同図法と物語の外在

初期フランドル絵画とヘーゲル

北方ルネサンス絵画を中心に収集して、ゲーテにも多大な影響を与えた、ボアスレ（Sulpitz Boisserée：1783–1854）という美術収集家がいた。ヘーゲルも、彼と、ニュルンベルク時代から友誼を結び、ヘーゲルのハイデルベルク大学教授就任にあたってもボアスレが尽力したと言われる。ヘーゲルにあって、ヤン・ファン・エイク（Jan van Eyck：1395–1441）やハンス・メムリンク（Hans Memling：1430/1440–1494）への論及は多く見られ

（図5）ファン・エイク「聖母の三連祭壇画」
（1437年, ドレスデン国立絵画館）

（図6）ロヒール・ファン・デル・ウエイデン「コロンバの祭壇画」
（1455–60年頃, アルテ・ピナコテーク）

るが、それは、ヘーゲル自身が語っている（Vgl.Ästhetik (1820/21). 257 u. 265）ように、ボアスレのコレクションの作品にヘーゲルが接していたからだと考えられる。だからといって、宗教性に満ちている初期フランドル絵画よりも、ヘーゲルはオランダの風俗画を高く評価したのも事実である。ドレスデンには、ヤン・ファン・エイクの「聖母の三連祭壇画」（図5）も収められていたが、言及はない。その頃は、A・デューラーの作だと思われていたと言われている。

「オランダ、とりわけ比較的初期のフランドル絵画も、近代と古代の合致という面から言うと、例えば、ファン・エイクやメムリンクなどは非常に偉大です」（Ästhetik (1820/21) 265）。近代と古代の合致だとヘーゲルが語った真意は、当時はファン・エイクの作品だと思われていた、ファン・デル・ウエイデン（Rogier van der Weyden : 1399/1400–1464）の、「コロンバの祭壇画」の中央部分、「東方三博士の礼拝」（図6）についてのヘーゲル自身による講述を顧みると明らかになる。「ファン・エイクの厩の中のキリストの絵の中でこの厩は古いチャペルであって、遠くに美しい建物が見えます。この絵は古代の教会の崩壊と、近代の教会の生成を暗示しているのです」（Ästhetik (1820/21). 270）。いわば、古代から近代への転換期の作品だという訳である。「飼い葉桶の中には子どもがいる。飼い葉桶は朽ちている。背景には、遠くに建物が見える。完全ではないドームは崩壊しかかっている小屋であって、聳え立つドームは、話の筋に関係している」（Philosophie der Kunst (1823). 258）。

ファン・エイクへの違和感

しかしながら、一八二六年の「芸術哲学もしくは美学」講義になると、神聖なものを描こうとしても、世俗的なものになってしまう例として、ファン・エイクが引き合いに出される。「ファン・エイクのものだとされる「東方三博士の礼拝」は、三博士というよりもむしろ、ブルゴーニュから来た三人の領主とケルンの第一神学校のパトロンのように描かれています。顔の形は、物語にも内面にもそぐうものではありません」（Kunst oder Ästhetik (1826). 185）。ヘーゲルが、初期フランドル絵画を、ボアスレのコレクションから学んだことは、一八二二年一〇月三日付のヘーゲルの妻あての書簡からも裏付けられるが、その書簡には興味深い記述がある。「ロヒール・ファン・デル・ウエイデンの絵は見ることのできる最高のものです。ここには、極めて卓越したファン・エイクの絵にあっても残っている、消し去りたくなるようなそれぞれの地方性と若干の無味乾燥さは、全く消えています」（Br. II, 356）。その上で、コレッジョの「夜」（図7）を絶賛するとともに、サンスーシ宮に

（図7）コレッジョ「夜」
（1529–30年, ドレスデン国立絵画館）

（図8）コレッジョ「レダ」
（1531年頃, ベルリン国立美術館）

置かれていた「レダ」（図８）にも言及している。いずれも物語性の色濃い作品である。

この書簡は、ヘーゲルがオランダ旅行に行く途中にブリュッセルから書き送ったものであるが、一〇月一〇日付の書簡では、ゲントとアントワープに立ち寄ったことを、妻宛てに書き送っている。「前にも言ったように、崇高で豪華なカトリックの教会を見ようとするなら、ゲントとアントワープの教会は、壮大で広々としていて、ゴチック様式の荘厳な教会であることが分かるに違いありません。彩色された窓ガラス（華麗なものを私はブリュッセルで見ました）。円柱には等身大の大理石の彫像が、ちょっと高いところに大挙して、置かれたり、座ったりしています。ルーベンスとファン・エイク、そして彼らの流派の絵画、偉大な絵が（……）一つの教会にあるのです」（Br. II, 359）。

「神秘の仔羊」とヘーゲル

ここで想起されるのは、アントワープの、現在は聖母マリア教会にあるルーベンス（Peter Paul Rubens : 1577–1640）の「キリスト昇架」（図９）とゲントの聖バーフ大聖堂にある、ファン・エイクの「神秘の仔羊」（図10）であろう。ただこの時代、一二枚のパネルから成る「神秘の仔羊」は、両翼八枚のパネルのうち、「アダム」と「イヴ」を除く六枚のパネルは、プロイセン王、フリードリヒ・ヴィルヘルム三世が買い取って、ベルリンで展示されていた。「ヘーゲルの時代、中央の絵画と二枚の板がゲントにあった。残りの六枚のパネルは、ベルリンの美術館がその最大の宝物として所有していた」（Br. III, 422）。事実、一八二七年夏のパリ旅行からの帰途、一〇月七日付のブリュッセルから出したヘーゲルから妻宛ての手紙には、ヘーゲルがベルリンで「神秘の仔羊」の両翼を見ていたことを伝えている。「金曜日、私は朝早く乗合馬車に乗ってゲントへ、その地にあるファン・

（図9）ルーベンス「キリスト昇架」
（1610–11年，アントウェルペン大聖堂）

（図10）フーベルト・ファン・エイク／ヤン・ファン・エイク「神秘の仔羊」
（1420頃–32年，聖バーフ大聖堂）

エイクの絵の何がしかを（それらのうち私たちはベルリンで美しい部分を持っています）見るために行きました。そこから二時間ほど帆掛け船で水路を通ってブリュージュに向かったのです」（Br. III, 200）。そのブリュージュでも、ヘーゲルは、ファン・エイクとメムリンクを見たことを書き送っている。

とはいえ、圧倒的な迫力をもって、観る者にキリスト教の神秘を実感させる「神秘の仔羊」に対して、ヘーゲルは意外に厳しい。「美学講義」で、キリスト教の神はゼウスと違って、人間的な個性を持たないから、絵画に描いてしまうと、「多かれ少なかれ真面目くさった人間的な個人」（SW. XV, 46 : Glockner. XIV, 38）のようになってしまうことを踏まえた上で、ヘーゲルは、ファン・エイクに論及する。「ファン・エイクはゲントの祭壇画の父なる神において、この分野でなし得る限りの極めて卓越したところに到達しています。（……）しかし、永遠の静謐、高貴さ、力、尊厳などがいかに完全に表現されていようとも、テーマと仕上げが可能なかぎり深く壮大であろうと、私たちの表象にとってはどこかしら満足させるものではありません」（SW. XV, 46 : Glockner. XIV, 38f.）。

物語を懐胎しない絵

実に「コロンバの祭壇画」も「神秘の仔羊」も、「異時同図法」で描かれている。「コロンバの祭壇画」は、「東方三博士の礼拝」を中央に、左には「受胎告知」、右には「キリストの神殿奉献」の場面が描かれている。「神秘の仔羊」に到っては、一二の場面から構成されている。物語を説明しようというのであろうが、むしろ物語が絵画に描かれている主体の外部に出されてしまって、鑑賞者が、既定の物語を外から誂えて、絵画に描かれた主体に当て嵌めて見ることになる。主体から生き生きと、その人生が髣髴と想像されるというより、見る者にとって既にその物語は周知のものになっている。しかも分け隔てられた場面が並べ立てられているのである。さしづめ表現者にとっても、その心を解き放つことのできる、また絵に表現者の主観性の発露を表わすことのできる画題ではなかったに違いない。

「以前のオランダ人たち、ファン・エイク、ヤン・ファン・スコーレル、メムリンクたちは、彼らにとって全く規定されたある性格を帯びていた神聖なものに自らを限定していました。その後になって芸術は、私的生活へと入っていったのです。そうした全く偶然的な生活のうちに、過ぎ去る一瞬の移ろいゆくものが表現されていいます」（Ästhetik (1820/21). 180）。「私的生活」ということで、ヘーゲルが、オランダの風俗画を念頭に置いているのは明らかである。そうした一瞬の姿を、その人生の全体の中で描こうとした芸術家たちについてヘーゲルは、「移ろいゆくものに対する芸術の勝利」（Ästhetik (1820/21) 180 : Philosophie der Kunst (1823) 201）だと称えたのであった。

おわりに　精神の連関と在るところのものの了解

絵画に描かれた一瞬の現在の姿に、これまでのいきさつや人生の物語を読み解こうとする観点は、「在るところのものの了解（das Verstehen dessen was ist）」（GW. V, 163）という、ヘーゲル哲学の基本姿勢に通じる問題でもあった。それは、一八〇二年秋以降に執筆された「ドイツ憲法論」と称される草稿に見られる言葉である。そうあるべきなのにそうではない、という把握は、自らの境遇の不遇を嘆くような場合には、確かに往々にして見られることではある。しかしそうした見方は、事実の必然性を洞察させるどころか、私たちを苛立たせたり苦しめたりすることから、そうした心性の陥穽を避けるための認識方法が「在るところのものの了解」という態度だとされた。とはいえ、心のあり方に留まらず、「必然性を認識して、思考する」（GW. V, 163）ことこそ、歴史という物語を把握するには必要だという認識をヘーゲルは抱いていたのである。

ヘーゲルは歴史的な出来事を、「精神の外的で必然的な現象」（GW. V, 162）として捉えた上で、「こうした結果の内的な原因、つまり精神が何であるか」（GW. V, 162）を熟考することによって、「出来するところのものに埋没することなく、出来事とその必然性とを認識する」（GW. V, 162）ことを求めた。言い換えるなら、歴史上に生じたさまざまな出来事を、ばらばらに見るのではなく、「一つの精神によって支配された一つの体系として捉える」（GW. V, 163）ところに、「在るところのものの了解」が成り立つとされた。したがって、絵画に登場する主体の今の姿を、人生におけるさまざまな出来事が一つの精神によって包括された物語の総括として捉える発想は、イェーナ時代のヘーゲルにあって形成された、哲学する態度によって裏付けられていた。

同じ頃にヘーゲルは、「自然法論文」を執筆していた。その掉尾でヘーゲルは次のように書いている。「人倫の哲学は、こうした〔栄枯盛衰の〕必然性を把握して、その内容の連関ならびに内容の規定性を精神と絶対的に結合したものとして、そして精神の生きている身体として認識することを教える」（GW. IV, 484）。であれば、絵画に描かれた人物のその一瞬の姿から、主体の人生におけるさまざまなドラマを把握することは、ヘーゲルにとってまさしく哲学的な課題であったに違いない。

ヘーゲルの「美学講義」は、絵画が物語を伝えることを、「重大な出来事や事件の、非常に高次の真の像を描く本当に芸術家的な歴史記述者」（SW. XV, 104 : Glockner. XIV, 97）に擬えて、次のように述べている。「さまざまな現象に内在する意味と精神こそが、出来事を重大事にするのですが、この意味と精神を私たちに明らかにするものこそ、真に歴史的な叙述であって、こうした叙述は、単に外面的でしかないことを受け容れることをしないで、あの内的な精神が生き生きと物語られることだけを際立たせます。こうやって画家も、〈歴史記述者と同じように〉、人物の精神的な意味と性格とを自らの技芸によって私たちの眼前に描かなければならないのです」(SW. XV, 104 : Glockner. XIV, 97)。このように絵画が物語を呼び起こす働きへ想到したことによって、絵画作品への認識が育まれたことで、ヘーゲルがその「美学講義」を豊かなものにすることができたのは、描かれた主体の心やその人生を想像させる作品にドレスデンで出会ったからこそだったと考えられるのである。

注

(1) 小田部胤久「ヘーゲル美学における芸術の終焉と新生」(加藤尚武(編)『ヘーゲルを学ぶ人のために』世界思想社、二〇〇一年)二三五頁。

(2) ヘーゲルがその美しさを讃嘆しているコレッジョの「マグダラのマリア」(Ästhetik. 1820/21,S. 267 : Kunst.1823,S. 256 : Kunst oder Ästhetik. 1826,S. 185 : Philosophie der Kunst. Vorlesung von 1826, 58 u. 212 : Kunst oder Ästhetik. (1826), 185)は、「悔悟しながら読書するマグダラのマリア」というコレッジョの手になるとされていた作品であるが、戦争の際に失われたという(Vgl. Philosophie der Kunst. Vorlesung von 1826, S. 261)。なお、本書の第一四章の「図1」を参照。

(3) レンブラントについては、尾崎彰宏『レンブラントのコレクション』(三元社、二〇〇四年)、並びに尾崎彰宏『レンブラント、フェルメールの時代の女性たち』(小学館、二〇〇八年)から多くを学んだ。

第一二章　色と心

——ヘーゲルによるゲーテの『色彩論』の受容をめぐって

はじめに

ヘーゲルは、イェーナ期以降、ゲーテから思想的に大きな影響を受けるとともに、公私に亘って深い関係を育んでいた。思想的には同僚のシェルヴァーを介して、一八〇三年頃から、ゲーテの『植物のメタモルフォーゼを解明する試み』[1]に通暁することによって、「精神的な梯子」という発想を手に入れる。この「精神の階梯」という発想は、ヘーゲルをして、「精神がそれを通って純粋な知もしくは絶対的な精神となるような、自らの内なる道程の宿駅としての精神のさまざまな形態」（GW. IX, 446）を遍歴する「学への準備」の構想へと転回することを迫る契機となった[2]。また、この発想を手に入れたことによってヘーゲルは、シェリングの「同一哲学」の思想圏から脱することを余儀なくされたと考えられる[3]。ヘーゲルが、シェリングの自然哲学から、ゲーテ的な自然観へ向き直った決定的な現場を、一八〇三年の「綜合哲学概説」の講義草稿断片だと見なされているテクストから見て取ることができる[4]。

ある意味では、ヘーゲルをヘーゲルにしたのはゲーテだったと言っても過言ではない。『ヘーゲルの生涯』には、イェーナでヘーゲルが、「ゲーテの色彩論」に関わる実験を行ったという記述がある。[5] しかし、ゲーテがニュートン批判の脈絡で光学と色彩論を研究した『光学論考』（一七九一・九二年）[6] は刊行されてはいたものの、『色彩論』はまだ刊行されていない時期である。ヘーゲルは色彩について、生涯に亘って取り上げていくことになるが、論じられる場面は、「自然哲学」から「精神哲学」や「美学」へと移り行く。

「美学講義」でヘーゲルは、ディドロの『絵画論』に即して色彩を論ずることになる。とはいえ、クラマー（Carl Friedrich Cramer : 1752–1807）によって独訳された『絵画論（Versuch über die Mahlerey）』[7] ではなく、ゲーテによる独訳（一七九九年）を参照しながらディドロを論じたことが、引用文から分かる（Vgl. Goethe. XIII, 234）。しかしゲーテによるディドロ『絵画論』の独訳は、最初の二章だけの訳であり、[8] それも原文を短いパラグラフにして注解を加えたものでしかない。しかも第二章に関してはディドロの原文を断章化した上で並び替えるという異様な体裁となっている。なぜヘーゲルは、ゲーテ訳に基づいてディドロへ論及するに到ったのか、この間の事情を詳らかにした研究は見当たらない。本章は、ヘーゲルによるゲーテの『色彩論』の受容を振り返りつつ、ゲーテ訳によってヘーゲルがディドロの『絵画論』を論じた必然性と意味を明らかにすることを目指す。

1　ゲーテの『色彩論』とその前哨

『光学論考』でゲーテは、「縁（Rand）」というものを重視していた。「プリズムが色を示すのは、光と影が水平に入れ替わる縁でだけである。それゆえにプリズムは、通常はすべての水平に入れ替わる縁で、色を示すことになる」（Optik.Erstes Stück. 31）。その結果、「縁がさまざまな色をあらわす、というのも、光と影が縁に即して互いに限定し合うからである」（Optik.Erstes Stück. 45）。ところがイェーナでのヘーゲルの「色彩論」には、「縁」という認識はない。したがって、ゲーテの『光学論考』を踏まえた上で、ヘーゲルがイェーナ時代初期に色彩について論述した、とは考え難い。イェーナでの『体系構想I』（一八〇三年）のなかの「自然哲学」でヘーゲルが色彩に論及している箇所がある。「分割するとは、光をその理念的な諸要素としての色彩へと分割することではなく、色彩を光と闇とに分割することである。しかし、色彩そのものは様々なあり方をしていて、光と闇とが一つになっているという関係である。（……）そして光が同時に闇と対立することによって光と闇のこうした総合的な統一は、再び単一態そのものとして認識されるのである」（GW. VI, 83）。『色彩論』が刊行されていない時点でのこの論及は、何を意味するのか。

　想像されるのは、シェリングからヘーゲルが、ゲーテが執筆を始めていた色彩論について、事情を聴いたという可能性である。シェリングの『自然哲学体系の第一草案』（一七九九年）にはこうある。「ニュートンの言うように、光が互いに異なる単純な諸作用の集合にすでに根源的に分解されていて、これらの作用の全体としての印象が白色光でしかないのか、あるいはゲーテの言うように、光とは根源的に単一なのか、いずれにせよ、どんな日光にも観られる色彩の分極性が、光の現象において支配的な二元性の証明である」（Schelling. I-7, 95）。『私の哲学体系の叙述』（一八〇一年）でも、「光は本質的に色彩を欠いている。言い換えれば、色によって光が本質的に規定されることはない。なぜなら、光は曇らされこそすれ、光が色づけられることは断じてないからである。むしろ色づけられるのは、像もしくは対象でしかない」（Schelling. I-10, 178）。こうした叙述から、ヘーゲルはシェリングを通して、ゲーテの『色彩論』について知るに到ったと推定されている[9]。

『色彩論』（一八一〇年）は、ニュートンの『光学』に反発を覚えたゲーテが、二〇年の歳月をかけて著した大著である。白色光のスペクトル分析に基づいて色を分類したニュートンの光学に対して、ゲーテはアリストテレスに倣って、白と黒、光と闇の対比の中から色を析出しようとした。ニュートンとは違って、ゲーテは絵の具の三原色を語っていたと見ることもできるかもしれない。「一般的には黄、青、赤が固定された純粋な原色(Grundfarbe)とみなされよう。赤と青が混合すると紫が、赤と黄が混合すると橙が、黄と青が混合すると緑が生み出される」(ゲーテ『色彩論I』工作舎、二一二頁以下)。

ヘーゲルは『自然哲学』で、「有名なニュートンの理論によれば、白色光は、すなわち無色の光は、五色ないしは七色から成り立っている。五色なのか七色なのか、この理論自身も、分かっていない」(GW. XX, 320)とニュートンを批判する。これに対して「光の中の闇についてのゲーテによる解明は明晰で、根本的で、学識に富む。それなのに活発に受け入れられることはなかった、その主たる理由は明らかである。つまり、世間の考えなしと無知が余りに酷かったから、と言うべきであっただろう」(GW. XX, 322)。このようにしてゲーテの色彩論にヘーゲルが関心を寄せたのはなぜだったのか。

ヘーゲルは、ゲーテの言う「根本現象(Urphänomen)」にまで言い及んだとされる。ゲーテは、万物がことごとく、次第しだいにより高い規則や法則へと包摂されてゆく、そうした規則や法則を、直観に開示する現象を「根本現象」と呼んでいた。「なぜなら、現象のなかにはこれを超えるものはありえないし、にもかかわらず、先にわれわれが経験的なものから根本現象へと上ってきたように、根本現象から日常的な経験のごくありふれた事例へ一段一段降りてゆくことも完全に可能だからである。(……)一方には光と明が、他方には闇と暗が認められる。両者のあいだに「くもり」がある。そして光と闇という対立から、くもりという仲介物の助けを借りて、同じく対立関係にある二つの色彩が展開してくる」(『色彩論I』九六頁)。対立構造から媒介を経て新たなものへ、というゲーテによる色彩の展開の発想は、ヘーゲルの弁証法にとっても通じ合うものであったに違いない。

2　ヘーゲルによる『色彩論』の受容の推移

ヘーゲルが直接、ゲーテの『色彩論』に言及した最初は、ニュルンベルク・ギムナジウムでの「哲学的エンツュクロペディー講義」（一八一二年冬学期）であろう。[10]「暗い色の上に明るい色を塗ると青が現れます。ですから私たちには空が見えるのです。逆にすると黄色になります。緑は青と黄色の混合です。赤はそれだけで赤です。ですから基本の色は赤と黄色そして青なのです。ゲーテは彼の『色彩論』でニュートンの体系を突き倒したのです」（GW. X-2, 759 : Vorl. XV, 108）。『ハイデルベルク・エンツュクロペディー』（一八一七年）でも、「ゲーテによる光のなかでの闇の明るさ」（GW. XIII, 136）について論じている。ゲーテの『色彩論』の特徴をなすのが、色の混合はもとより、光と闇の対比であり、ヘーゲルが最も着目した論点も、色の混合の問題そして明暗の対比という発想であった。

「自然哲学講義」（一八一九―二〇年）においても、『色彩論』の「論争編」一七節を踏まえて、「明暗が一緒になるところに、色彩が生じます。明と暗とが出会わなければなりません。ニュートンが、さまざまな色から単一な光が成り立つ、と言うことができたのは訳が分かりません。だって、プリズムを通して様々な色が見えるのですから」（Vorl. XVI, 57）と語られたのをはじめ、色彩論は非常に多く取り上げられている。一八二一年冬学期での「自然哲学講義」でも、光はさまざまな色から合成されたものだとするニュートンの素朴な考え方が紹介された上で（Vgl. GW. XXIV-1, 301f.）「概念に適った色彩の見解については、周知のように私たちは、詩人としてそして他の観点からしても同じように掛け替えのない人士、フォン・ゲーテのお蔭をこうむっている」（Vgl. GW. XXIV-1, 305）など論及は多い。

ところが、一八二三年の冬学期や二五年の冬学期での「自然哲学講義」では限定的にしか取り扱われなくなる。他方でヘーゲルは、「精神哲学」の枠内において色彩論を展開するようになったことが、「〈主観的精神の哲学〉のための断章」（一八二二―二五年）（Vgl. GW. XV, 284）や一八二五年の「精神哲学講義」の受講者による筆記ノート（Vgl. GW. XXV-1, 302f.）から確認できる。一八二五年の「精神哲学講義」で、「マリアは天の女王であるからして、多くの画家たちによって、青い衣をまとって描かれることがほとんど常であった」（GW. XXV-1, 302）と、ヘーゲルは単なる自然現象としての光ではなく、青色の概念的な分析も行なうまでに到る。この講義からは、ヘーゲルがニュートンに同意しない理由が明確に分かる。「白は単一です。そして無垢にも対応しています。白は単一なものであるということについて人は、ニュートンと違って特定の感情を持つのです。彼は白を七つの色から作りました。緋色は王者の色です。燃える紅、赤は主観的な統一です」（ibid.）。ヘーゲルは色の精神的な意義を捉えようとしていたと言えるかもしれない。

『精神哲学』四〇一節の「補遺」での膨大な感覚論の一部は、一八二七年冬学期での「精神哲学講義」で実際に語られていた。「とりわけ色彩が象徴的なのは、色彩が対象性を持っていて、存在しているものであるからです。なぜなら、象徴的なものであるためには、象徴的なものが存在していて、それとは違ったものとともに一つの性格を持っていることが必要です。悲嘆にくれる場合は、黒や白といった特定の色を選びます。無彩色が否定性の象徴として通用します。そこで白が無垢に対応するわけです」（Vorl. XIII, 81 : Vgl. GW. XXV-2, 662f.）。この「精神哲学講義」でも、ゲーテの『色彩論』に沿った講述が続く。「白は、眼に見える限りでの光に他なりません。

無垢ということで私たちは二心のない心情を思い浮かべます。緋色を含むものは、なぜ王の色なのかという理論によりますと、色の本性が知られているからに違いありません。だからと言ってニュートンによると、それが他の色から区別されることはありません」（Vorl. XIII, 82 : Vgl.GW. XXV-2, 663f.）。自然現象としての色から象徴という精神的なものとしての色へと、分析が深められるのと呼応するかのように、ヘーゲルによる色彩論は、『自然哲学』から離れ、『精神哲学』の圏域へと移ってゆくことになった。さらに精神は自然より高い、というヘーゲル哲学の一貫した発想のゆえに、「美学」において「自然と人為」という新たな問題が浮かび上がる。

3　「美学講義」における色彩と彩色

ヘーゲルが、色彩を論じる文脈は「美学講義」にも残されている。一八二〇年／二一年の「美学講義」によると、「そもそも画家を画家たらしめるのは、まずもって色彩と彩色法（Colorit）です」（Ästhetik (1820/21), 272）とされる。「最初は、ヴェネチア人たちが、そしてとりわけオランダ人たちが色彩における巨匠となった」（ibid.）のは、海や運河の近くに住んでいるため、「曇ってくすんだ背景」（ibid.）のなかで生きているからだという。一八二三年の「芸術哲学についての講義」では、「オランダの画家たちは、ラファエロよりも色彩効果（Kolorit）においては、優れた技術を持っています」（Vorl. II, 252）とさえ語られることになった。

「彩色法」についてヘーゲルは真っ先に明と暗の対立を挙げる。「その第一は明と暗の対立です。これだけを単独に作用させるなら、一色だけで事足りることになります。これが彩色法の基礎なのです」（Ästhetik (1820/21), 273）。「この明暗に第二に付け加わるのが、色彩です」（Ästhetik (1820/21), 273）。「第三に、さまざまな色はまた、それぞれ独立して対立し合ってもいれば、相互に関係し合ってもいる、ということ、すなわち色の明るさや暗さは隣り合う色によって決まるということです」(ibid.)。ここにゲーテの『色彩論』からの影響を見て取ることは易しい。さらにヘーゲルが強調しているのは、色彩という自然現象ではなく、「彩色法」という人為的な技巧の重要性である。

その上でヘーゲルは、ディドロの『絵画論』へと論及する。「ディドロが言うには、肉体の感じをつかんだ画家は長足の進歩をとげたといいます。それ以外のものは、二の次なのです」(Ästhetik (1820/21), 275 : Vgl. Goethe, XIII, 234 : ディドロ『絵画について』(佐々木健一訳、岩波文庫)三二頁参照)。ヘーゲルは続ける。「最高の技術は上薬を塗ること(*Lassieren*)です。すなわち、下に塗られた色が上に塗り重ねた色を通して透けて見えるようにすることです。特に油絵ではうまくいきます。それゆえ、肉色もまた多面的に捉えることができるのです。これにもさらに明と暗が付け加わると、ふくらみを生み出すことができます。周りの対象からの反映が付け加わっても、同様です」(Ästhetik (1820/21), 275)。「美学講義」では、自然現象としての色彩ではなく、人為的な技術の問題として「彩色法」の重要性が論じられることになったのである。

一八二三年の「芸術哲学についての講義」では、ディドロの名前を挙げてこそいないが、次のように語られる。「彩色で最も難しいのは、人間の肉の彩色です。これは彩色法の理想を成しています。若い人の顔の頬の紅は、確かにある特定の色ではありますが、この紅単独では、肉の赤ではありません。肌においてすべての色彩が合一されています。明るい赤、静脈の青みを帯びた色、肌の黄色がかった色が混じり合って限界がありません。どの色が抜きんでているってことがなく、すべてが素晴らしい具合に一つになっています」(Vorl. II, 260)。彩色法を論ずる中で、自然の色に勝る芸術家による彩色の技術が際立たされることになる。

4　「美学講義」における自然美と芸術美

『絵画論』の第一章では、デッサンについてのディドロの考えが披瀝されている。人体を例にした生理学的な解説のような論述の後で、ディドロの原文は次のようにゲーテによって独訳されている。「原因や結果が私たちにとって完全に直観できていたならば、被造物をあるがままに描く以上に良いことはなかったであろう。自然模倣（Nachahmung）が完全であればあるほど、原因に適っていればいるほど、私たちは満足したことであろう」（Goethe. XIII, 206）[11]。この箇所についてのゲーテの注解である。「ここに、私たちがこれから論駁してゆくディドロの原則が既にある程度、前面に出ている。彼の理論的な表明はすべて、自然と芸術とを混ぜ合わせ（konfundieren）、自然と芸術とを完全に融合させようとする傾向に向かっている。私たちの配慮は、自然と芸術とをそれらの作用において切り離して示すことでなくてはならない。自然は、生き生きとした無差別な本質を有機化しているし、芸術家が有機化するのは、死んでいるとはいえ意味深いものである。自然が有機化するのは現実のものであって、芸術家が有機化するのは仮象のものである。自然の作品に対しては、観る者が初めて自ら、意味や感情、思想や効果、心情への影響を持ち込まなくてはならないが、観る者は、芸術作品のなかにそれらすべてがすでにあることを見出すであろうし、そうでなくてはならない。自然を完全に模倣することはいかなる意味においても不可能である」（Goethe. XIII, 206）。

ゲーテのこの注解は、ディドロを標的としているがゆえに、一概に、自然模倣説を斥けた、と解釈できるものではなさそうである。しかしながら、もしヘーゲルがこの箇所を見たら、どう感じたであろう。ディドロの

『絵画論』からの引用が確認できるのは、一八二〇年の冬学期の「美学講義」からである。『論理学』に基づいて『自然哲学』から『精神哲学』へと生が高まる体系構想を『ハイデルベルク・エンツュクロペディー』として形にしたヘーゲルにとって、『精神哲学』の高みに位置づけられる「芸術」が自然の模倣であるという捉え方は、受け容れがたかったに違いない。

事実ヘーゲルは、一八二三年の「芸術哲学についての講義」で次のように明言していた。「巷間、抽象的に、芸術作品は自然の模倣だ、などと語られています。そうであるなら、芸術の活動や技量は模倣に限られることになりましょうし、自然に厳密に倣って規定された内容を模写することになりましょう。まるで博物学の対象や肖像画では旨とされているように。そこにあるのは所与のものです。ですが肖像画にあってさえ既に、単なる模倣だけでは十分ではありません。ですから芸術作品は自然の模倣に限られることもありましょうが、これが芸術作品の本質的な規定ではありません。むしろ人間は芸術作品にあって、独自の関心を抱いて、独自の内容を持つのです」（Vorl. II, 24）。自然美よりも芸術美が高次であるという発想を抱くヘーゲルにとって、ゲーテの注解は、意を強くするものであったに違いない。

もとよりヘーゲルによる「美学講義」の最初の資料である、ハイデルベルクでの一八一八年夏学期での「美学講義」からして、ヘーゲルは自然美に勝る芸術美としての把握を語っていた。「芸術の作品は自然の作品よりも優れています。人間の形姿は精神の最も自由で最も美しいシンボルであって、ギリシア人の美の形式は自然から切り離されているのです」(12)。自然美よりも芸術美を高く評価するヘーゲルの姿勢は一貫している。風景画であっても、単なる景色を映すだけでなく、観るものの気色にまで移り込むものでなくてはならないとする。「風景画家は、自然を心と精神でもって捉えて、その形象・景勝を、感応・気分（Stimmung）を表現するという目的に従って秩序づけます。ですから風景画家は、自然を単に模倣することになったり、模倣に留まったりすることは許されません。たとえば、自然が、葉や枝を特徴的に描写することを要求するのなら、風景画家は、この特定のやり方を維持しなければなりませんが、忠実にこの規定に則って自然の確固たる規定性のうちに留まるのではありません。全体の感応・気分だけが主眼なのです」（Vorl. II, 255f.）。

ヘーゲルは、人物を描こうと、風景画であろうと、目に見える自然そのものではなく、「高次の精神的な生動性」（Ästhetik (1820/21), 268）の表現を求めた。「アルカディアの人たちは、パン、すなわち牧神について、見る人にすべてを、目に見えないものをも呼び起こすものとして崇敬していました。ですから風景画家も確かな感応を要求するのです。そうした感応を惹起する表現こそ、風景画家は自らの目標にしなくてはなりません」（ibid.）。感応とは、自然と人間の心とを関連づけることである。「たとえば私たちは、風景の美や月夜の美について語ります。ここにあるのは有機的な全体ではなく、同時に起こっている多様性です。調和（Zusammenstimmung）は外面的に感銘を与えたり偶然的であったりします。しかし有機的な形象にあっても、非有機的な自然のこれらの現象においても、顕れているのは、私たちの興味関心を惹くのとは別のものです。つまり全体としてそれらの対象が心情に対して関連しているさまざまな規定です。そうした関連づけには例えば、月夜の閑けさ、大洋の崇高さなどがあります。すべてこうしたものはその意義を、呼び起こされた心情の感応（Gemütsstimmung）のうちに求められるべきです。とはいえそうした感応は自然そのものの形象にはもはや属してはいなくて、別のもののうちに求められるべきなのです」（Vorl. II, 62 : Vgl. SW. XIII, 177）。別のものとは、観る者の心であり、つまり美への感応を媒介として、絵画芸術は、いわば虚焦点としての内面を際立たせると捉えられたのである。

ディドロの『絵画論』の第二章は、「色彩について」論じられている。ディドロのテクストは、ゲーテによって次のように独訳されている。「肉体は模写するのが難しい。瑞々しい白さ、青ざめてもいなければ、つやがない訳でもない、黄色がかったものを通して微かに浸透する赤と青の混ざり合った色合い、血と生命、これらが彩色画家を絶望に誘う」(Goethe. XIII, 234)[13]。この箇所について、ゲーテは次のような注解を続けている。「ディドロが、身体に即して私たちの眼にとまる色彩の頂点に立ち向かっているのは正しい。私たちが生理現象、物理現象、化学現象に際して気づいたり、区別して眼にとめたりする基本の色彩は、それらが有機的に応用されることによって、自然のありとあらゆる素材と同じように、高貴なものにされる。最高の有機的な実在は、人間なのである」(Goethe. XIII, 235)。人間が、いわば神的な知にまで高まる道程こそ『精神哲学』であることに顧みれば、肌の色から、私たちの概念でさえ超え出ることのできない最も美しい色彩の調和」(Goethe. XIII, 235)について論じるゲーテの注解は、ヘーゲルにとって、色は単なる自然現象ではないという確信を深めさせたに違いない。人間の創り出す芸術は自然に勝るという共通の発想を抱いていたところに、ヘーゲルが敢えて、ゲーテによるディドロ『絵画論』の部分訳と注解を参照した理由を見てとることができよう。

ディドロは次のようにも論述していた。「歓びが肌を通して湧き上がり、最も細い血管でさえ揺れ動いて、生き生きとした流動体の気づかないような色合いが私の顔だちのすべての上に生命の色彩を拡げていた。花や果実も、ラ・トゥールやバシュリエのような注意深い眼差しの前で変化する。彼らにとってさえ、人間の顔とは、なんという試練ではないのか。カンバスは、こうした軽やかに動いている息吹きの無限の交替に従って、ざわめき、蠢き、拡がり、たちまち生み出されては色をなし、色を喪うものであって、それを人は、心(Seele)と呼ぶ」(Goethe. XIII, 236f.)[14]。

ディドロのテクストとゲーテの注解に接してこそヘーゲルは、色を自然現象として『自然哲学』において論ずるよりも、生き生きとした「心」を分析する『精神哲学』の「人間学」や「美学」において扱うべきだという思いを強くしたに違いない。自然の美しさであれ、美しいと感じるのは、人間の問題だからである。そこでヘーゲルにあっては、一八二〇年代になって、『エンツュクロペディー』の構想が進むにつれて、色彩論は『自然哲学』から『精神哲学』へと、論じられる場面が移行するとともに、『美学講義』でも色が論じられることになったのは、画家の彩色法に、自然の色に勝る技術の枠が捉えられたからだと考えられる。人為的な技術は自然より高次として捉えられたのである。

おわりに　明暗の対比とゲーテへの共鳴

「心」とは何か、何処にあるのか、判然としないものでもある。とはいえ、私たちの言動や身体さらには感情を媒介として、虚焦点として、明暗の移り行く「心」が現出するのもまた事実である。感応とは、気分や気持ちと雰囲気とが、精神と自然とが一つになるところに現出する働きに他ならない。人の佇まいにもそれに類したものを見てとることができよう。一八二三年の「芸術哲学についての講義」でヘーゲルは次のように語っていた。「たとえば、晴れやかさは確かな容貌にとっては、他のものよりいいです。コレッジョの「悔悟するマリア」では、こうした形姿と感応（Stimmung）とが全体として調和していることが関心を呼び起こします。姿全体と感情とのこうした一如（Einigkeit）は、画家の究極の描写です。そのほかにもここで、芸術はその力を、現象の儚さを固定することのできる力を実証しています。自然において全てのものは過ぎ去ります。役者は瞬間に仕えます。この儚いものを芸術の描写は固定して、持続を与えます。他面、芸術の力は、この儚いものを細かく描写することです」（Vorl. II, 256f.）。移ろいゆくものを、眼前に見えないものまでも、内面をも含めて描き出すことをヘーゲルは芸術に求めた。

ヘーゲルは、ヘリット・ダウ（Gerrit Dou：1613–1675）による作品に、「なべて移ろいゆくものが固定され、留め置かれている」（Vorl. II, 201）と見て、「過ぎ去りゆくものに対する芸術の勝利」（ibid.）だと絶賛していた[15]。その作品は明暗が際立つものであって、ゲーテの色彩論の論旨に、さらにディドロへの注解にもまさに適った作品である。眼前に顕現する姿の背後まで描き出す作品は、時間の移ろいをも超えた世界を私たちの前に開示するとヘーゲルは考えたに違いない。そして明暗の対比は、オランダの風俗画が極めた境地でもあった。こうして『精神哲学』の高い次元へと、芸術は位置づけられたのである。

一八二六年にヘーゲルが行なった「芸術哲学もしくは美学」講義にも、ディドロからの引用がある。その授業を受講した学生の筆記ノートに「ティツィアーノとオランダの画家たちは、肉体について、いかなる平面も現れることが決してないように描くすべを知っていました」（Philosophie der Kunst (Vorlesung von 1826), 215）と書き残されている。こうしたヘーゲルの言説からも、ディドロの『絵画論』を独訳したゲーテによる注解への共鳴を聴きとることができるであろう。

注

（1）Goethe：Versuche die Metamorphose der Pflanzen zu Erklären.(1790)

（2）拙論「「生」の諸相とその展開――ヘーゲルにおける生の交流とその気脈」（『シェリング年報』日本シェリング協会、第二四号、こぶし書房、二〇一六年）を参看賜りたい。

（3）本書第五章「一者の影――ヤコービによる「ブルーノからの抜き書き」の思想史的な意義について」を参看賜りたい。

（4）「自然というものは、生き生きとした、またそう呼びたければ詩的な直観（*poetische* Anschauung）に対する一つの全体者です。この直観の前を、自然の多様なものは生きとし生けるものの列として過ぎてゆき、繁みにも、空にも、水の中にも兄弟を認識するのです。この詩的な自然直観にとって自然は、もとより絶対的な全体者であって、生きたものです」（GW. V, 372）。この言い回しは、実に「あなたの手で生きとし生けるものの列が次々と／私の目の前に導かれ、ものいわぬ繁みや空や水の中の／兄弟たちが私に引きあわされる」（『ゲーテ全集』邦訳第三巻、九九頁）というゲーテの『ファウスト』のフレーズをもじったものであった。

（5）Vgl. Karl Rosenkranz : Hegels Leben, Berlin (Verlag von Dunker und Humblot), 1844, S. 198.

（6）Johann Wolfgang Goethe: Beyträge zur Optik, Weimar (Verlag des Industrie-Comptoirs), 1791 u. 92.

（7）書籍の扉には、一七九七年と記されているが、刊行は一七九六年である。

（8）佐々木健一『ディドロ「絵画論」の研究・第二部』（中央公論美術出版）七四一頁を参照。ディドロの『絵画論』をゲーテが二章までしか訳さなかったのは、色彩を論じる第二章こそがゲーテにとって眼目であって、第二章を六節に区分した上で注解を加えたのは、後の『色彩論』のための素材とする狙いがあったからとされている。

（9）伊坂青司「ゲーテとヘーゲル——イェーナにおける出会いと交流」（『モルフォロギア』第九号、一九八七年）。ただ、ディドロ『絵画論』のゲーテ訳の影響も排除できない。

（10）同じ時期に、動物電気の研究者であるプァフ（Pfaff, Christoph Heinrich: 1773–1852）が、『ニュートンの色彩理論、ゲーテ氏の色彩論について（Ueber Newton’s Farbentheorie, Herrn von Goethe’s Farbenlehre.）』（一八一二年九月序文脱稿）を刊行、「ニュートンの色彩理論は、ゲーテの新しい観点にあっても完全に耐えることができるように思われる」（S. 10）とした上で、ヘーゲルが論駁したリッターやシェリングをニュートン主義者として位置付けていたことから、ヘーゲルはゲーテに加担することを余儀なくされたのかもしれない。これまでは、『ハイデルベルク・エンツュクロペディー』でのゲーテへの論及が、プァフへの反論だと考証されてきた（Vgl. Br. II,418）。

（11）この箇所の邦訳は次のようになっている。「原因も結果も知らないにせよ（…）その厳密な自然模倣はかの鋭い勘によって、多くの場合、正しいと見なされてきたということを疑うことはできない」（ディドロ『絵画について』（佐々木健一訳、岩波文庫）一〇頁）。

（12） Hegels Notizen zum absoluten Geist. Eingeleitet und herausgegeben von Helmut Schneider: Hegel-Studien. Bd. 9, S. 22 （Bouvier Verlag).

（13） この箇所の邦訳は次のようになっている。「何故なら、肉体こそは表現するのが困難なものだからである。艶々としてなめらかでしかも青白くもなければ光がないわけでもないこの白さ、かすかににじみ出るようなこの赤と青のまざりあった色合い、血と生命、これらこそが色彩画家を絶望的な気持ちにさせるものである」（ディドロ『絵画について』（佐々木健一訳、岩波文庫）三二頁）。

（14） この箇所の邦訳は次のようになっている。「皮膚の毛穴を通して喜びが発散し、心臓はふくれ上がり、小さな血の貯蔵庫は揺れ動き、そこから発する流れの目に微妙な色彩が、至るところに肉色と生命とを振りまいている。果実や花でさえ、ラ・トゥールやバシュリエのような注意深い眼差しの下では、変化してゆく。従って、かれらにとって人の顔とは、何たる責め苦ではなかろうか。人の顔、それは、魂とひとが呼ぶ軽やかで変動たえまない、かの息吹きの無限に多様な変転につれて、ざわめき、運動し、広がり、やわらぎ、色をなし、色を喪う画布である」（ディドロ『絵画について』（佐々木健一訳、岩波文庫）三七頁）。

（15） 明暗の対比については、本書第一四章、「ヘーゲル『精神哲学』の豊かさとハイデルベルク」でも詳述した。なお、ヘリット・ダウ「Young Woman with a Lantern」（一六六〇年頃）ウィーン、美術史美術館（図1）、ならびにティツィアーノ「イザベラ・デステの肖像」（一五三四―三六年頃）ウィーン、美術史美術館（図2）を参照。

（図1）ヘリット・ダウ
"Young Woman with a Lantern"

（図2）ティツィアーノ
「イザベラ・デステの肖像」

第Ⅴ部　精神哲学の行方

第一三章　「精神の現象学」と「精神の解釈学」

――『精神哲学』において何故「心理学」が「精神の現象学」よりも上位に位置づけられるのか？

はじめに

ヘーゲル自身の手になる「『現象学』の自己宣伝」によれば、「精神の現象学は、知の基礎づけについて、心理学的な説明に代わって、もしくは抽象的な解明にとって代わるべきもの」（GW. IX, 446）だとされていた。実際、『精神の現象学』は、「意識の経験の学」（GW. IX, 61）として、感性的確信から哲学知としての絶対知までに到る、意識の展開行程が叙述されている。そのなかにあって心理学は、「理性」章において取り扱われていた。「観察する心理学は、さまざまな能力や傾向さらに受苦〔情熱〕を見出す。こうした収集品を物語っているからといって、自己意識の統一を想起することが抑えられるべくもないので、この手の心理学でさえも、あたかも袋（Sack）の内にでもあるかのように、精神の内にはこのように多様で異質の相互に偶然的なものどもが集められていると驚かされるところまで到らざるを得ない」（GW. IX, 169）。といっても、経験的心理学によって明かされるのは「個体の世界」（GW. IX, 170）でしかない、というのがヘーゲルの見極めであった。意識の経験はここに留まらず、「精神」として歴史的世界を体現するとともに、その後も「芸術」的世界、「宗教」的世界を経て、哲学知に到るという構造において描写される。

しかしながら『エンツュクロペディー』（第二版・一八二七年、第三版・一八三〇年）の『精神哲学』においては、「精神の現象学」の上位に、「心理学」が位置付けられている。『精神哲学』における「精神の現象学」が、「意識」「自己意識」「理性」の境位に限定されているとはいえ、「心理学」の下位に位置づけられているのは、なぜなのか。この理由を解き明かすことが、本章の課題である。

1　観念の連合と知性の竪坑

『精神哲学』における「人間学」や「心理学」に、「私」が、意識されないまま、不分明なさまざまな想念を貯蔵している「竪坑（Schacht）」に擬えられる文脈が出てくる。(1)「私は全く単純なものであって、こうした〈感覚規定や表象、知識、記憶などの〉すべてのものが実在することのないまま保存されているような、規定を欠いた竪坑である」（GW. XIX, 303 = GW. XX, 401）。この「竪坑」の比喩の淵源を探ると、「精神の現象学」の上位に、「心理学」が位置づけられる意味が明らかになるように思われる。

ヘーゲルの高弟で、『哲学史講義』の編者であるミシュレ（Carl Ludwig Michelet : 1801–93）は自らの『人間学と心理学（Anthropologie und Psychologie oder Philosophie des subjektiven Geistes）』（一八四〇年）において「竪坑」の比喩について次のように説明している。「精神の無限な豊かさ（Reichthum）において、あらゆる精神の獲得物は、私たちが人間学で見るであろうように、非常に長く忘却されていて二度と甦らなかったものが、意識の明るみにまったく思い浮かばなかったり、異常な事態によってしか明るみにもたらされたりすることがなかったとしても、一覧表となって、記録されている。それゆえ精神は、深い竪坑（Schacht）に擬えられることができて、その底は究め難く、その内容は汲み尽くし難い」（S. 282）。竪坑とは、心の暗闇から、概念化を経て清澄なる精神の自己知の高みへと心像が上昇するとともに、知が忘却や記憶へと下降したりもする往還の通路の比喩だと言える。

ヘーゲルにおける「竪抗」の用例は、『精神の現象学』の「序論」にも見ることができる。「なされるべき大切なことは、最善なものが内面において留まることなく、この竪坑から明るみに駆り立てられることである」（GW. IX, 47）。『精神の現象学』では、「個人をその未形成の立場から知にまで導くという課題が、その普遍的な意味において把握されなければならなかったし、また普遍的個人、すなわち世界精神がその教養形成において、考察されなければならなかった」（GW. IX, 24）とされているところからは、心の深処の内面的なものと世界史に参入する自覚的な精神との、往還構造が「竪坑」として表現されたことが窺える。

『精神哲学』における「竪坑」の初出は、『ハイデルベルク・エンツュクロペディー』（一八一七年）三七六節への覚書だと思われる。「個人はさまざまな心像から成る世界であって、再生産的な自我である。こうした竪坑は、感覚、無媒介的な直観をもはや必要としない。知性それ自身は、空間であるとともに時間であり、生成し、存立し、消失することである。知性の内的なものは、今や素材を含んでいて、外部から素材が来ることはない」（GW. XIII, 369）。モナドを想起させもするようなメモに対応する本文は、観念連合へと論及されている。「いわゆる観念連合の法則は、とり分け哲学の衰退と同時の、経験的心理学の全盛の最中にあって大いに関心を集めた。第一に、連合されるのは何ら観念ではない。次にこの関連づけ方は何ら法則ではなく、この件については既に多くの法則がある以上、それによって恣意的にして偶然的という、むしろ法則とは反対のものが生じている。連合する構想力に従って像や表象に即して進行することは、およそ思想なき表象の遊戯でしかない」（GW. XIII, 212、Vgl.

§455: GW.XX, 448)。

ここでヘーゲル全集の編者は、ロックの『人間知性論』や、ヒュームの『人性論』への参照を指示している（Vgl. GW. XIII, 747)。しかし、ロックやヒュームでは「法則」について語られていない上に、「経験的心理学の全盛の最中」という論述からは、別の脈絡を掘り起こすことが迫られる。

2　観念連合の法則と経験的心理学

実は、ヘーゲル自身によって「連合の法則」（GW. I, 177 u. 180）と書き込まれたテクストが他にもある。それは、一七九四年にベルンで家庭教師生活を送っていたヘーゲルが、やはり同地で家庭教師生活を送っていた同級生のメークリンク（Friedrich Heinrich Wolfgang Mögling : 1771–1813）からノートを借りて筆写することによって成立した草稿、「心理学と超越論哲学のための草稿」である。メークリンクが、チューービンゲン神学校で、フラット（Johann Friedrich Flatt : 1759–1821）によって一七九〇年の冬学期に講じられた「心理学」講義の内容を、書き留めていたノートの複写から成っていた。実に、「観念連合の法則」について語っていたのは、チューービンゲン神学校教授のフラットや、一七九一年にチューービンゲン神学校に招聘されたアーベル（Jakob Friedrich Abel : 1751–1829）だったのである。

「さて、しかし、Aという観念が、まさにBという観念を引き起こすのはなぜなのでしょうか、そして、それらの観念と共在（coexistenz）しているCという観念を同じように引き起こすことがないのはどうしてか、という問題も生じます。ですから、どのような法則に従うなら、ある表象が他の表象によってより簡単に引き起こされるというのでしょうか?.」(Flatt. 160)。フラットの講述に対するヘーゲルのコメントである。「(c) 共在と継起によって結びつけられた多くの表象のなかから、なぜ、まさにこの表象だけが呼び起されて、他の表象は呼び起されないのであろうか?.」(GW. I, 175)。

フラットは、幽霊さえをも、観念連合の法則で説明しようとした。「亡くなった人たちが幽霊の姿でしばしば自分の部屋でさまよっているのが見られるということは、次のことからよく説明できます。すなわち、その部屋でのさまざまな対象や場所そのものが、観念連合の法則に従って、亡くなった人たちを生き生きと私たちに思い起こさせます」(Flatt. 199f.)。これに対してヘーゲルは、錯覚や想像に幽霊の原因を見定めていた(Vgl. GW. I, 183f.)。

さらにフラットは、アーベルも引き合いに出している(Vgl. Flatt. 467)。もとよりアーベルは、『人間の表象の源泉(Quellen der menschlichen Vorstellungen)』(一七八六年)においても、観念連合に、認識を惹起する働きを捉えていた(Vgl. Quellen. 251)。チュービンゲンに赴任後のアーベルに、『人間とより高次の精神との結びつきについての哲学的探究(Philosophische Untersuchungen ueber die Verbindungen der Menschen mit hoehern Geistern)』(一七九一年)なる書があり、そこでも「観念連合の法則」(S. 162f.)へ論及して、人間の認識の源泉を明らかにしようとしていた。

三一歳の少壮の教授だったフラットが講義にあたって、下敷きにした書物が他にもある。フラット自身が名を挙げている(Vgl. Flatt. 159)心理学者ヒスマン(Michael Hißmann:1752–1784)の著『観念連合の学説の歴史(Geschichte der Lehre von der Association der Idee. 1777)』である。ヒスマンは、「ドイツにおける私たちの、観念結合の法則について普遍的に知らしめた功績を、ヴォルフに認めないわけにはいかない」(Hißmann. 48f.)とするとともに、観念連合を惹起する原理として習慣と情熱とを挙げていた（Vgl. Hißmann.77）[2]。従って、ヘーゲルの言う「経験的心理学の全盛の最中」ということでは、以上のような事情が顧みられなくてはならない。

観念連合をヘーゲルが斥けた理由は、フラットの授業やアーベルの論調からも伺える。観念を再喚起する力を持っているのは、心かそれとも心と脳か、という問題をフラットが語る箇所である。「こうした〔心と脳という〕意見に向けられた非難は、機械論に向けられる反論です。連合の法則もこの〔心と脳という〕見解から説明されることはできません。ですから、私でも、心のうちだけに再現能力を置く人たちに対する優位を、この〔心と脳という〕仮説に認めることはないでしょう」（Flatt. 168）。フラットは、「心だけが観念を再生産する力を持っている」（Flatt. 167）という立場に立ちつつ、「心と脳」という説では機械論でしかない、と考えていた。

同じ講義で論及されているシャルル・ボネ（Charles Bonnet : 1720–1793）が語っていたように、脳ということになると神経繊維の動きとしての説明でしかなくなる。フラットによれば「観念は心の感応・気分（Stimmung）に従うということが経験で分かります。悲嘆にくれる人は、たとえば悲しい表象を持っています。しかし、こうしたことは機械論から説明されることはできません」（Flatt. 167）。ヘーゲルにとっても、神経繊維はもとより、観念連合の法則も、機械論的な説明に他ならなかったに違いない。自ら「単に脳にあるというのでは、機械的な原因にあることになる。——ある神経繊維（Fiber）が他の神経繊維をかき立てる。これが心における表象をかき立てる。この表象が他の表象をかき立てる」（GW. I, 176）と注記していたのである。

3 「魂の根底」論と心の根底の照射

とはいえ、観念連合説を退けるためだけに、ヘーゲルが「竪抗」という比喩を用いたとは考えにくい。ヘーゲルにあって「竪坑」が、「貯蔵庫（Vorrath）」と言い換えられてもいた箇所が、『精神哲学』の「心理学」にある。「知性は、自らに属しているさまざまな《心像や》表象という貯え・貯蔵庫（Vorrath）を支配する威力である。そこで（2）知性とは、《この貯えを》〈さまざまな心像を〉、自由に結びつけたり、自分に特有な内容のもとに包摂したりすることである」（《GW. XIX, 335〉《GW. XX, 447》）。「竪坑」に加え、「貯蔵庫」という比喩も現れ、底なしの迷宮に囚われたかに思えるかもしれないが、ともに「穴蔵」だと考えるなら、ここに謎解きの糸口があった。

バウムガルテンの高弟のマイアー（Georg Friedrich Meier : 1718–1777）の『美学（Anfangsgründe aller schönen Wissenschaften）』（第一巻・一七四八年）では、認識や記憶の「貯え・貯蔵庫（Vorrath）」という比喩が頻出する。バウムガルテンの『美学』で論じられる「豊かさ（ubertas）」の衣鉢を継ぐ概念だと思われる。たとえば次のような具合である。「美的な精神を有している人なら、彼が美しいと考えようとする事柄についての認識の、大いなる貯え（Vorrath）を集めていた」（Bd. I, 347）。「要するに人は、〔経験という〕道のりを通って、美的思考の貯蔵庫（Vorrath）を得るのであって、これは、どんな学問や教養によっても供せられるものではない」（Bd. I, 562）。第二巻（一七四九年）でも、次のように言われている。「趣味を、個々の事柄の完全性や不完全性について、その特殊で独自の目的に従って判断する前に、予め人は、判明で普遍的な認識の、豊かな貯え（Vorrath）を手に入れておかなければならない」(Bd. II, 517)。

そしてマイアーの『美学』において、Vorrath が、Schacht と言い換えられている箇所もあった。「あらゆる美的精神の労力は、不幸にも、豊饒な竪坑・穴倉(Schacht)に行き当たらなかったなら、無駄になってしまう」(Bd. I, 72)。ヘーゲルの「竪坑(Schacht)」という比喩の淵源を、マイアーの『美学』において頻出する、認識や記憶の「貯え・貯蔵庫(Vorrath)」に見定めるならば、ヘーゲルの『精神哲学』にあって、「精神の現象学」よりも「心理学」が上位に位置づけられた謎が、一挙に明らかになるような思いに誘われる。

そのきっかけは、小田部胤久の「魂の根底――ライプニッツからシェリングまでの美学的言説の系譜学」(『美学藝術学研究』二九号、二〇一一年、一一七―一三三頁)(3)において剔抉された、バウムガルテンにおける「魂の根底(fundus animae)」論である。

実のところ「魂の根底」について語っていた論者は多く、フラットもその一人であった。「これらの心の作用が、心の唯一の根底の力(Grund-Kraft der Sele)から説明することができないのか、どうか、思弁的心理学の中で研究されなければなりません。ですから、経験に基づいて、そうした根底の力へと推論することはできないのです」(Flatt. 134)。この講義の筆写ノートの複写に二四歳のヘーゲルは、「根底の力が経験を発見するのであって、そこから他のものすべてが把握されることになる根底の力を発見するのが経験であることなどない」(GW. I, 169)と書き込んでいた。

遡ってみるに、そもそもは一七四二年にバウムガルテンが「美学」講義を行ない、マイアーは、一七四五年にバウムガルテンの講義草稿を入手、一七四八年から五〇年にかけて、『美学(Anfangsgründe aller schönen Wissenschaften)』全三巻を刊行する。(4) バウムガルテン自身の『美学』が公刊されたのは一七五〇年。マイアーはさらに一七五七年に、『一般的解釈術の試み（Versuch einer allgemeinen Auslegungskunst）』[5]で、「解釈者は解釈にとりかかる前に予め、自分が解釈しようとしている記号が真の記号であることを確信していなければならない」（Auslegungskunst. 8）と解釈学的循環の構造を明示してもいた。マイアーの論著からは、「魂の根底」論がはっきり見てとれる。

「不分明な暗い表象が魂の根底（Grund der Seele）を成していて、これは魂に働きかけるカオス（Chaos）であって、魂から世界についての明晰な心像や表象を、自らの内に、ある種の創造によって産み出す」（Meier：Theoretische Lehre von den Gemüthsbewegungen überhaupt. (1744), 56f.）。「不分明な暗い認識は、魂におけるカオス（Chaos）であって、魂の創造的な力が働きかけるとともに、魂がそこから次第しだいにあらゆる明晰な認識を合成するところの、未処理の素材の塊である」（Meier：Vernunftlehre. (1762), 195）。「芸術的な美学（Aesthetik）は、悟性やあらゆる魂の上位の力を改良することの促しとなる。なぜなら、魂の上位の力は、下位の力と合成されているからであって、下位の力は美学によって改善されるからである」（Meier：Anfangsgründe aller schönen Wissenschaften. Bd. I, 20f.）。

ここで注目すべきは、「美学」に魂の根底を明らかにする役割が帰せられていることである。「美学（Aesthetik）は頭を整理して、真理が魂の中に立ち至ることができる道を拓く」（Meier：Anfangsgründe aller schönen Wissenschaften. Bd. I, 27）。マイアーは、個別的な経験から始めて、次第に普遍的な高みへと考察を進めることを、F・ベーコンに倣って「自然の解釈（Auslegung der Natur）」（Meier：Anfangsgründe aller schönen Wissenschaften. Bd. II (1749), 247f.）と呼んで、個々の経験を普遍的な学問の高みから捉え返す役割を美学に期待していた。

4　超越論的心理学と精神の解釈学

ズルツァー（Johann Georg Sulzer：1720–1779）の『全学問の綱要（Kurzer Begriff aller Wissenschaften）』（増補改訂第二版・一七五九年）も「心の深処（die Tiefe der Seele）」を論じていた。この著書については、実に一六歳の少年ヘーゲルが、一七八七年三月九日から一〇日にかけて抜粋をしていた（Vgl. GW. III, 115–125）。『全学問の綱要』二〇四節からの抜き書きである。「心理学は、人間の心の本性、その本質、その諸力や能力、その特性、自然な仕方で生じるであろうさまざまな変化を探求する。／a　経験的心理学は、心について経験（Erfahrung）を通して私たちに知られるものすべてを、厳密かつ判明に記述する」（GW. III, 116）。続いて、二〇八節から抜き書きされている。「b　説明的な心理学（合理的心理学）が第一部〔＝経験的心理学〕において看取されたさまざまな出来事を解決することを通して、求めるのは、心の本質と根底の特性（Grundeigenschaften）を発見して、この根底から始まり、そして根底へ帰る道（Rückweg）を通して、心のあらゆるその他の特性やさまざまな変化を説明することである」（GW. III, 116）。

ズルツァーはヴォルフに倣って、経験的心理学と合理的心理学とを区別した上で、根底から発する道と根底への帰路という、心の自己関係について語っていた。そしてヘーゲルが省略した二〇五節と二〇六節で「心の深処」が論究されていた。二〇六節「人間の心を知ることは、学問の最も高貴な部分なのであるからして、経験的心理学を拡張することは、哲学の愛好者に対して、衷心より奨められるべきものである。とりわけ私たちは哲学の愛好者の方々に、心の不分明な領域に対して最も厳密な注意を向けることをお願いしたい」（Kurzer Begriff.

159）。ヘーゲルはズルツァーによる解釈学[7]の構想に通暁していた。

ヘーゲルは、ズルツァーからの抜粋に先立って、一七八六年一〇月一〇日にカンペ（Joachim Heinrich Campe：1746 –1818）の『子どものための心理学（Kleine Seelenlehre für Kinder)』（一七八〇年）から抜き書き（Vgl. GW. III, 100–107）を行なうとともに、ズルツァーに続き、一七八七年三月一四日から一八日にかけてガルヴェ（Christian Garve：1742–1798）『諸能力の検証についての試論（Versuvh über Prüfung des Fähigkeiten)』（一七六九年）からも抜粋（Vgl. GW. III, 126–162）を行なっていた。特筆するべきは、これらの論著は共通して、解釈学の問題意識に基づいて「魂の根底」論を展開していたということである。少年ヘーゲルは、解釈学の問題意識によって突き動かされていたのである[8]。

一七八七年八月下旬にヘーゲルは、エーベルハルト（Johann August Eberhard：1739–1809）の論考、「今日の魔術の起源についての推測（Vermuthungen über den Ursprung der heutigen Magie. Ein historischer Versuch)」（一七八七年）からも抜粋していた（Vgl. GW. III, 175–176）。マイアーの弟子のエーベルハルトの、『思考と感覚の普遍的理論（Allgemeine Theorie des Denkens und Empfindens)』（一七七六年）や『美学論（Theorie der schönen Wissenschaften)』（一七八六年）からも、「魂の根底」論を見つけることができる。そして美学には魂の根底に立ち返って、下位認識能力を高める役割が期待され、これが超越論的心理学として捉え直された。

「考える力と感覚する力という二つの力を、相互に影響しあう中で表象するために、私たちは、それらと、魂の根源的な根底の力との関係を確かめなければならない」（Johann August Eberhard: Allgemeine Theorie des Denkens und EmpfindenS. (1776), S. 17）。「心の力の統一を認識することを求めるのは、最高度の完全な超越論的心理学（transcendentale Psychologie）である」（Allgemeine Theorie des Denkens und Empfindens. S. 19）。

この「超越論的心理学」は心の根底を照射して意識化するという点で、マイアーにおける「美学」の役割と重なり合う。下位認識能力の学として出発した美学が、「心の根底」を捉え返すことを通して感性論から解放され、精神哲学の高みに到る途に就いた瞬間と言えるかもしれない。「美学は、下位認識能力を改良するための根本命題を含んでいるので、精神を形成するのに役立つ」（Theorie der schönen Wissenschaften. S. 33）。

そうであればこそ、ヘーゲルにあって、精神の「自己内還帰（Rückkehr in sich）」（GW. XIX, 326 = GW. XX, 436）として構想された「心理学」は、いわば精神の解釈学として、「精神の現象学」の上位に位置付けられるべきであったと思われる。もとよりヘーゲルは、『精神の現象学』でも次のように論じていた。「精神の力は、その発現に応じて大きく、精神の深さ（Tiefe）は、精神が解釈（Auslegung）されるなかで、敢えて、自らを披歴したり、自ら消えて行ったりするほどに深い」（GW. IX, 14）。

しかしながら、翻ってみるに、ダイナミックな「竪抗」と、静かに貯めこまれた「貯蔵庫」とでは、イメージが違うのも事実である。むしろ、ダイナミックな知の生成に着目するなら、フラットがしばしば引き合いに出していた（Vgl. Flatt. 129, 151f., u. 168）テーテンス（Johann Nicolaus Tetens：1739–1807）の『人間の本性とその展開についての哲学的試論（Philosophische Versuche über die menschliche Natur und ihre Entwicklung）』（第一巻・一七七七年、第二巻・一七七七年）で、観念連合に代わって、観念を結びつける「構想力」や「創造力」そして「思考力」の働きが捉えられたことが想起される（Vgl. Philosophische Versuche. I, 112f.）[9]。

「自発的に作用するものは、働きの最初の起源を、自己自身のうちに、自分に備わっている能力のうちに持つ。こうした能力は活動的になる前に、外部からの刺激が必要になるかもしれない。ちょうど水（Wasser）が湧き出てくるには、泉（Quelle）を掘り当てなければならないように。といっても泉は、どこか別の場所から湧き出た水がそこを通って行く水路（Kanal）ではない」（Philosophische Versuche. I, 753）。もとよりテーテンスの自認するところでは、「心の諸能力を単一の能力に戻して、根底の力（Grundkraft）におけるこの能力の最初の発端へと、できる限り接近することを試みてきた」（Philosophische Versuche. S. xxx f.）という。テーテンスにあっても、Grundkraft der Seele や Grundvermögen der Seele、Vorrath の用例は多々出現する。

「私たちは、感じ〔情〕、表象し〔知〕、意欲する〔意〕ための根本能力のための胚芽を自らのうちに包括しているものこそ、心の根底の力であると言うことで、満足しなければならないのであろうか？　私たちが根底の力を感じて、展開された状況で作用させるのは、私たちが私たち自身を感じる（fühlen）からである。（……）。おそらく、心の原動力はもっとかけ離れている。／こうした困難さにめげて、人は、心の根底の力がそこにある暗い深みを回避している」（Philosophische Versuche. I, 733f.）。「心のなかには、記憶（Gedächtnis）、そしてさまざまな表象や観念、思想が保存されている貯蔵庫（Vorrath）があるはずだが、脳の中にはそれに該当するようなものは何もない」（Philosophische Versuch. II, 224）。テーテンスは、「心（Seele）」を、「主体」（Philosophische Versuche. I, S. iv）として捉えることによって、ライプニッツやヴォルフとは違い、「魂（Seele）」を実体から解放した。「私は心の三つの基本能力を、感情、悟性、心の活動力だとみる」（Philosophische Versuche. I, 625）。

　とはいえテーテンスは、講壇哲学とシャルル・ボネの機械論的心理学さらには経験的心理学という三方向に対抗する姿勢を貫く中で、「能力の高揚」論を打ち出してはいたものの、[10]知の全体から心の根底を「捉え返す」という解釈学的な発想は展開されていない（Vgl. Philosophische Versuche. I, S. xxxi）。その理由を、テーテンス自身が、自らの哲学の方法を「観察（Beobachtung）」に見定めたところに看取できよう。「私が用いる方法は、観察的な方法であり、ロックが悟性に関して、また我々の心理学者たちが、経験的心理学（Erfahrungs-Seelenlehre）において従っていたものである。心の変容を、それが自己感取（Selbstgefühl）を通して認識されるがままに受け取る。これを丁寧にくりかえし、状況を変えながら認知し、観察し、心の変容の生成の仕方、それらを生み出す諸力の作用法則に注意を向ける。それから観察結果を比較し、分析し、そこから最も単純な能力、作用の仕方、それら相互の関係を探求する。これらが経験に依拠した、心の心理学的分析における最も本質的な諸操作である」（Philosophische Versuche. I, iv）。ここから、心や精神の自己関係を明かす発想をうかがうことはできないのである。

おわりに 「精神の現象学」が「心理学」より低いのは

実は、ヘーゲルが「心理学」を、いわば「精神の解釈学」として、「精神の現象学」の上位に位置づけただけでなく、「精神の現象学」を「心理学」の下位に位置づけざるを得なかった事情もあったやに思われる。それは、ヘーゲルのベルリン大学での講義のための準備稿、「〈主観的精神の哲学〉のための断章」（一八二二年―一八二五年）[11]から窺える。ここでヘーゲルは、「比較的高次の、哲学の立場から出発しているような、精神の本性についての著作家の仕事」（GW. XV, 216）として、エッシェンマイヤー（Adam Carl August von Eschenmayer：1768–1852）の『経験的心理学、純粋心理学、応用心理学という三部における心理学（Psychologie in drei Theilen, als empirische, reine, angewandte）』（一八一七年）と、シュテッフェンス（Henrik Steffens：1773–1845）の『人間学（Anthropologie）』（全二巻・一八二二年）の二著を挙げている。

とはいえ、エッシェンマイヤーがヘーゲルから酷評されているのも事実である。「第二部門は、論理学、美学、倫理学を含んでいる。（……）第二部門、すなわち純粋な心理学は、経験的心理学の素材の原理を呈示する使命を持つべきである。その際に、前提されただけの図式について構成（Construktion）を見出して、経験的な素材の出自（Abkunft）を明示するという使命を持つべきである」（GW. XV, 216）。ところが、「学問性を全く必要としない」（ibid.）と批判された、エッシェンマイヤーの第一部門の経験的心理学において扱われていたのは、「感覚」（§29–31）に始まり、「自然本能」（§40–44）や「構想力」（§62–64）はもとより、「悟性」（§93–94）や「理性」（§124–126）、さらには「良心」（§137–138）なども含む「精神の現象（Phänomen）」（S. 4）であった。「観照」（§139–140）や「信念」（§141–144）に到るまでの「精神の現象」が、「経験的心理学」だとされた論述を見てヘーゲルは、「精神の現象学」を「心理学」の下位に置かざるを得ないと悟らされたに違いない[12]。そしてエッシェンマイヤーが展開していなかった、心の深層を開示する解釈学としての機能を、「心理学」に込める必然性が想起されたことだと推測されるのである。

　精神が展開する中で、その深層を照射して、自らを明らかにする働きは、『精神哲学』の「心理学」の「想起」の節では次のように説明されている。「限りなく多くの心像と表象とから成っている世界を、意識することなく自らの内に保存している昏い竪坑（nächtlicher Schacht）として知性を捉えることは、《一面では》概念を具体的なものとして捉えるようにという一般的な要求である。概念を具体的に捉えるとは、例えば、樹木が発展するなかでこそ実在するに到るすべての規定性を、胚芽が潜在的な可能性において肯定的に含んでいるというように捉えるということである。（……）胚芽は、他のものにおいてしか実在していない規定性から脱して、果実の胚芽だという規定性から脱して、自らの単純性へと復帰する（*Rückkehr*）。再び即自存在・潜勢態の実在へ帰るのである。しかし知性はそのものとしては、自らが展開する中にあって自らの内へと内化・想起される即自存在・潜勢態（*Ansichsein*）の《自由な》実在である。《それゆえ他面で知性は、こうした没意識的な竪坑として捉えられなくてはならない》」（§453：GW. XIX, 332f.：《GW. XX, 446f.》）。
胚芽という比喩は、胚芽という端緒の内に、展開される全体の規定性のすべてを捉えるとともに、胚芽としても捉えるという弁証法的な認識を裏付けるものであった。もとより『精神の現象学』は、次のような存立機制に拠っていた。「真なるものとは、主体自身が生成することであり、自分の結果を自らの目的として前提するとともに端緒として持っていて、自己実現と自らの目的に達することによってのみ現実的となる円環（Kreis）である」（GW. IX, 18）。こうした発想に、精神が自らの全体的な展開を予め捉えた上で、自らの出自を開示して、その本質を明らかにするという解釈学的な発想、精神の自己関係を見て取ることは難しくないであろう(13)。

ヘーゲルから目を転じるなら、もとより Phänomenologie は、ランベルト（Johann Heinrich Lambert：1728–1777）の『新オルガノン（Neues Organon. Erster Band）』（一七六四年）、さらには『建築術のための構想（Anlage zur Architectonic oder Theorie des Einfachen und des Ersten）』（二巻本・一七七一年）などで論じられていたことが知られている。「現象学は、これまで論理学（Vernunftlehre）のうちに現れてくることはほとんどなかったが、真理を仮象から区別するために必要なものでもある。そこで、現象学が専ら直接的に携わっているのは、いわゆる論理学的な真理ではなく、むしろ形而上学的な真理に携わっている。なぜなら、たいていの場合、仮象は実在的なもの（das Reale）に対立しているからである」（Neues Organon. Bd. I, Vorrede）。ランベルトの見るところ、「我々の認識のうちには、真と偽の間に、仮象と言われる中間物（Mittelding）が見出される」（Bd. II, 217）とされる。「人間の認識の〈正しい〉や〈正しくない〉に与える仮象の影響の理論」（Bd. II, 218）が、現象学を構成するというのである。そこで現象学は「仮象の理論」（Neues Organon. Bd. II, Verzeichnis）とされていた。

加えて、仮象の学説に先立って、解釈学も要請されていた。「ある著者の、ある箇所の解釈（Auslegung）に際しては、個々の場合において大事になるのは、その時代にどのような意味をその言葉が持っていたか、ということだけでなく、当該箇所において著者が言葉をどのような意味と結びつけていたかということもとりわけ大事になる。著者の考え方にまで詳細に知っている場合には、大いなる助けになること疑いない」（Neues Organon. Bd. II, 154f.）。であればこそ、現象学の成り立ちからしてみても、精神の現象学が精神哲学の低次元に位置づけられるのもむべなるかな、と言うべきかもしれない。

注

（1）ヘーゲルにおける「竪坑」については、本書第一〇章「心の深処と知性の竪坑――ヘーゲル『精神哲学』の改訂を視野に入れ」を参看賜りたい。なお、拙論「観念の連合と知力の井泉――ヘーゲル『精神哲学』の枢軸」（新潟大学大学院現代社会文化研究科『比較宗教思想研究』第二〇輯、二〇二〇年、一―二二頁）でも詳論した。

（2）ヒスマンは、もとよりボネの影響を強く受けた心理学者でもあった。「より断固たる「繊維心理学者」の一人は、ボネと同じ学派に属しているミカエル・ヒスマンである」（Johannes Speck : Bonnets Einwicklung auf deutsche Psychologie des vorigen Jahrhunderts. (1897), S. 7）。同書でボネの心理学を、「観念連合の機械論的な説明」（S. 23）としているが、その理由として、「心が神経繊維の乱雑な動きに応えたりするしかなくなる」（ibid.）ことが挙げられている。

（3）小田部胤久によれば「バウムガルテンは『形而上学』（第 511 節）において、「魂のうちには不明な表象が存在する。その総体は魂の根底（fundus animae）と呼ばれる」（Baumgarten,Met.§511）と述べている」（東京大学『美学藝術学研究』二九号、二〇一一年、一一七頁）という。

（4）松尾大による、バウムガルテン『美学』（玉川大学出版部、一九八七年）の「解説」、並びに、檜垣良成・石田隆太・栗原拓也「バウムガルテン『形而上学』訳注――第一部「有論」第一章（改訳増補版）」（筑波大学哲学・思想学系『哲学・思想論集』第四一号、二〇一五年、四三―七八頁）を参照。

（5）著者を著者よりも良く理解するという、解釈学の周知の定式もマイアーにおいて見ることができる。「著者が正しく理解されるべきなら、著者が考えていたことを、解釈者が、著者によって考えられていたのと同じように考えることは、必ずしも必要とはされない。したがって解釈者は、著者が考えていたよりも、より広範でより大きく、より正しく、より明晰に、より確実に、そしてより実用的に、意味を認識できることもあるし、その逆もある」(Versuch einer allgemeinen Auslegungskunst. S. 70：§129)。本書の第三章「「導入教育」と心理学――「精神哲学」への旅発ち」を参看賜りたい。

(6) 「二〇五節・心理学のこの第一部〔経験的心理学〕が極めて重要であるのは、それなくしては、心の正しい認識へと到ることができないからである。経験的心理学は、心の中で生じるすべてのことについて、観察して並々ならぬ注目を続けることへのおおいなる明敏さを必要とする。(……) 心の不分明な働きの幾つかは、かけ離れた変化を通して、それらが現存している不分明な働きを発見しないままなら、心の深処 (die Tiefe der Seele) にあって気づかないような性質のものである」(Kurzer Begriff. S. 157f.：Vgl. Erstausgabe. S. 131)。

(7) 「二六三節・聖典の解釈学 (Hermeneutik) は、旧約聖書や新約聖書などの聖典を文字通りに理解する認識のために必要とされる参考資料や規則を手渡してくれる。解釈学はこうした聖典を、それらの聖典が起因した時代や国民や人格の趣味や書き方に従って著された、人間の著作としてしか考察しない。というのも、それらが神によって刻印されたものだと見なされたところで、その文字通りの意味は、神によって与えられたものではなかったかのように、求められなければならないからである。なぜなら、神によって与えられることは、完璧に人間的である言語にも書き方にも関わらないからであり、事柄 (Sache) にしか関わらないからである。それゆえ、聖書の書き方は、それが由来する時代や人格によって非常に違っているわけである」(Kurzer Begriff. 215)。

(8) 本書第一章「少年ヘーゲルと解釈学のモチーフ」で詳論したので、参看賜りますれば幸甚である。

(9) Vgl. Philosophische Versuche. I, S. 110。なお、佐藤慶太「テーテンス『人間の本性とその展開についての哲学的試論』とカント」(『香川大学教育学部研究報告　第1部』一四三号、二〇一五年、一二一―一三八頁) から多くの示唆を得た。ヘーゲルにとってのテーテンスの意義については、本書第一〇章「変容 (Metamorphose) と進展 (Evolution)」でも論じている。

(10) Vgl. Ernst Stöckmann：Anthropologische Ästhetik. (Max Niemeyer) 2009, S. 182f.

(11) 栗原隆・高畑菜子訳「G・W・F・ヘーゲル：主観的精神の哲学のための断章」(新潟大学大学院現代社会文化研究科『知のトポス』Nr.10、二〇一五年、一―四八頁)

(12) カントは『純粋理性批判』で、「純粋理性は超越論的心理学に、超越論的世界論に、最後には超越論的神認識に対しても理念を提供する」(B, 391f.) とした上で、「我々は、経験が我々に直接に提供するものから、つまり心理学から世界論へ、そしてそこから神の認識にまで進むことによって、我々の偉大な構想を遂行する」(B, 395) と注記していた。ちなみにヘーゲル自身、一八一二年一〇月二三日付の「ニートハンマー宛てのギムナジウムにおける哲学の講義について」において、哲学への入門の端緒として心理学を挙げたうえで、「現象する精神の心理学」と「精神の心理学」とに区分して、『精神の現象学』の意識、自己意識、理性を、現象する精神の心理学に類別。これに対して「精神としての精神はもっぱら自らを規定することに関係する、すなわち精神のなかの諸変化が精神の諸活動として規定され、考察される」(GW. X-2, 825) という認識を示していた。

(13) シェリング学徒として、イェーナ大学でのヘーゲルの同僚に、プラトン学者のフリードリヒ・アスト (Friedrich Ast : 1778–1841) がいた。その著『解釈学 (Grundlinien der Grammatik, Hermeneutik und Kritik)』(一八〇八年) では、解釈の機序が次のように説明されている。「理解や認識の根本法則は、全体の精神を個別的なものから見出すことであり、全体を通して個別的なものを把握することである」(S. 178)。「ある著作の全体だけでなく、特殊な部分、いや個々の箇所さえも、ただ次のように理解され、説明されてよい。すなわち人は、最初の特殊性でもって、精神や全体の理念を予感しながら捉えるのだと。それから、個々の名辞や個別的な境地を説明して、全体の個体としての本質を洞察するに到ることが出来るのだと。すべての個別性を認識した後で、全体は統一へと総括される」(S. 188f.)。

第一四章　ヘーゲル『精神哲学』の豊かさとハイデルベルク

はじめに

一八一八年九月、ヘーゲルは、ハイデルベルクからベルリンへと赴くことになる。ハイデルベルク滞在は二年余りでしかなかったが、ヘーゲルは、一八一七年の六月に『ハイデルベルク・エンツュクロペディー』を刊行、『精神の現象学』を「自己実現する懐疑論」（GW. IX, 56）とした把握を撤回、「懐疑論は、有限な認識のあらゆる形式を貫いて遂行される否定的な学である以上、学への導入を果たすであろう」とする捉え方を、「好ましくない方法であるだけでなく余計なこと」（GW. XIII, 34）として捉え返すことになる。その意味では、純粋な哲学に先行するべき、意識の経験の学としての『精神の現象学』が息づいていた体系構想から、エンツュクロペディー体系へと大きく踏み越えたかのようにも思える。

とはいえ、『ハイデルベルク・エンツュクロペディー』は、とりわけ「精神哲学」に関しては、分量的にも、内容の深さや広がりの点でも小規模で、また、ベルリンで「主観的精神論」が繰り返し講義されて拡大されたことや、『法の哲学綱要』が独立した著作として刊行されたことに鑑みても、後の『エンツュクロペディー』体系に比べると、貧弱なように見えないこともない。しかしながら、格段の豊かさと深みを持つことになるヘーゲルの後の『精神哲学』は、むしろ、ハイデルベルクで培われて、準備されたと見なければならない。本章は、ベルリンで結実する『精神哲学』の豊かさを展望するとともに、その背景には、ハイデルベルクでの人的交流があったことを描出することを目的とする。

1　チェセルデンによる報告の受容と「人間学」

一八二二年のベルリンでの「精神哲学講義」（ホトーによる筆記録）での感覚の獲得をめぐる講述である。「私たちは距離を、感官を通して持つのではありません。距離は視覚の感覚のうちにはないからです。むしろ私たちは距離を、推論する（強調は引用者）ことによって、さまざまな現象を比較することによって学ぶのです。子どもは望みうる限りのものすべてを掴もうとします。治療を経た後に、どんなものでも、自分から同じだけ離れているように見えた先天盲の話しにおいて、同じことが分かるでしょう」（GW. XXV-1, 54）。ヘーゲルがここで踏まえているのは、モリヌー問題に触発されたチェセルデンによる報告である。イギリスの医師、チェセルデン（William Chesselden : 1688–1752）は、一七二八年の『哲学年報（Philosophical Transactions of the Royal Society of London）』四〇二号で、自らが開眼手術を施した一三歳の少年には、すべての物が眼に貼り付いているように見え、距離が認識できないことを報告した。これによって、モリヌー（William Molyneux : 1656–1698）がＪ・ロックに宛てて、触覚によって立方体と球とを識別できていた先天性の盲人が、開眼手術によって視力を獲得した時に、視覚だけで立方体と球とを識別できるかと提起したことを発端とした問題が実証されたのである。(1)

チェセルデンによる報告に関しては、シュルツェ（Gottlob Ernst Schulze : 1761–1833）の匿名著書『エーネジデムス（Aenesidemus）』（一七九二年）が詳しい。「新生児の最初の表象が、その子に、彼の表象の外部の何らかのものの実在的な現存在を指示しているなんてことは、疑ってかかってもいい。（……）後年になって盲目から救済された人々にあって、視覚の最初の性質や次第に変化してゆくことについて、私たちが持っている情報（とりわけ一七二九年のチェセルデンが視覚を回復させた先天盲の人の事例――この話は、ヴォルテールの『ニュートン哲学要綱』第六章に記録されている）(2)はこのことを明らかに認識させる。それゆえ根源的には、私たちの表象は、私たちの外部そして私たちの表象の外部のものと関連するものではなく、むしろもっぱら、私たちの内にあって、私たちに即した純然たる主観的なものだと見なされよう」（Aenesidemus. 230f.）。

チェセルデンによる報告から、視覚による認識は、予め認識されていたからこそ成立することを読み解いたシュルツェは、意識内在主義の観念論の構造を描出する。(3)樹木や犬小屋それに柵、あるいは屋根や窓が見えるにしても、私たちが家だと認識できるのは、それを家だと予め把握しているからだという形で、シュルツェは観念論の構造を基礎づけた。シュルツェを「懐疑論論文」（一八〇二年）で徹底的に批判したヘーゲルならば、『エーネジデムス』の論述については、知悉していたはずである。

しかしながら、ヘーゲルがチェセルデンによる報告を引き合いに出して語ったのは、ベルリンでの「精神哲学講義」が初めてであったことには不思議さが残る。加えて、そもそも一三歳の盲目の少年に施した開眼手術の報告と、新生児による距離知覚の獲得の問題とは、まったく別の問題であることに鑑みるなら、ヘーゲルの講述に疑問を禁じ得ない。さらに推論によって距離を測るという見解は、チェセルデンによる報告から逸脱しているようにさえ思われる。この謎を解く鍵は実にハイデルベルク大学での人的交流にあった。

ライプツィヒ大学教授のカールス（Friedrich August Carus：1770–1807）の著書に『心理学（Psychologie）』（第

一巻・一八〇八年、第二巻・一八〇八年）がある。「子どもは何かの方を、それからこのものそれ自体を見たなら、伸ばした手の向かう何か特定のものを掴むことをも始める」（Psychologie. II, 47）。カールスは感覚の分化を次のように描出していた。「触覚と嗅覚は、次第に種的に違う感覚へと分化する。それらに続くのが味覚であって、嗅覚なしに満足されることはない。その上で（およそ生後五週で）聴覚の感覚が展開される。この聴覚が初めて、曖昧な音を子どもに理解させる。（……）結局（およそ、五週ないしは六週で）見ることが最も繊細な感覚として現れる。（……）ようやく子どもは、何かの背後に何かを、それから何かの上に何かを、そして結局は何かそのものを見るのである」（Psychologie. II, 46f.）。

どこから「生後五週」という数字が出てきたのであろうか？　カールスが、自らの著書で、参照をしばしば指示していた（Psychologie. I, 4, 98, 139, 140 ; II, 30, 32, 394）ミュンスターの牧師のシュヴァルツ（Friedrich Heinrich Christian Schwarz : 1766–1837）に、『教育論（Erziehungslehre）』（第一巻・一八〇二年、第二巻・一八〇四年、第三巻・一八〇八年）という著作がある。シュヴァルツは『教育論』（第二巻）で、次のように論じていた。「生後五週目の終わり、〔顔を〕叩いたり引っ掻いたりは、それほどしばしばではもはやない。観察者の思うところでは、距離を些かなりとも認識できたのだという。原因と結果とをあいまいなまま結びつける連合以外のものは何か？　チェセルデンを含めて、あらゆる対象は目の上に貼り付いて現象するので、視覚だけでは距離について何も教えないという所見、触覚（Gefühl）の助けがなくてはならないという所見は正しい」（Erziehungslehre. II, 373）。

シュヴァルツが「生後五週目」と明言するにあたって依拠した、ここで言う「観察者」とは、浩瀚な哲学史を著したティーデマン（Dietrich Tiedemann : 1748–1803）である。ティーデマンに„Hessische Beiträge zur Gelehrsamkeit und Kunst. Zweiter Band.“（1787. S. 313–333 u. S. 486–502）に発表された論考、「子どもの精神能力の発達についての観察（Beobachtungen über die Entwickelung der Seelenfähigkeiten bei Kindern）」がある。「経験と練習が私たちに、感官を用いたり、正しく感覚したりすることを教えるということは、チェセルデンの盲人が明らかにしている」（S. 313）と書き出されるこの論考で、ティーデマンは、一七八一年八月二三日に生まれた長男、Friedrich Tiedemann（脳生理学者：1781–1861）の誕生からの成長についての観察日記を公にしたのである。これが後に、„Journal für Medicin Chirurgie und Geburtshülfe. Erstes Heft."（一七九九年）に要約されて転載され、シュヴァルツの知るところとなったようである。

「九月二八日、子どもからはもはや、〔顔を〕両手で打ったり擦ったりすることのないことが観察された。しばしば繰り返された痛かった経験が、子どもをして、自分と疎遠な物体との間のいささかの区別を既にさせて、いくらかの距離を分からせていたのであろう。こうしたことを確証させるのは、チェセルデンが先天的な盲人に即して知覚したことである。あらゆる対象が目の上にあるかのように現れるので、視覚だけでは距離を何も教えない。それゆえ、私たちの外部に離れてある物体について表象するに到るには、視覚は触覚の助力を得なければならない」（Beobachtungen über die Entwickelung. S. 320）。八月二三日生まれのフリードリヒ・ティーデマンは、九月二八日で、ちょうど生後5週間となる。シュヴァルツはこの記述に基づいていたのである[4]。

シュヴァルツは、乳児の精神的能力の発達についての議論の多くも、ティーデマンに依拠していた。そしてシュヴァルツはその後、実にハイデルベルク大学へと招聘されて、同僚としてヘーゲルと親交を温めていたことが、一八一七年七月八日についてのフォス、さらには七月一八日についてのジャン・パウルの証言から確認できるのである（Vgl. Hegel in Berichten seiner Zeitgenossen. S. 147 u. 220）。従って、ヘーゲルがチェセルデンによる報告にコミットするに到ったのは、とりあえずは、ハイデルベルクでシュヴァルツの知己を得たからであって、チェセルデンによる報告に新生児の距離知覚の獲得の問題を重ね合わせて捉えたのは、シュヴァルツが基づいていたティーデマンに拠るところが大きいと見なければならない(5)。

それでは、「私たちは距離を、推論することによって、さまざまな現象を比較することによって学ぶ」(GW. XXV-1, 54)とヘーゲルの講述にある、距離を推論するという、チェセルデンによる報告から逸脱したように思える認識は、何に基づいているのであろうか。ティーデマンには『人間についての考察(Untersuchungen über den Menschen)』(第一部・一七七七年、第二部・一七七七年、第三部・一七七八年)という著書もあり、その第二部„Untersuchungen über den Menschen, Anderer Theil.“での論述である。「距離。対象の像は眼の中にある。それゆえ私たちは、味を舌で感じるように、香りを鼻で感じるように、すべてを眼において見なければならない。といっても私たちはそうすることができない。私たちはすべてのものが、私たちの外部に、私たちの身体から離れているのを見る。どこからこれが来るのか? 眼そのものに与える光の印象からか? あり得ない。有名なチェセルデンの盲人でさえ、自分の眼が開いた最初の時は、あらゆるものを眼そのものの中に見たのだ。(……)どうして見えるのか? 明らかに、触覚の助けを借りて。私たちの見ているものすべてが、そこにはないのだと、触覚が私たちに教えてくれない限り、眼そのものの中にある、と思うだろうし、思うに違いないだろう。私たちは見えた像に向かって手を伸ばしても、何も掴めない。そしてそこには何もないと推論する。そうやって私たちは眼に、像から距離をとることに慣れさせるのである」(S. 289f.)(6)。

ティーデマンによるこの論述は、チェセルデンによる報告を極めて正確に紹介・解説している。ヘーゲルの語った「距離を推論する」というのは、外界が眼に貼り付いて見えるのに、眼の上には何もないことを、生後五週間の赤ちゃんが推論するという意味なのである! それではヘーゲルは、今日の実験心理学による「視覚的断崖」の実験に二五〇年先駆する、このティーデマンの画期的な知見を知っていたのであろうか？　一八二五年のヘーゲルの「精神哲学講義」で距離の表象は、新生児における感覚の獲得の問題を踏まえつつ、次のように語られていた。「手術を受けて、視覚の明澄な感覚に到った先天盲の方は、あらゆるものがまったく近いところにあると思われました。彼には距離の表象がなかったのです。距離の表象が測られるのは、解明によって、他のものに対する対象の大きさによってです。彼は長い時間をかけて、距離を判断するために、それを測らなければなりませんでした。見えたところで、対象は他のものと同じように近く、比較することによって初めて私たちはこの区別について知るわけです。その際に特別なのが、視覚に比肩されるべき触覚（Gefühl）の表象です。子どもはそうして見ることを学ばなければなりません。ごちゃ混ぜになっているものを区別しなければならないのです。ないもの、蔭になっているもの、隣り合っているものなどを」（GW. XXV-1, 250）。

ここでボアスレ兄弟の兄、ズルピッツ（Sulpiz Boisserée：1783–1854）の『日記』から、決定的な事実が明かされる。

2　ハイデルベルクでの人的交流

一八一七年七月二三日のズルピッツ・ボアスレによる『日記』の記述である。ハイデルベルクの南西一〇キロに位置するお城と公園の街、「シュヴェツィンゲン（Schwetzingen）に出掛けてきた。（……）Jean Paul、Daub、Thibaut、Creuzer、Hegel、Abegg、Tiedemann、Conradi、Voß、Schwarz そして私」（Sulpiz Boisserée：Tagebücher. Bd. I. (1978), 416）。つまり、ハイデルベルク大学でヘーゲルは、シュヴァルツはもちろん、生理学の教授のフリードリヒ・ティーデマンと気の置けない仲間であった、ということになる。そうであるなら、フリードリヒ・ティーデマン自身の誕生後の観察記録をヘーゲルが知らないはずがない。それだけでなく、父親のディートリッヒ・ティーデマンの著書,,Untersuchungen über den Menschen, Anderer Theil"も知っていたに違いないとも思われる。となると、一八二二年の「精神哲学講義」でのヘーゲルの論述、「私たちは距離を、推論することによって、さまざまな現象を比較することによって学ぶのです」(GW. XXV-1, 54)は、ティーデマンの『人間についての考察(Untersuchungen über den Menschen. Anderer Theil)』(一七七七年)を知っていたからこその論述だ、と推測されるのである。ベルリンでのヘーゲルにおける『精神哲学』の豊かさと進化は、まさに、ハイデルベルクでの仲間に恵まれていたから、とも言えるであろう。

ハイデルベルクでの交流がヘーゲル哲学に与えた恩恵は、実はこれに留まらない。先ほどの『日記』にも名前が出ているアントン・フリードリヒ・ユストゥス・ティボー(Anton Friedrich Justus Thibaut : 1772–1840)というカントに学んだ法学者がいた。一八〇二年にイェーナ大学へ赴任、その後ハイデルベルク大学へ転じて、学長まで務めた人物である。ヘーゲルの同僚にして友人としてイェーナ大学とハイデルベルク大学に在籍して、一八〇三年一二月三日には、ヘーゲル、ニートハンマー、シェルヴァーらとともにゲーテの家の夜会に招かれたり(Vgl. Hegel in Berichten seiner Zeitgenossen. Hrsg.v. G. Nicolin. S. 55)、ハイデルベルクではヘーゲルと一緒にシュヴェツィンゲンに出掛けたり、ヘーゲルにとって生涯の友ともなった。(7)「私とティボーは友情に溢れ、親密な歩みをしています。彼は、尊敬すべき、度量の大きい人物です」(Br. II, 154)という言葉が、一八一七年四月一九日付のヘーゲルの書簡に見られる。

法学者ティボーとヘーゲルとの接合点は、実はこれだけではない。彼は、ハイデルベルクで、音楽家としての業績も上げていて（Vgl. Terry Pinkard : Hegel: A.Biography (2000), p. 373）、フェリックス・メンデルスゾーンとの交流も伝えられている。合唱隊を率いて、自宅で演奏会を開催してもいたようである。「ヘーゲルは、そのハイデルベルク時代の間、ティボーの音楽の夕べを訪れただけでなく、友の熱心な試みを自ら応援したのである」(Otto Pöggeler : Hegel und Heidelberg. in : Hegel-Studien Bd.6 (1971), S. 94)。そして、『音楽の純粋性について（Ueber Reinheit der Tonkunst)』（一八二五年）という匿名の著書も著した。

一八二五年四月八日付の、ハイデルベルク大学の同僚だったクロイツァーからベルリンのヘーゲルに宛てられた手紙の中で、「何か月か前『スイスの神学年鑑』に、ティボーが教会音楽についての内容豊かな論説を発表しました」(Br. III, 82) と伝えられていて、この論文に含まれていた理念が、『音楽の純粋性について』へと結実したという（Vgl. Br. III, 379)。一八二五年七月二九日付のヘーゲルからクロイツァー宛ての返書である。「今しがた、私は『音楽の純粋性について』の著書を手に入れました。思うに、これは、ティボー自身の努力の賜物でしょう。その書が友人たちの間で獲得するだろう完全な賛同を私も彼に言うことを許してほしいものです」(Br. III, 90f.)。

『音楽の純粋性について』でティボーは、パレストリーナ（Giovanni Pierluigi da Palestrina : 1525–1594）をはじめ、イタリア音楽を崇敬するとともに、モーツァルトやグルック、そしてヘンデル（Vgl. S. 45）を高く評価している。「私は多くの古典的な巨匠を限りなく崇拝しているにもかかわらず、グルックやモーツァルト、ハイドンが比肩なき業績を創造したことを疑うものではありません」(Ueber Reinheit der Tonkunst. S. 44)。ヘーゲルも、その「美学講義」（一八二〇年冬学期）で、やはりイタリア音楽を高く評価していた。「私たち北方の国民は、音楽が朗唱から発することを、そして朗唱が音楽の基盤であることを要求します。イタリア人はもっとずっと自由で、音楽をそれ自体で独立して享受しています。それゆえ、私たちが、モーツァルトやグルックやヘンデルといった、両方を把握している芸術家を評価するのは正しいのです」(Ästhetik (1820/21), 282)。

ティボーは、次のように音楽の純粋性に心の浄化を期待していた。「音楽が前提するのは、深く鎮められた、自己内に向かった純粋な心情であり、心の堅実な力である。これこそが、高貴なものを混じり気なしに長く留め置くことができ、熱情を世俗的な情熱の嵐に変えさせないものである」(Ueber Reinheit der Tonkunst. S. 18)。「敬虔、恭順、そして慎み深い衷心からの歓びと素晴らしさが、話題にされるなら、心の状態を最も温かく最も純粋に顕わす人間の声によってしか、心胸を明らかにすることはできない」(S. 57)。

そしてヘーゲルによれば、「音楽は情熱を呼び覚まして、歓びや痛みを表現します。これが音楽の特殊性であって、和声の関係が表現を規定するのです。しかし同時に、心は、こうした音楽の特殊性から自らを取り戻す領域へと高められるべきです。(快や苦痛といった)特殊なものを超える高揚という側面こそ、音楽というものの才能を構成します」(Ästhetik (1820/21), 289f.)。「心が快を感じながらも、バッカスの陶酔に流されるのではなく、空を飛ぶ鳥のように、心情が同時に、至福の内に自己内にある、これが偉大な音楽の性格です。これこそがイタリア人たちの偉大な作曲群に際して私たちの見出すものなのです。すなわち、人間の歓びと受苦の中に入り込んでいきながらも、同時に宥和された感覚を純粋に直観することです」(Ästhetik (1820/21), 290)。

ティボーの見るところ、「古典的な教会のつとめは、すべてラテン語の、単純で高貴なテクストを持っていた。ドイツ語は、こうしたラテン語の偉大で朗々たる真剣さを再現することができない。それゆえ、ラテン語を理解できない人たちをも、できるだけラテン語で歌わせるべきである。しかし彼らが心を込めて歌うことができるためには、テクストを一語一語彼らに説明するべきである」(S. 17)。

ヘーゲルも呼応するように、一八二六年の「芸術の哲学」講義で、「教会音楽の言語であるラテン語は、非常に大きな長所を持っています。その反対は私たちの言語の日常的な韻律です」（Philosophie der Kunst (Vorlesung von 1826), 221）と述べている。つまり、ヘーゲル『美学』のなかの、「教会音楽」についての基本理念は、ティボーとの交流によって育まれたものだと推測されるのである。「私たちは、偉大で高貴な音楽が書かれた単純な和声のことを思います。教会のスタイル、壮麗な古くからの教会音楽やパレストリーナのことです」（Kunst oder Ästhetik (1826), 195)。

3　人的交流の結節点としてのボアスレ

ヘーゲルと、彼を迎えたハイデルベルクでの人脈との結節点は、ボアスレ兄弟の兄、ズルピッツであった。ヘーゲルとボアスレ兄弟との接点の始まりは、バンベルクで新聞の編集者をしていたヘーゲルの様子について書き送った、ドロテーア・シュレーゲルによる一八〇八年八月二〇日付のズルピッツ宛書簡から確認できる（Vgl. Mathilde Rapp Boisserée : Sulpiz Boisserée. Lebensbeschreibung. Erster Band. Stuttgart (1862) S. 58)。ペゲラーによれば、「おそらくズルピッツは、バンベルクにヘーゲルを訪ねていたのであろうが、確実なのはニュルンベルクである」（Otto Pöggeler : Hegel und Heidelberg. in : Hegel-Studien. Bd.6 (1971), 102）という。従って、ボアスレとヘーゲルは、旧知の間柄といってもいいのかもしれない[8]。一八一六年五月一六日、ボアスレはニュルンベルクにヘーゲルを訪ね、「ニュルンベルクの人々の古くからの慣習や習わしを学び知る」（Friedrich Strack : Hegels Persönlichkeit im Spiegel der Tagebücher Sulpiz Boisserées und der Lebenseriierungen C. H. A.PagenstecherS. in: Hegel-Studien. Bd.17 (1982), S. 29）ことによって、「近代と古代との争闘」（Sulpiz Boisserée : Tagebücher. Bd. I, S. 333）にまで話しが及んだ際には、ヘーゲルは、「ニュルンベルクの人々の無知や粗野を非難」（Sulpiz Boisserée：Tagebücher. Bd. I, 333）したとのことである。

ヘーゲルがニュルンベルクに滞在していた時には、ズルピッツはしばしばニュルンベルクを訪ね、時には、ヘーゲルと一緒に、近郊の古風な街を調査したり、教会を視察したり、広大な庭園を散策したりしたと伝えられている（Vgl. Sulpiz Boisserée：Tagebücher. Bd. I (1978), S. 330）。「それらの経験がヘーゲルに恩恵をもたらしたのは確実である。それらは、のちのヘーゲル美学にとって重要な基礎となった」（Friedrich Strack：Hegels Persönlichkeit im Spiegel der Tagebücher Sulpiz Boisserées und der Lebenseriierungen C. H. A. Pagenstechers. S. 28）。

そうしたボアスレが、ヘーゲルのハイデルベルク大学教授就任に、蔭で尽力したのは自然の流れだったのかもしれない。一八一六年六月一一日付で、ニュルンベルクからズルピッツは、弟、メルキオール（Melchior Boisserée：1786–1851）に宛てて、フリース（Jakob Friedrich Fries：1773–1843）のイェーナ大学への転任によってハイデルベルク大学で欠員が出るかもしれないと、ヘーゲルに話したことを伝えたうえで（Vgl. Sulpiz Boisserée：Lebensbeschreibung. Bd. I (1862), S. 306）、ハイデルベルクでヘーゲルを招聘するのに支障はなさそうかの消息を尋ねてもいる（Vgl. Sulpiz Boisserée：Lebensbeschreibung. Bd. I, S. 307）。一八一六年八月八日付のニュルンベルクのヘーゲルからズルピッツに宛てた書簡である。「私にとって気がかりなのは、あなたとあなたの収集にハイデルベルクでお目にかかれなくなることです」（Br. II, 109f.）。結果的には、ボアスレによる環境整備もあったからか、ヘーゲルは、任命されたエアランゲンではなく、ヘーゲル自身も食指を動かされたベルリンでもなく、ハイデルベルクに赴くことになった。

「ハイデルベルク滞在の時代にヘーゲルは既に、古くからの芸術を活発に再発見する『新しい波』の渦中にあった。それは平たく言えば、古くからのドイツやオランダの絵画の収集に訪ねるという良い風潮であった。それらの絵画をズルピッツとメルキオールのボアスレ兄弟やベルトラムが、一八一〇年にケルンから持ってきた」（Annemarie Gethmann-Siefer : Welt und Wirkung von Hegels Ästhetik. (Felix Meiner, 2016), S. VII）。「ヘーゲルは彼のハイデルベルク時代全体を通して、時に〔ボアスレの〕収集を見学した」（Otto Pöggeler : Hegel und Heidelberg. in : Hegel-Studien. Bd. 6 (1971), S. 102）だけでなく、折に触れ、二人は語り合ってもいたようである。一八一七年二月二日の二人の会話では、「本来の芸術は、つまりは神的なものから発していなければならず、宗教なくしては存立しえない」（Sulpiz Boisserée : Tagebücher. Bd. I, S. 381 : Vgl. Otto Pöggeler : Hegel und die Sammlung Boisserée. in : Hegel-Studien. Bd. 35 (2000), S. 133）という見地からボアスレは、ヘーゲルがハイデルベルクでの「美学講義」で語ることになる「絶対的な芸術」という、イェーナ時代から引き継いだ理念を、「幻想」であって、「瓦解しかかっている」（Sulpiz Boisserée : Tagebücher. Bd. I, S. 381 : Vgl. Andreas Grosmann : Orte Hegels und Hegelsort —— Bemerkungen zur Topologie des IdealismuS. in : Hegel-Studien. Bd. 28 (1993), S. 68f.）と切って捨てたことも伝えられている。

一八〇五年にイェーナのヘーゲルがフォス（Johann Heinrich Voss : 1751–1826）に宛てた書簡で、ハイデルベルクで美学を講じたい「夢」を語っていたにもかかわらず（Br. I, 99）、ハイデルベルクでのヘーゲルの「美学講義」は、イェーナ時代の草稿や『精神の現象学』を持ち出す形で語られて、極めて生硬で貧弱だったと推定される。[9] 一八一七年夏学期の「美学」は、予告されたにもかかわらず、準備不足のためか（Vgl. GW. XIII, 675）開講されなかった。

一八一八年九月一九日にヘーゲルがハイデルベルクからベルリンへと旅立つ直前の、九月四日に閉講との日付が記されている、講義のための材料ではないかと想定されている資料がある。それは、一八一七年六月に出版された『ハイデルベルク・エンツュクロペディー』の「第三部　絶対精神」の余白にヘーゲル自身による書き込みが施された覚書である（Hegel-Studien. Bd.9 (1974), S. 16–38)。多くの資料が散逸してしまった結果、今日に伝えられている、ヘーゲルによる『美学講義』の最初の資料であるだけに、貴重であることは言うまでもない。しかし、その内容は、概念の素描だけのような全く生硬なものであるのも事実である。確かに、古典古代のギリシアにおいて芸術が始まり、かつ終焉を迎えるといった「芸術過去説」や、芸術の歴史を三区分するという、ヘーゲル美学の特徴は、既にハイデルベルクでの美学講義からもうかがえる。(10) しかし、それは、イェーナ時代において育まれていた思想の総動員であったのも事実なのである。(11)

ハイデルベルクでの『精神哲学』第三部の構成は、「a　芸術の宗教」「b　啓示宗教」「c　哲学」となっていて、『精神の現象学』での、「Ⅶ　宗教」章の「B　芸術宗教」「C　啓示宗教」そして「Ⅷ　絶対知」という構成に似てもいる。そして、『精神の現象学』でのこの箇所は、ギリシア時代において、人倫的精神の内から芸術が創り出されることを「絶対的な芸術」として論じているが、一八〇五／〇六年の「イェーナ精神哲学草稿Ⅲ」においても、芸術の根源的な在り方として、芸術作品の精神的な内容と、表現された感性的な形態とが一致している「絶対的な芸術」への論及が見られる。「絶対的な芸術とは、内容が形式に等しい芸術である」(GW. VIII, 278)。こうしたヘーゲルの把握が、ボアスレとの議論を招いたわけである。従って、「たとえ彼らは敬意に満ちて出会い、学問的にはむしろ近いものがありながら、内面では違いを残したままであった」(Vgl. Friedrich Strack. 31) ともされている。

4　ヘーゲル『美学』の進化

ハイデルベルクでの美学講義は、具体的な作品への論及はなく、芸術の香りや趣味の雰囲気が漂うような内容豊かなものではなかった。ところが二年後の「美学講義」は、個別の芸術作品への論及が一挙に増えて、具体的で豊かな叙述へと進化する。[12] この間に、何がヘーゲルをして、その美学への豊かな造詣を育ませたのであろうか。第一一章では、その要因を、ヘーゲルがドレスデンの、アルテ・マイスター絵画館をはじめとする美術館での鑑賞体験に求めた。[13] それだけでなく、ヘーゲル自身が語っている（Vgl. Ästhetik (1820/21), 257 u. 265）ように、ハイデルベルクでボアスレのコレクションにヘーゲルが接していて、絵画を見る眼を養っていたからだと考えられる。

ヘーゲルが高く評価する宗教画は、自らの人生全体を遍歴してきた人物の姿が、単に一時的な瞬間のものでしかないようには描かれていない作品である（Vgl. Ästhetik (1820/21), 262）。描かれているのは一瞬の姿でしかないが、その状況に、「主体の心全体、性格全体が表現されている」（Ästhetik (1820/21), 267 : Vgl. GW. XV, 205）ところに偉大な芸術家の仕事が見定められた。多くの状況を経てきた物語が際立たされるように、今の状況が描かれていることを求めたのである。「聖母の性格の本性と心とが、この彼女の絶対的な状況において表現されている」（Ästhetik (1820/21), 267）として、コレッジョの「悔悟するマリア」（図1）が高く評価された。「コレッジョの『マグダラのマリア』においてはこの姿とこの感応（Stimmung）との調和全体が関心を引きます」（Philosophie der Kunst (1823), 256 : Vgl. GW. XV, 205）。

（図1）コレッジョ「マグダラのマリア」（模写）

ヘーゲルがその美しさを讃嘆しているコレッジョの「マグダラのマリア」（Ästhetik (1820/21), 267 : Philosophie der Kunst (1823), 256 : Philosophie der Kunst (Vorlesung von 1826), 58 u. 212 : Kunst oder Ästhetik (1826), 185 : Vgl. GW. XV, 205）は、「悔悟しながら読書するマグダラのマリア」というコレッジョの手になるとされていた作品であるが、戦争の際に失われたということである（Vgl. Philosophie der Kunst (Vorlesung von 1826), 290）。模写を上に掲げる。

「マグダラのマリア」から感じ取られた感応[14]は、気分や気持ちと雰囲気とが、精神と自然とが一つになるところに現出する働きに他ならない。人の佇まいにもそれに類したものを見てとることができよう。ヘーゲルは言う。コレッジョの「悔悟するマリア」において見られる、「姿全体と感情とのこうした一如（Einigkeit）は、画家の究極の描写です。そのほかにもここで、芸術はその力を、現象の儚さを固定することのできる力を実証しています。自然において全てのものは逃れ去ります。役者は瞬間に仕えます。こうした儚いものを芸術の描写は固定して、持続を与えます。他面、芸術の力は、こうした儚いものを細かく描写することなのです」（Philosophie der Kunst (1823), 256f.）。

絵画を見る目をヘーゲルがボアスレとの交流の中で培ったことが分かる論述がある。「以前のオランダ人たち、ファン・エイク、ヤン・ファン・スコーレル、メムリンクたちは、彼らにとって全く規定されたある性格を帯びていた神聖なものに自らを限定していました。その後になって芸術は、私的生活へと入っていったのです。そうした全く偶然的な生活のうちに、過ぎ去る一瞬の移ろいゆくものが表現されています」（Ästhetik (1820/21), 180）。

「私的生活」ということでヘーゲルが、オランダの風俗画を念頭に置いているのは明らかである。そうした一瞬の姿を、その人生の全体の中で描こうとした芸術家についてヘーゲルは、「移ろいゆくものに対する芸術の勝利」（Ästhetik (1820/21), 180）だと称えた。ここでヘーゲルの念頭に置かれているのは、ヘリット・ダウ＝ゲルハルト・ドン（Gerrit Dou=Gerhard Don：1613–1675）だとされている（Vg. Philosophie der Kunst (1823), 366）。その作品では「全く過ぎ去るものが留められて、留め置かれている」（Philosophie der Kunst (1823), 201）ところに、ヘーゲルは「過ぎ去りゆくものに対する芸術の勝利」（ibid.）だとして讃えたのである（図2）。

ヘリット・ダウによる作品、»Alte Frau mit Garnspule« = »Der verlorene Faden«（1660–1665：Gemäldegalerie Alte Meister, Dresden.）にヘーゲルはドレスデンで出会っているが、ケルンのヴァルラフ・リヒャルツ美術館にも、ヘリット・ダウの作品、»Old Woman with a Candle (1661)«（図3）が収められているので、ヘーゲルが接して

（図2）ヘリット・ダウ「糸を巻き戻す老婆」

（図3）ヘリット・ダウ “Old Woman with a Candle”

いた可能性も捨てきれない。

逆に、どのような絵画をヘーゲルは評価しなかったのか。一八二〇／二一年の「美学講義」の受講生による筆記にはこうある。「私は既にキューゲルゲンの最近の絵画についてお話ししましたが、「放蕩息子」の胸像について思い浮かべていました。そこではもちろん、悔恨と痛みが際立って表現されています。ですが、そこには絶対的な状況が見出されません。むしろ頬から涙をぬぐった時の顔には、街頭でであうかもしれないような、卑俗な性格を見るのです」（Ästhetik (1820/21), 268）。これは、ドレスデンの絵画館に収められていたキューゲルゲン（Franz Gerhard von Kügelgen：1772–1820）の「放蕩息子」（図4）に対するヘーゲルの批評である。

（図4）キューゲルゲン「放蕩息子」（模写）

（図5）キューゲルゲン「キリストの肖像」

ヘーゲルに、一八二〇年秋に執筆されたと推定される「フォン・キューゲルゲンの絵画について」という草稿がある。「「放蕩息子」において、放蕩息子の後悔に打ちひしがれている表現は、ある状態として——物語的

(historisch) な状況であるのに——ほんの束の間のもの (Momentanes) として現れている。容貌 (Physiognomie) の根底に、その容貌が、全く別の状況でもよかっただろうし、幸福でもよかったように見える。そこでキューゲルゲンの表現は、移ろうものしか表すことができていないことが分かる」(GW. XV, 205)。すなわち放蕩息子の「物語」が表現されていない、あるいは、鑑賞者がその物語を外から当て嵌めてみないと「放蕩息子」としての絵画たりえない、とヘーゲルが見たと言えるかもしれない。キューゲルゲンによる「キリストの肖像」(GW. XV, 298) (図5) からも、眼に見える以上のものは伝わってこない。それに対して、コレッジョの「マグダラのマリア」については次のように見立てられている。「コレッジョのマグダラのマリアにおいては、高貴な心 (Seele) のこの永遠の深みと敬虔な感覚がむしろ基調となっている。そして彼女が淫蕩であったということは、彼女の精神の性格全体の背後にある。人がそのことを知るのは、物語的に (historisch) であるに他ならない」(GW. XV, 205)。[15]

ベルリンに赴いてからもヘーゲルは、盛んに美術収集家と交流を重ねたようである。一八二二年九月二八日付で、ケルンからヘーゲルは妻宛に書簡を認めている。「ヒルン夫人のおかげで、〔彼女のいとこの〕リュヴェルスベルク (Jakob Johann Lyversberg：1761–1834) の収集を観てきた。素晴らしい作品群だ。レオナルドと思われるものも一枚。——それから彼女の推薦によって、私はヴァルラフ教授にも会いました。親切な七五歳の男性でした——彼の絵画、ボアスレよりも小さい、見事な「マリアの死」(図6)、夜になって彼は私に見せてくれました。三〇分以上も見惚れました」(Br. II, 353)。この「マリアの死」は、ヘーゲルの時代にはヤン・ファン・スコーレル作と思われていたようであるが、実際は、ヨース・ファン・クレーフェの作品である (Vgl. Br. II, 506)。ヘーゲルがヴァルラフ (Ferdinand Franz Wallraf：1748-1824) に直接会った上で、彼のコレクションを見学するととも

（図6）ヴァルラフがボアスレから得た
ヨース・ファン・クレーフェ「マリアの死」

（図7）ボアスレがヴァルラフから得た
ヨース・ファン・クレーフェ「マリアの死」

に、ボアスレのコレクションからヘーゲルが多くを学んでいたことをうかがい知ることが出来る。

一八二二年一〇月三日付の、ブリュッセルからのヘーゲルの妻宛て書簡である。「日曜日〔九月二九日〕に私は、ヴァルラフの絵画を昼間に見せてもらいました。その中でも、主な画題はマリアの死であって、間違いなく、ヤン・ファン・スコーレルと同じものです。それについて同じテーマはボアスレの中にあって、貴女も同じようにいつも非常に愛していた画題です（図7）。ヴァルラフのものは小さくて高さは二・五フィートですが、幅は幾分広いです」（Br. II, 354f.）。ボアスレがヘーゲル美学に裨益するところは非常に大きかったことが分かる。

ボアスレとの交流が、ヘーゲルにとって絵

画についての造詣を深める要因になったことは、勿論であるが、実は、これに留まるものではなかった。ゲーテとヘーゲルとの交流も、[16]ボアスレが仲介したことによって再開された。一八一七年六月二三日、ハイデルベルクからズルピッツはゲーテに宛てて、「封入された紙片[17]は、ヘーゲルによって出版された『エンツュクロペディー』からのもので、貴台がお知りになる価値のあるものです」（Sulpiz Boisserée. Lebensbeschreibung. Zweiter Band. Stuttgart (1862), 175）と、『エンツュクロペディー』における光と色に関する論述を送った。この書簡を受けてゲーテは、七月一日にボアスレに宛てて、「ヘーゲル氏は私にとって、力強い助力となります」（Sulpiz Boisserée. Lebensbeschreibung. Zweiter Band. S. 177）と書いた上で、よろしく伝えることを依頼するとともに、七月八日にゲーテはヘーゲルに宛てて、光の屈折に関する自らの論文を送っている（Vgl. Br. II, 160）。七月一五日にはヘーゲル宅をズルピッツが訪ねて、ヘーゲルがゲーテの一節を読み上げるのを聞いている（Sulpiz Boisserée : Tagebücher. Bd. I, S. 414）。

「ゲーテによる光のなかでの闇の解明」（GW. XIII, 136）について述べられていた『ハイデルベルク・エンツュクロペディー』を教科書とした「自然哲学講義」（一八一九―二〇年）において、色彩論は取り上げられている（Vgl. Vorl. XVI, 57）。一八二一年から二二年にかけての「自然哲学講義」でも論及は多い（Vgl. GW. XXIV-1, 305）。ところが、一八二三年の冬学期や二五年の冬学期での「自然哲学講義」では限定的にしか取り扱われなくなる。『自然哲学』において「色彩」が論じられなくなるのと時期を同じくして、ヘーゲルは、『精神哲学』の枠内において、色彩論を展開するようになることが「〈主観的精神の哲学〉のための断章」（一八二二―二五年）（Vgl. GW. XV, 234）や、一八二五年の「精神哲学講義」の受講者による筆記ノート（Vgl. XXV-1, 302f. u. GW. XXV-2, 662ff.）から確認できる。さらには、「美学講義」（Vgl. Ästhetik (1820/21), 272f.; Philosophie der Kunst (1823) 252; Vorlesungen

（図8） ニコラス・プッサン「アルカディアの牧人たち」
（1639年，ルーブル美術館）

（図9）コレッジョ「聖セバスティアヌスの聖母」
（1524年，ドレスデン，アルテ・マイスター絵画館）

（図10） コレッジョ「イオ」
（1531年頃，ウィーン美術史美術館）

zur Aesthetik (1828/1829), 161f. u.174f.）では、美を顕現させる彩色法が語られるようになる。(18)

一八二三年以降「自然哲学」から「精神哲学」へ、さらには「美学」へと移された「色彩論」と同じように、議論される境位が大きく変わったテーマが「感応」である。一八二〇年の冬学期の「美学講義」では、風景画について、次のように感応が説明されている。「アルカディアの人たちは、パン、すなわち牧神を、見る人にすべてを、目に見えないものをも呼び起こすものとして崇敬していました。ですから風景画家も確かな感応を要求するのです。そうした感応（Stimmung）を惹起する表現こそ、風景画家は自らの目標にしなくてはなりません」（Ästhetik (1820/21), 268）（図８）。

一八二三年夏学期の「芸術哲学についての講義」でも、風景画は、単なる景色を映すだけでなく、観るものの気色にまで移り込むことが説明されていた。「風景画家は、自然を心と精神でもって捉えて、その形象・景勝を、感応・気分（Stimmung）を表現するという目的にしたがって秩序付けます。ですから風景画家は、自然を単に模倣することになったり、模倣に留まったりすることは許されません。たとえば、自然が、葉や枝を特徴的に描写することを要求するのなら、風景画家は、この特定のやり方を維持しなければなりませんが、忠実にこの規定に則って自然の確固たる規定性のうちに留まるのではありません。全体の感応・気分（Stimmung）だけが主眼なのです」（Philosophie der Kunst (1823), 255f.）。

ところが、気色がいわば景色と共鳴するような「感応（Stimmung）」の脈路は、実のところ、一八二六年の「芸術の哲学」講義では語られなくなる。一八二九年の「美学講義」ではコレッジョも「感応」ではなく、「光と影」の対比の文脈で「巨匠」（Vorlesungen zur Aesthetik (1828/1829), 171）として語られることになる（図９・10）。

おわりに　感応の行方

ヘーゲルにとって「感応」は、その青年時代から十分に知悉していた精神作用であった。それが、一八二〇／二一年、そして一八二三年の「美学講義」で語られた後、一八二六年の「美学講義」からは杳として姿を消す[19]。その行方は、一八二二年頃から書き始められていたヘーゲルの「〈主観的精神の哲学〉のための断章」に痕跡を残すことになる（GW. XV, 224 u. 231）。そしてこれを準備稿として成立することになる『精神哲学』の「哲学的人間学」において、「感応」が展開されることになる。

「感応」は単なる主観性を超え出るものであれ、自然と共感し合う心の働きである以上、人間の自然性を色濃く残すものである。従って、『エンツュクロペディー』における『精神哲学』の「人間学」のうちへと『美学』から「感応」論が回収されることによって初めて、芸術や美学は精神の高みへと解放された、と言えるかもしれない。そうであるなら、人間の自然的な生は、逆に自然とそして他者と「感応」し合うところに、豊かに育まれるのではないかとも思われもする。それにもまして、ベルリンでのヘーゲルの「精神哲学」の豊かさや「美学」の充実は、ハイデルベルクでの人的交流によって促されたことについて、思いを深くするのである。

注

（1）　チェセルデンによる報告について、ヘーゲル以前に、ドイツでも多くの論者によって取り上げられていた。ヘルダー（Johann Gottfried von Herder：1744–1803）は『批評論叢（Kritische Wälder）』の「第四論叢」（一七六九年）で詳細に紹介していた。「最もはっきりと分かるのは、チェセルデンによる先天盲からの回復に即して、平面と物体とが、像と形とが分かれたままであるように、視覚と触覚とは、分かれたままである。（……）彼にとって眼は開かれた。彼には空間がまったく見えない。彼にとってはあらゆる対象が眼のなかにあるのだ。彼は、どんな対象をも、さまざまな形から識別できない。かつて触覚によって認識できていたものをも、視覚によって認識することができないのである」（Johann Gottfried von Herder : Herders Sämmtliche Werke. hrsg. v. Bernhard Suphan, Vierter Band, Berlin (1878), S. 50)。

また一七九〇年にシュトゥットガルトからチュービンゲン神学校に教授として招聘されたアーベル（Jakob Friedrich Abel : 1751–1829）の『人間の表象の源泉（Ueber die Quellen der menschlichen Vorstellungen）』（一七八六年）でも、チェセルデンによる報告への参照を見て取ることができる。「生まれつき目の見えない人は、すべてが自分の上にあるように思っていた。子どもたちも、離れたものすべてが小さいものだとみなしている。それゆえ距離を認識できない」（S. 178）。さらにヘーゲルがチュービンゲン神学校に在学していた当時の一七九〇年の冬学期に、フラット（Johann Friedrich Flatt : 1759–1821）によって講じられた「心理学」講義でも、チェセルデンによる報告が講じられていた。「自分の視力を早くに失った人が、後年、再び視力を回復したことがありました。その後ある時、その人が屋根の塔の上に座って、彼の腕を何かに向かって伸ばしていたところを人に見られました。見つけた人はその人に尋ねたそうです、何に向かって？と。その人は、月を掴もうとしていますと言ったそうです。その人には、手で月を掴むことができると思える程に、近くにあるように思われたわけです。視力を取り戻した目の見えない人々の例は、同じことを明らかにしています」（J. F. Flatt : Philosophische Vorlesungen 1790. (Frommann) 2018. S. 145f.）。ここでフラットは、マインツ大学のドルシュ（Anton Joseph Dorsch : 1758–1819）の『外的感覚の理論（Theorie der äussern Sinnlichkeit）』（一七八九年）に依拠していたと考えられる。同書の三一頁で、アブラハム・タッカー（Abraham Tucker:1705–1774）の著書『自然の光（Light of Nature persued by Edward Search）』（一七六八年）に基づいて、表現こそやや違うものの、同じような事例が紹介されている。

（2）コンディヤックによる、ヴォルテール『ニュートン哲学要綱』第二部第七章の再録を掲げる。ただし、一七二九年とあるのは誤記である。

「一七二九年、最も卓越した知性と手先の器用さを合わせもった高名な外科医の一人、チェセルデン氏は、いわゆる白内障――氏はこれを誕生とほとんど同時に患者の目の中に生じる障害ではないかとにらんでいたのであるが――の症状を軽減することによって先天盲に視力を与えることができるのではないかと考え、ある患者にその手術をしたいことを申し出た。その患者はこれに同意するのを渋った。（……）そういう調子ではあったのだが、ともかく手術は行われ、そしてそれは成功した。この若者は、およそ一四歳にしてはじめて光を見たのである。この実験は、ロックとバークリが予見していたことの全てを見事に実証した。長い間、彼は物の大きさも距離も位置関係も、そして形すら見分けられなかったのである。一ブース（約2.6センチメートル）のものが彼の目の前に置かれ、それが（向こうにある）一軒の家を彼の目から隠すと、それは（隠された）家と同じくらい大きいものに彼には見えた。はじめのうちは見るもの全てが、触覚の対象が皮膚に触れるのと同じく、目の上に貼りつき、目に触れているかのように彼には思われたのである」（コンディヤック『人間認識起源論（上）』岩波文庫、二四六―二四七頁）

（3）「なるほど我々は、我々が家を見ているその場所に即して、人が、樹木が、あるいはそうでなければ何か別のものが立っているということも考えられる。しかしながら我々は、端的にこの場所に家しか見ることができない。さらに我々は、家を感覚している間、家に属している諸部分を結びつけて、感覚が別のものに変わってしまうことなく、一つであるようにしておかなければならない。それならなるほど我々は、家の屋根が下にあって、その土台が上にあることを考えることもできる。家の右側にあるものが、左側にあると考えることもできるかもしれない。しかし我々はこうしたことを感覚できるのではなく、我々が見ている家の諸部分を一つであるように、感覚している間、結びつけておかなければならない」（Aenesidemus. 232）。

（4）ティーデマンによる観察報告はその後 Perez, Bernard : La psychologie de l'enfant. Paris（一八八二年）、さらには Perez, Bernard : The First Three Years of Childhood. Chicago（一八八五年）で紹介されて、なんと、『ティーデマン氏児童観察録及其の批評』（明治三二（一八九九）年一一月一七日、右文館）なる邦訳に到ることになる。奇しくも、一八九九年には、児童心理学の先駆けと評価されている書物、William Thierry Preyer : Die Seele des Kind. Zweite Vermmehrte Auflage. Leipzig（一八九九年）や Albert Reymonds Taylor : The Study of the Child.New York（一八九九年）も刊行されている。従って、それよりも一〇〇年以上前の、ティーデマンの先駆性に驚かされる次第である。

（5）ティーデマンがその著、„Untersuchungen über den Menschen, Anderer Theil."（一七七七年）で、チェセルデンによる報告を分析する際に用いている参考文献は、バークリーの『視覚新論』の仏訳、ヴォルテールの『ニュートン哲学要綱』（一七三八年）、コンディヤックの『人間認識起源論』（一七四六年）、さらにはディドロの『盲人書簡』（一七四九年）などに及ぶ。その中で、ヴォルテールの『ニュートン哲学綱要』、コンディヤックの『人間認識起源論』では、チェセルデンによる報告と、子どもにおける距離知覚の獲得とは、重ね合わされていない。これに対して、ディドロの『盲人書簡』では、子どもにおける認識能力の発達を、チェセルデンによる報告を裏付けとして論じている。「次のことを認めなくてはなりますまい。即ち、私たちは対象の中に無数の事物を認めるに違いありませんが、幼児や生まれつきの盲人は、眼底には事物がひとしく写されているにもかかわらず、それらを認めることができないのです」（『ディドロ著作集 第一巻 哲学Ⅰ』法政大学出版局、八八頁）。従って、チェセルデンによる報告に、新生児の距離知覚の獲得の問題を重ね合わせて捉える発想は、ティーデマンにディドロが先駆していたことを確認しなくてはならない。

（6）ティーデマンは繰り返し、『ニュートン哲学綱要』へ論及してもいる。「チェセルデンの盲人は、大きさについては初め、非常に不正確にしか判断できなかった＊〔＊ヴォルテール『ニュートン哲学綱要』第二部八一頁〕」（S. 305）。同じように『ニュートン哲学綱要』を引用するシュルツェの『エーネジデムス』（一七九二年）も、ティーデマンに倣ったことさえ推測されもする（Vgl. Aenesidemus. S. 230f.）。

（7）領邦国家としてのドイツを嘆き、普遍的な憲政を望んだ「ドイツ憲法論」（一八〇二年一二月以降）でのヘーゲルの理念と、ティボーの法思想とは合致するように思われもする。

そのティボーの、一七九八年に出版された『Versuche über einzelne Theile der Theorie des Rechts』という著書の中に、『Über den Einfluss der Philosophie auf die Auslegung der positiven Gesetze（実定的な法・正義の解釈に及ぼす哲学の影響について）』という論考が収められていて、「私が望むのは、実定的な立法を解釈するための普遍的な原則をもたらすことである」（S. 149）とされている。

「注記しておかなければならないことは、私が実定的な法・正義の解釈（Interpretation）もしくは解釈（Auslegung）という表現を、最も本来的で厳密な意味で理解しているということ、私がその表現の下で、法・正義の創始者たちが、そこから出立したところの根拠や原則を見出すこと以外の何も考えていないこと、である」（S. 151f.）。

「歴史は本来、法の根拠が歴史記述的に実証されることはなく、いわば習俗や国家体制（Staatsverfassung）などの状態から導出されるということを、それらから導出されなければならないということを、否定的にしか示すことができない。歴史がこうしたことを証明するのなら、確かにそれによって、哲学的な解釈（Interpretation）の準備となる。といっても、否定的な証明が肯定的な証明を緩和するかのような方法によってである。歴史が示すのは、何かが起きていなかったということである。哲学はそれ以上に進んで展開する。常にありそうな根拠、常にありそうな証明によって、その肯定的な根拠に基づいて、事実（Faktum）は解明されている」（S. 159f.）。これだけ見ただけでも、宗教の実定性を批判したヘーゲルと馬が合うことが分かる気がするのも正直なところである。

（8）「ズルピッツ・ボアスレは、ヘーゲルと初めて出会った時はまだ、有名な収集家ではなかった。ドロテーア・シュレーゲルがボアスレに一八〇八年八月、ヘーゲルがバンベルクで新聞を書いていて、「毎晩、パウルスのところにいる」ことを知らせていた。〔…〕ボアスレは当時、週末だけはバンベルクにいて、それまではほんの少ししか、ニュルンベルクにはいなかった」（Otto Pöggeler : Hegel und die Sammlung Boisserée. in : Hegel-Studien. Bd. 35 (2000), S. 118）。

（9）本書第一一章「物語の内在化と心の表出——ドレスデン探訪に寄せて、ヘーゲルにおける絵画論の成立を考える」を参看賜りたい。

（10）ヘーゲル美学における「芸術終焉論」は、現代にあって芸術は哲学によって捉え返されなければならないという認識に裏打ちされていた。

（11）「seiner Form……」から始まる、一八〇三年の夏頃に書かれたと推定される稿断片に見られる芸術の「過去的性格（Vergangenheit）」（GW. V, 377）についても、本書第一一章「物語の内在化と心の表出——ドレスデン探訪に寄せて、ヘーゲルにおける絵画論の成立を考える」を参看賜りたい。

（12）ベルリンで、一八二〇年冬学期に開講された「美学講義」は、アッシェンベルク（Wilhelm von Aschenberg）による筆記ノート（G. W. F. Hegel „Vorlesungen über Ästhetik Berlin 1820/21“ herausgegeben von Helmut Schneider,1995 (Peter Lang)）から明らかなように、一挙に内容豊かなものに進化してゆく。さらに、一八二三年夏学期に開講された「芸術哲学についての講義」についてのホトーによる筆記ノート（G. W. F. Hegel „Vorlesungen über Philosophie der Kunst,Berlin 1823. “ herausgegeben von Annemarie Gethmann-Siefert 1998 (Felix Meiner)）では、ほぼ完成の域に達している。

（13）ヘーゲルはベルリンに移って後、非常にしばしば、美術館を探訪していた。一八二〇年八月二七日から九月二日にかけてドレスデンを訪問（一八二一年夏、一八二四年夏そして秋にも訪問）、その他にも一八二二年一〇月には、アーヘン、ゲント、アントワープ、アムステルダムを訪問、「神秘の仔羊」を観ている。一八二七年の夏には、パリへ旅行して、ルーブルで、ラファエロ、コレッジョ、ダ・ヴィンチ、ティツィアーノなど、お気に入りの作品を実際に鑑賞して、帰途には、再びゲントで「神秘の仔羊」を観た後に、ブリュッセルそしてアーヘンを訪れている。こうした鑑賞体験がヘーゲル『美学』の成熟を促したと考えられるのである。

(14)　一八二三年の「芸術哲学についての講義」の筆記録によれば、風景画について、ヘーゲルは次のように講じてもいた。「風景画は自然を心（Seele）と精神とともに捉えて、感応（Stimmung）を表現するという目的に従って自然の形象を秩序づけます」(Philosophie der Kunst. (1823), S 255)。感応は自然を心と一つのものとして捉える精神作用であった。「有機的な形成物にあっても、無機的な自然の現象にあっても、私たちの関心を惹くものが登場します。すなわち心情（Gemüt）にそれら〔無機的自然〕の対象が関連することに全面的に関わる諸規定です。つまり月夜の静けさ、海の壮大さ（Erhabenheit）です。こうしたものすべてが、その意義を、目覚めた心情の感応（Gemütsstimmung）に持っています。しかしながらそうした感応（Stimmung）は、自然そのもののこうした形成物に属するものではもはやなく、むしろ、他のものに求められるべきです」(Philosophie der Kunst. 1823. S. 62)。

(15)　物語を描出するところに、ヘーゲルが絵画の魅力を捉えたことについては、本書第一一章「物語の内在化と心の表出——ドレスデン探訪に寄せて、ヘーゲルにおける絵画論の成立を考える」を参照賜りたい。

(16)　詳細については、本書第九章「変容（Metamorphose）と進展（Evolution）」を参看賜りたい。

(17)　『ハイデルベルク・エンツュクロペディー』の二二〇節以降だと推定されている（Vgl. Br. II, S. 418)。

(18)　本書第一二章「色と心——ヘーゲルによるゲーテの『色彩論』の受容をめぐって」では、ヘーゲルが、色を自然現象として『自然哲学』において論ずるよりも、生き生きとした「心」を分析する『精神哲学』の「人間学」においてこそ、扱うべきだという思いを強くした経緯とその意義を分析したので参看賜りたい。

　ヘーゲルが、ディドロの『絵画について』を知るに到ったきっかけは、一七九六年にクラマー（Carl Friedrich Cramer : 1752–1807）によって独訳された『絵画論（Versuch über die Mahlerey)』ではなく、ゲーテによって刊行された独訳（一七九九年）を通してであった。ディドロの原文をゲーテは次のように訳していた。「歓びが肌を通して湧き上がり、最も細い血管でさえ揺れ動いて、生き生きとした流動体の気づかないような色合いが私の顔だちのすべての上に生命の色彩を拡げていた。花や果実も、ラ・トゥールやバシュリエのような注意深い眼差しの前で変化する。彼らにとってさえ、人間の顔とは、なんという試練ではないのか。カンバスはこうした軽やかに動いている息吹きの無限の交替に従って、ざわめき、蠢く、拡がり、たちまち生み出されては色をなし、色を喪うものであって、それを人は、心（Seele）と呼ぶ」（Goethe. XIII, S. 236f.）。ルーブル美術館に収められていた、ジョルジュ・ド・ラ・トゥールの「悔悛するマグダラのマリア（聖なる炎の前のマグダラのマリア）」（一六四二―一六四四年頃）と「羊飼いの礼拝」（一六四四―一六四七年頃）を掲げる。

ラ・トゥール「悔悛するマグダラのマリア」

ラ・トゥール「羊飼いの礼拝」

（19）「感応の脈路」に関しては、拙論「ヘーゲルにおける哲学的人間学の射程と感応の行方」（東北哲学会『東北哲学会年報』三三号、二〇一七年、六三―八四頁）を参看賜りたい。「心理学と超越論哲学のための草稿」（一七九四年）に端を発するヘーゲルによる「感応（Stimmung）」の脈路は、『精神哲学』の「人間学」に到って、明確に見て取ることができる。「人間学」からの引用である。「私たちが今まで心の展開を推し進めてきた立場にあっては、外面的な感覚そのものが感応（Stimmung）を惹起するのです。しかしながら、こうした感応の働きが外的な感覚によってもたらされるのは、その際に意識的な知性が一緒に作用する必要のないまま、この外的な感覚に直接的に、すなわちその際に意識的な知性が一緒に働かないまでも、内面的な意義が結びつけられる限りのことなのです」（GW. XXV-2, 996）。こうした「感応」は、知性を必要としないどころか、知性の働きが遮断されてこそ生じる気持ちである。「意気に感じる（Stimmung des Mutes）ことは、他の生理的な調子（Disposition）に、例えば地方、雰囲気（Atmosphäre）季節、気候などの気分（Disposition）に関連しています。心ある生命が持っている共感的な感応（sympathetische Stimmung）は、人間の場合よりも動物の場合に、眼に見えてはっきりと現われています。というのも、動物のほうが自然と一体になって生きているからなのです」（GW. XXV-2, 955）。すなわち、人間の「気分（Stimmung）」とは、確かに個別的で主観的な面もあるものの、しかし、雰囲気に左右されたり、天気に感化されたりもしようし、見知らぬ人と気持ちを通わせることもある。その意味では主観性を超えもする。

これに対して、一八二六年の「芸術の哲学」講義では、「たとえば、月の光、陽光、蝋燭の灯りはそれぞれ別の感応をもたらす」（Philosophie der Kunst (Vorlesung von 1826), 213）、あるいは別の筆記録では、「言語は黙考されたものとして現れなければならない。感激や内面性は全体として成り行きに任せるべきではなく、むしろ特殊性の感応の境地において、作品は、内面性や心情の深い感動を内に含みながら成立する」（Kunst oder Ästhetik (1826), 200）という用例が確認できるだけである。シェイクスピアに関連して、「人物の自由、人物を支配する感応・気分は、芸術家が描くような人物が、受苦や痛みにもまして高められるように、示されるべきである」（Kunst oder Ästhetik (1826), 273）というグリースハイムによる筆記も残されていると言われている。

あとがき

筆者が東北大学大学院で博士前期二年の課程に在籍していた一九七八年一二月のことだった。哲学・倫理学研究室での忘年会の席上、『現代思想』に論考「革命の死んだ日に歴史が生まれた」（その後、『哲学の使命』（未來社）に収録）を発表なさったばかりの加藤尚武先生が筆者に、次のように仰った。「今回発表した論文は、君のヘーゲル研究を批判するつもりで書きました。君は、私の論考のどれを剽窃しても構いません。そして私を批判してみて下さい。ただし、二週間の猶予を下さい。そうしたら、私は君の反論を論駁します」。驚いた以上に、感激だった。海のものとも山のものともつかなかったM２の筆者に、いわば「剽窃赦免状」を下さったのだ。励みになったのは言うまでもない。

本書は、『ヘーゲル——生きてゆく力としての弁証法』（二〇〇四年九月、ＮＨＫ出版）、『ドイツ観念論の歴史意識とヘーゲル』（二〇〇六年三月、知泉書館）そして、『ドイツ観念論からヘーゲルへ』（二〇一一年三月、未來社）に続く、筆者によるヘーゲル研究をまとめた四冊目の書物である。しかしながら、加藤尚武先生の巨大なヘーゲル研究の圏域から抜け出せたとは思っていない。前著から本書までの一三年もの月日が流れたが、その間に、ヨーロッパの思想史の舞台となった現場を訪ねたことによって、各地で受けた衝撃は、表現できないほどであった。またこの間、研究環境は大きく激変した。それは、「まえがき」でも記したように、Google Books の出現である。これによって、ヘーゲルが目にしたであろう文献に、瞬時に不自由なくアクセスすることができるようになった。これまでのヘーゲル研究にはなかった新たな切り口が可能になった半面、本筋ではない文献に目を奪われたり、思想史の伏流にはまり込んだりすることにもなった。

前著からの一三年の間に、著した拙論は二八本に及ぶが、間違いのないものとして精選され、本書に組み込まれたのはその半分、一四本となった。本書のそれぞれの章の初出と欧文タイトルは次のとおりである。

第一章　「少年ヘーゲルと解釈学のモチーフ（Der junge Hegel und das Motiv der Hermeneutik）」（日本シェリング協会『シェリング年報』三〇巻、四七―五九頁、二〇二二年）

第二章　「シェリングとチュービンゲン神学校での解釈学（Schelling und die Hermeneutik am Tübinger Stift）」（新潟大学大学院現代社会文化研究科『比較宗教思想研究』第二二輯、一―二七頁、二〇二二年三月）

第三章　「「導入教育」と心理学――「精神哲学」への旅発ち（„Propädeutik" und Psychologie, oder der Weg zur „Philosophie des Geistes"）」（新潟大学人文学部『人文科学研究』一三七輯、二〇一五年、一―二五頁の「若きヘーゲルと心理学――「導入教育」もしくは「精神哲学」への旅発ち」を大幅に改稿）

第四章　「ドイツ観念論におけるスピノザ主義――ヘーゲルの、失われた「フィッシュハーバー批評」、「ヘルダー批評」に照らして（„Fischhaber-Rezension" und Der Spinozismus im deutschen Idealismus : im Lichte von Hegels verlorener „Herder-Rezension"）」（岩波書店『思想』二〇一四年第4号、一八〇―一九九頁）

第五章　「一者の影――ヤコービによる「ブルーノからの抜き書き」の思想史的な意義について（Schatten des Einen : Über die geistesgeschichte Bedeutung von Jacobis „Auszug von Jordan Bruno“）」（日本哲学会『哲学』第六八号、一二四―一三八頁、二〇一七年）

第六章　「自然と生命――シェリング『自然哲学の理念』に寄せて（Natur und Leben : Zu Schellings „Ideen der Naturphilosophie“）」（東北哲学会『東北哲学会年報』№．二八、九三―一〇八頁、二〇一二年五月）

第七章　「自然の詩情と精神の忘恩――ヘーゲルにおける「精神哲学」と「自然哲学」との関係づけ（Poesie der Natur und Undankbarkeit des Geistes : Verhältnis zwischen „Philosophie des Geistes“ und „Philosophie der Natur“ bei Hegel）」（理想社『理想』第七〇五号、五七―七〇頁、二〇二一年）

第八章　「ヘーゲル『精神哲学』の基底と前哨（Grundlagen und Vorarbeiten zu Hegels *Philosophie des Geistes*）」（日本ヘーゲル学会、『ヘーゲル哲学研究』第二二号、二〇一六年、一四六―一六二頁）

第九章　「心の深処と知性の竪抗――ヘーゲル『精神哲学』の改訂を視野に入れ（Tiefe der Seele und Schacht der Intelligenz : Mit Rücksicht auf Hegels Revision der “Philosophie des Geistes”）」（東北大学哲学研究会『思索』第四七号、二〇一四年、一一七―一三四頁）

第一〇章　「変容（Metamorphose）と進展（Evolution）（Metamorphose und Evolution）」（日本シェリング協会『シェリング年報』二八巻、七四―八六頁、二〇二〇年）

第一一章　「物語の内在化と心の表出――ドレスデン探訪に寄せて、ヘーゲルにおける絵画論の成立を考える（Die Verinnerlichung der Erzählung und der Ausdruck des Geistes : Die Entstehung der Hegelschen Theorie der Malerei anlässlich der Dresdner Expedition.）」（栗原隆（編）『感性論――触れ合う心・感じる身体』東北大学出版会、二七七―三〇四頁、二〇一四年）

第一二章　「色と心――ヘーゲルによるゲーテの『色彩論』の受容をめぐって（Farbe und Seele : Über Hegels Akzeptant vom Goethes "Farbenlehre"）」（日本シェリング協会『シェリング年報』第二七号、八一―九二頁、二〇一九年）

第一三章　「「精神の現象学」と「精神の解釈学」――『精神哲学』において何故「心理学」が「精神の現象学」よりも上位に位置づけられるのか?（„Phänomenologie des Geistes" und „Hermeneutik des Geistes" : Warum steht „Psychologie" höher als die „Phänomenologie des Geistes" bei „Philosophie des Geistes"?）」（東北哲学会一般発表、二〇一四年一〇月一四日、弘前大学）

第一四章　「ヘーゲル『精神哲学』の豊かさとハイデルベルク（Der Reichtum von Hegels „Philosophie des Geistes" und Heidelberg）」（新潟大学大学院現代社会文化研究科『比較宗教思想研究』第二四輯、一―三三頁、二〇二四年）

筆者が、高校生時代に耽読した安部公房の作品から触発された「人間疎外」の問題に導かれて新潟大学人文学部哲学科に入学してから半世紀余り、ルカーチの物象化論からヘーゲルに向き直るきっかけとなった加藤尚武先生の論考「青年ヘーゲルにおける疎外論の出発」（『思想』一九七二年三月号）に出合ってからも既に、長い月日が経った。その間、新潟から仙台そして神戸へ、学生・大学院生からオーヴァー・ドクターへ、さらに四年半にわたった神戸での身過ぎ世過ぎに追われた日々を経て、新潟大学への奉職が叶ってからでさえ三三年が過ぎた。余りに時の流れが速いことと、ヘーゲル研究に膨大な年月を費やしてしまったことにただただ驚くばかりである。

新潟大学の定年を迎えて、今は名誉教授・フェローと、筆者の境遇は大きな転変を余儀なくされた。ヘーゲルが一人でヘーゲルになったのではなかったことを明らかにしようとした愚生も、その時、その状況において、多くの方々のご尽力やご厚意の賜物を得たからこそ、今日までやって来ることが出来たのは言うまでもない。とはいえ、ご学恩を賜った先生方の多くが泉下に赴かれ、御恩返しもできないままになってしまったことに、悔やんで悔やみきれないのも正直な気持ちである。

大学院で研究を始めた頃は、ヘーゲルの年齢を追うように、筆者の年齢と同じ年頃のヘーゲルが考えていたことを研究して行こうなどと、のんびりとしたことを考えていた。が、既に、ヘーゲルの年齢を大きく超えた今、人生の意味とは何ぞやという疑問が大きく立ちはだかっている。というのも、多くの哲学徒が「人生はいかにあるべきか」を初発の問題意識としたのとは違い、筆者の場合は、人間はどうして疎外されるのであろうか、という問題から出発したからである。それにもかかわらず、ある朝目覚めてみると巨大な虫に変身してしまうこともなく、夕映えの公園で赤い繭に閉じ込められることもなく、自らが壁と化してしまうこともなく、無事にここまでやってくることが出来たのは、加藤尚武先生、先輩の座小田豊さんをはじめとする、多くの方々のお力添えや励ましの賜物であるに他ならず、感謝でいっぱいである。「もうだめだ、と思うたびに栗原は必ず復活するから大したものだ」という加藤先生の言葉も、ここまでやってくることが出来た支えとなった。

長らく、その時その都度の研究を、一〇年後に役立つように、一〇年後までを見据えて展開してきた。この年齢まで現役の研究者を続けてこれたのは、振り返れば、今は北の大地で海鳥のマイクロ・プラスティック汚染を研究している長男の達生くん、新潟で、目で見ることのできない情報のリテラシーを学んでいる次男の充生くん、二人の子どもの「お父さん業」を続けてきたからであるようにも思われる。二人の子どもに恵まれたことに感謝を捧げて本書を閉じたいと思う。

そして出版をめぐる状況が厳しい中、本書が刊行されるに到ったのは、編集の労をとって下さった齋藤裕之さん、知泉書館の小山光夫社長、のご尽力のお蔭に他ならない。心より御礼申し上げます。前著からの一三年の月日が本書に結実していることをひたすら祈るばかりである。

二〇二四年初秋

栗原　隆

第10巻1　**論理学　客観的論理学：存在論（第1版,**
　責任編集　久保陽一　菊/436p/6,0

第10巻2　**論理学　客観的論理学：本質論（1813）**
　責任編集　久保陽一　菊/360p/5,400円

第10巻3　**論理学　主観的論理学：概念論（1816）**
　責任編集　久保陽一　菊/524p/8,000円

第11巻　**ハイデルベルク・エンツュクロペディー（1817）　付：補遺**
　責任編集　山口誠一　菊/688p/9,000円

第12巻1　**法哲学綱要　Ⅰ**
　責任編集　赤石憲昭／佐山圭司

第12巻2　**法哲学綱要　Ⅱ**
　責任編集　赤石憲昭／神山伸弘／佐山圭司

第13巻　**評論・草稿Ⅰ（1817−25）**
　責任編集　石川伊織／海老澤善一／山口誠一　菊/436p/6,000円

第14巻　**評論・草稿Ⅱ（1826−31）**
　責任編集　海老澤善一　菊/704p/10,000円

第15巻　**自筆講義録（1816−31）　Ⅰ**
　責任編集　小林亜津子／山口誠一　菊/648p/9,500円

第16巻　**自筆講義録（1816−31）　Ⅱ**
　責任編集　山脇雅夫／佐野之人　菊/562p/9,000円

第17巻　**エンツュクロペディー（1827/30）**
　責任編集　高山　守

第18巻　**論理学（1832）　第1巻　存在論（第2版）**
　責任編集　佐野之人

第19巻　**抜粋・メモ（1785−1800/1809−31）**
　責任編集　大野達司／山本卓／日中鎮朗／山口誠一

編集総括　山口誠一

＊　講義録，書簡は追って刊行予定です。

（すべて本体価格，税別）

栗原　隆（くりはら・たかし）

1951年11月新潟県生まれ。新潟大学人文学部卒業。東北大学大学院文学研究科博士前期課程修了。神戸大学大学院文化学研究科博士課程修了。学術博士。神戸大学大学院助手などを経て，1991年4月から新潟大学教養部助教授。新潟大学人文学部教授を経て，2017年3月新潟大学教授を定年退官。2017年4月から新潟大学名誉教授・学系フェロー。

専門は，近世ドイツ哲学，生命環境倫理学。

〔主要著書〕『新潟から考える環境倫理』（新潟日報事業社，2002年）；『ヘーゲル――生きてゆく力としての弁証法』（NHK出版，2004年）；『ドイツ観念論の歴史意識とヘーゲル』（知泉書館，2006年）；『現代を生きてゆくための倫理学』（ナカニシヤ出版，2010年）；『ドイツ観念論からヘーゲルへ』（未來社，2011年）；『共感と感応――人間学の新たな地平』（編著，東北大学出版会，2011年）；『感性学――触れ合う心・感じる身体』（編著，東北大学出版会，2014年）ほか。

〔主要翻訳〕G・W・F・ヘーゲル『イェーナ体系構想』（共訳，法政大学出版局，1999年）；G・W・F・ヘーゲル『ヘーゲル全集 第3巻：イェーナ期批判論考』（共訳，知泉書館，2020年）ほか。

〔ヘーゲル『精神哲学』の基底と前哨〕　ISBN978-4-86285-418-6

2024年10月15日　第1刷印刷
2024年10月20日　第1刷発行

著　者　栗　原　　隆
発行者　小　山　光　夫
印刷者　藤　原　愛　子

発行所　〒113-0033 東京都文京区本郷 1-13-2
電話 03（3814）6161 振替 00120-6-117170
http://www.chisen.co.jp
株式会社　知泉書館

Printed in Japan　印刷・製本／藤原印刷

人名索引

ア　行

カ　行

サ　行

タ　行

ナ　行

ハ　行

マ・ヤ　行

ラ・ワ　行

書名索引

（50 音で執筆者を並べ，作品名を執筆順に並べた。）

ア　行

アスト
『文法、解釈学そして批判の基本線』（1808）…… 22, 295
アーベル
『人間の表象の源泉』（1786）…… 281, 321
『人間とより高次の精神との結びつきについての哲学的探究』（1791）…… 281
ヴェルナー
『鉱脈生成についての新理論』（1791）…… 169
ヴォルテール
『ニュートン哲学要綱』（1738）…… 299, 321–23
ヴォルフ（カスパー・フリードリヒ）
『発生論』（1764）…… 216
エッシェンマイヤー
「自発性＝世界霊、あるいは自然哲学の最高原理について」（1801）…… 179, 180
『経験的心理学、純粋心理学、応用心理学という三部における心理学』（1822）…… 167, 178, 290, 291
エーベルハルト
『思考と感覚の普遍的理論』（1776）…… 287
『美学論』（1786）…… 287, 288

カ　行

カッシーラー
『自由と形式』（1916）…… 228, 231
『啓蒙主義の哲学』（1932）…… 220, 230
加藤尚武
「青年ヘーゲルにおける疎外論の出発」（1972）…… 333
『哲学の使命——ヘーゲル哲学の精神と世界』（1992）…… 329
カールス
『心理学』（1808）…… 299, 300
ガルヴェ
「諸能力の検証についての試論」（1769）…… 12, 13, 32, 50, 58, 287
カント
『純粋理性批判』（1781 / 87）…… 295

『判断力批判』(1790) …… 133, 219
『人間学』(1798) …… 204
カンペ
『子どものための心理学』(1780) …… 15, 73, 287
ゲーテ
『植物のメタモルフォーゼを解明する試み』(1790) …… xxiii, 121, 209, 211–13, 221, 224, 259
『光学論考』(1791–92) …… 260, 261
『絵画論（ディドロの独訳）』(1799) …… 260, 267, 270, 272, 325
『ファウスト』(1790) …… 122, 124, 273
『色彩論』(1810) …… xx, 260–64, 266
コンディヤック
『人間認識起源論』(1746) …… 322

サ　行

シェリングとヘーゲル
『哲学批判雑誌』(1802–1803) …… xxv, 32, 49, 80, 113, 222
シェリング
「根源悪論文」(1792) …… 34–36, 48, 126
『哲学一般の形式の可能性について』(1794) …… 43, 50
『哲学の原理としての〈自我〉について』(1795) …… 93–95, 99, 100
『独断論と批判主義についての哲学的書簡』(1795–96) …… 95, 96
「最近の哲学的文献の概観」(1797) …… 45
『ブルーノ』(1802) …… xvi, xxvi, 110–12, 119, 120, 123
『自然哲学の理念』(1797) …… xvi, xxv, 48, 101, 125, 126, 128–31, 133, 134, 136–39, 141, 149, 179
『世界霊』(1798) …… xvii, 108, 111, 136, 137, 147, 149, 151, 209–12, 223, 224
『自然哲学体系への草案序説』(1799) …… 147–49, 155, 223, 224
『自然哲学体系の第一草案』(1799) …… 179, 213–15, 218, 219, 224, 261
『超越論的観念論の体系』(1800) …… 120, 139, 140, 182
『思弁的自然学雑誌』(1800–01) …… 140, 180, 227
「自然哲学の真の概念、および諸問題を解決するための正しい方法について」(1801) …… 180
『私の哲学体系の叙述』(1801) …… 121, 182, 225, 226, 228, 261
『大学での学問研究の方法についての講義』(1803) …… 32, 33, 49, 50, 69
シェリング（カール・エーベルハルト・フォン）
「来るべき心理学のための根本命題」(1807) …… 181
シェルヴァー
『有機的な自然の基礎論』(1800) …… 122, 222
ジュースキント
「フィヒテの『あらゆる啓示批判の試み』に関する啓示の可能性と現実性とについて、実践理性の原理から導出された確信の根拠についての所見」(1794) …… 196

シュテッフェンス
「編集者の最近の自然哲学的著作についての批評」（1800）…… 227
『地球の内面的自然史への寄与』（1801）…… 168, 226, 227
『地識学的——地質学の論考』（1810）…… 168
『人間学』（1822）…… 167, 290
シュトール
『カントの哲学的宗教論への所見』（1794）…… 196
シューバルトとガルガニコ
『哲学一般について、とりわけ哲学的諸学のエンツュクロペディーについて』（1829）…… 193, 195
シュミット
『経験的心理学』（1791）…… 62, 64
『哲学的に考察された生理学』（1798）…… 65
『エンツュクロペディー』（1810）…… 174, 184
シュルツェ
『エーネジデムス』（1792）…… xxii, xxiii, 125, 298, 299, 322, 323
「絶対者についてのアフォリズム」（1803）…… 20, 21
『エンツュクロペディー』（1814）…… 174, 175, 184
『精神に関する人間学』（1816）…… 175
シュヴァルツ
『教育論』（1802・04）…… 300
シラー
『美的教育書簡』（1795）…… 125, 238
スピノザ
『エチカ』（1677）…… 81–83, 87, 94, 105, 106, 130
『往復書簡集』（1677）…… 103
ズルツァー
『全学問の綱要』（増補改訂第二版、1759）…… 13–16, 26, 31, 46, 57, 286, 287, 294

タ・ナ 行

ダーウィン
『ズーノミア』（1795）…… 212, 213
タッカー
『自然の光』（1768）…… 321
ティーデマン
『思弁哲学の精神』（1791–97）…… 114, 117
『人間についての考察』（1977–78）…… xxiii, 302, 304, 322
「子どもの精神能力の発達についての観察」（1787）…… 300, 301, 322
ディドロ
『盲人書簡』（1749）…… 322, 323
『絵画論』（1766）…… 260, 266–70, 272–74, 325

ティボー
『音楽の純粋性について』(1825) …… 305, 306
ディルタイ
『ヘーゲルの青年時代』(1905) …… 141
テーテンス
『人間の本性とその展開についての哲学的試論』(1777) …… 27, 220, 288–90
デリダ
「竪坑とピラミッド」(1968) …… 187, 188, 204
テンネマン
『哲学史』(1798–1819) …… 114, 115
ドルシュ
『外的感覚の理論』(1789) …… 321

ニートハンマー
『哲学雑誌』(1795–1798) …… 45, 47, 65, 126–28

ハ 行

ハイデンライヒ
『スピノザによる自然と神』(1789) …… 81, 84–87, 90, 92
ハイム
『テューリンゲン山地の地質学的記述』(1796–1812) …… 177
バウムガルテン
『美学』(1750) …… 16, 27, 283, 284
『形而上学』(1766) …… 293
パフ
『動物電気と被刺激性について』(1795) …… 147
ビシャ
『生と死に関する生理学的研究』(1802) …… 147
ヒスマン
『観念連合の学説の歴史』(1777) …… 281, 282
ヒューム
『人性論』(1739) …… 280
プァフ
『ニュートンの色彩理論、ゲーテ氏の色彩論について』(1812) …… 273
フィッシュハーバー
『フィヒテの体系の原理と主要問題について』(1801) …… 80, 99, 100
ブーテルヴェク
『思弁哲学の基礎』(1800) …… 66–68
『哲学と文芸の新たな展示館』(1803) …… 20
フィヒテ
『あらゆる啓示批判の試み』(1792) …… 19, 195, 196
「エーネジデムス批評」(1794) …… 43

『知識学もしくはいわゆる哲学の概念について』（1794）…………………42–44, 92
『全知識学の基礎』（1794–95）……………………………………………87–92
『自然法の基礎づけ』（1796–97）…………………………………………122
「シュミット教授によって樹立された体系と知識学との比較」（1796）…………65, 70
『学者の使命についての講義』（1794）……………………………………90
フェーダー
『新エミール』（1771）……………………………………………………6, 8, 72
フラット
『試論』（1785）……………………………………………………………205
「心理学講義」（1790）……………27, 59, 61, 73, 198, 204, 205, 280–82, 284, 288, 321
『キリスト教の教義学と道徳のための寄与』（1792）………………………199
プラトナー
『哲学的断章』（1776）………………………………………62, 63, 74, 130, 131
『医師と哲学者のための新たな人間学』（1790）…………………62, 134, 135, 147
ブランディス
『生命力についての試論』（1795）……………………………135, 136, 151
ブルーノ
『原因・原理・一者について』（1584）……………………109, 110, 113, 120
ブルーメンバッハ
『形成衝動について』（1781）……………………………………………217
フンボルト
『ライン河畔の幾つかの玄武岩をめぐる鉱物学上の観察』（1790）………………176
『植物の化学的な生理学からの断章』（1794）……………………135, 151, 211
『刺激された筋肉繊維と神経繊維に関する実験』（1797）…………150–52, 157, 172
『新大陸の赤道地域紀行』（1814）……………………………………171, 172
ヘーゲル
「心理学と超越論哲学のための草稿」（1794）…73, 198, 199, 204, 205, 280–82, 284, 326
『初期神学論集』（1907）…………………………………………………201
『キリスト教の精神とその運命』（1798–1800）……………………101, 106, 107
「一八〇〇年体系断片」（1800）………………………xxv, 139–41, 159, 161
「ブーテルヴェク批評」（1801）……………………………………66, 79, 181
「哲学入門講義」（1801）…………………………………………………103
「論理学・形而上学講義」（1801）……………………………………103, 104
「フィッシュハーバー批評」（1802）………………………………………79, 80
「ヘルダー批評」（1802）…………………………………………………79, 80
『差異論文』（1801）…………………………………………………68, 180, 182
「綜合哲学概説」（1803）……………………122, 123, 124, 172, 238, 259
「常識は哲学をどのように理解しているのか」（1802）…………………………70
「懐疑論論文」（1802）……………………………………………………299
「信と知」（1802）…………………………………………………………80, 113
「自然法論文」（1802–03）……………………………………222, 223, 257
「ドイツ憲法論」（1802–03）…………………………………256, 257, 323
『イェーナ体系構想I』（1803）……………………………………………261

『イェーナ精神哲学草稿 I』（1803）……………………………… 238, 239, 241
『論理学・形而上学・自然哲学』（1804–05）………………………… 122, 148
『イェーナ体系構想 III』（1805–06）…………… 175–78, 184, 201, 209, 229, 236, 310
『精神の現象学』（1807）……… xix, xxvi, 21, 22, 72, 104, 123, 221, 222, 236, 259, 277–79, 288, 292, 295, 297, 309, 310
「哲学的エンツュクロペディー講義」（1812）…………………… xx, 170–74, 263
『ハイデルベルク・エンツュクロペディー』（1817）……… 161, 162, 189–91, 233–38, 263, 268, 273, 279, 280, 297, 310, 317, 325
「フォン・キューゲルゲンの絵画について」（1820）……………… 247, 248, 313–15
「〈主観的精神の哲学〉のための断章」（1822–23）‥ 159, 165–67, 182, 183, 196, 197, 264, 290, 291, 294, 317, 320
『論理学』（1812–16）………………………………………… 160, 161, 268
「自然哲学講義」（1819–20 / 1821）……………………… xx, 171, 263, 264, 317
『自然哲学』（1830）……… 148, 149, 156–61, 167–72, 175, 176, 183, 260, 265, 268, 270, 317, 325
「精神哲学講義」（1822 / 1825 / 1827）……… xx, xxii, xxiii, 156, 157, 264, 265, 298, 299, 302–04, 317
『精神哲学』（1830）‥ 160, 161, 167, 175, 183, 187, 260, 264, 265, 268, 271, 272, 278, 283, 284, 291, 298, 304, 310, 317, 320, 325–27
『哲学史講義』（1825–26）…………………………………………… 115, 116
「美学講義」（1820–21）… xx, xxi, 60, 233, 240, 242, 244–47, 251, 256, 265, 266, 268, 269, 305, 312–14, 317, 319, 320, 324
「芸術哲学についての講義」（1823）……… xxi, 234, 240, 242, 246, 251, 256, 265, 266, 268, 269, 271, 272, 311–13, 317, 319, 324, 325
「芸術哲学もしくは美学」（1826）…………… xxi, 240–42, 251, 252, 272, 307, 312, 327
「芸術の哲学」（1826）………………………………… 306, 307, 312, 319, 327
「美学講義」（1828–29）………………………………………… 317, 319
『美学』……… 203, 204, 233–36, 241, 243, 244, 246, 248, 254, 257, 258, 260, 309–11, 320
『エンツュクロペディー（第二版）』（1827）……… xvii, 60, 172, 177, 182, 183, 188, 189, 191, 194, 196, 204, 278, 283, 291, 320
『エンツュクロペディー（第三版）』（1830）…… xvii, xx, 22, 60, 124, 168, 169, 172, 177, 182–84, 188, 189, 191, 193, 203, 204, 262, 278, 283, 291, 320
『哲学史講義』（1833–36）………………………………………… 115, 278
ヘス
『聖なる歴史の叢書』（1792）………………………………………… 39, 54
ヘルダー
『批評論叢』（1769）………………………………………………… 320, 321
『神』（1787 / 1799）………………………… 79, 80, 86, 87, 101, 102, 103, 118
ボネ
『心の力についての分析的試論』（1770）……………191, 192, 197, 198, 201, 202
『キリスト教の証明のための哲学的な研究』（1769）………………… 199, 200
『自然の考察』（1783）…………………………………… 216, 217, 218, 223

マ・ヤ　行

マイアー
『感情論』（1744）…… 285
『美学』…… 16, 45, 46, 283, 284, 285
『一般的解釈術の試み』（1757）…… 16, 58, 285, 294
『論理学』（1762）…… 285
マイモン
「自然における恒久性について」（1791）…… 210, 211
『生涯』（1792）…… 116, 117
『哲学の進歩について』（1793）…… 87, 88, 89, 105
ミシュレ
『カントからヘーゲルに到る最新のドイツ哲学体系の歴史』（1838）…… 166, 167
『人間学と心理学』（1840）…… 278
メラー
「摩擦による熱の発生、ならびに二つの現象の理論のための推論について」…… 170
メンデルスゾーン
『哲学的対話』（1755）…… 81, 82
『朝の時間』（1785）…… 25, 85, 86, 88, 89, 105

ヤコービ
『スピノザ書簡』（1785 / 1789 / 1819）…… xvi, 79, 80, 96, 108, 110–14, 117–20, 131
『信念をめぐるデヴィッド・ヒュームもしくは観念論と実在論』（1787）…… xvi, xxv, 108, 111, 123, 125, 132, 133, 136–38, 141–43
『フィヒテ宛公開書簡』（1799）…… 80, 96–98

ラ　行

ライプニッツ
『単子論（ドイツ語訳）』（1720）…… 215, 216
ライマールス
『動物の衝動についての普遍的な考察（第二版）』（1762）…… 214
ライル
「神経力と作用様式について」（1796）…… 135
ラインホルト
『人間の表象能力についての新理論の試み』（1789）…… 90
ランベルト
『新オルガノン』（1764）…… 292, 293
『建築術のための構想』（1771）…… 292
リッター
「ガルヴァニズムについて（講演）」（1797）…… 152, 153

『恒常的ガルヴァニズムが動物界の生命過程に随伴していることの証明』（1798）
…… 153–55
『金属感知主義もしくはガルヴァニズムのより詳細な知識のための新たな寄与』（1808）
…… 155
ローゼンクランツ
『ヘーゲルの生涯』（1844）…… 23, 71, 158, 259
ロック
『人間知性論』（1689）…… 280

匿名
『ヘーゲルの学説について、もしくは絶対知ならびに現代の汎神論』（1829）…… 193, 194